品成

阅读经典　品味成长

The
CHALLENGE
of
PARENTHOOD

父母：挑战

[美]**鲁道夫·德雷克斯** / 著

冯晓杭 刘娇 / 译

Rudolf Dreikurs

人民邮电出版社

北京

图书在版编目（ＣＩＰ）数据

父母：挑战 ／（美）鲁道夫·德雷克斯著 ； 冯晓杭，
刘娇译. —— 北京：人民邮电出版社，2024.9
ISBN 978-7-115-63001-8

Ⅰ．①父… Ⅱ．①鲁… ②冯… ③刘… Ⅲ．①家庭教
育—教育心理学 Ⅳ．①G780
中国国家版本馆CIP数据核字(2023)第205485号

◆ 著　　　[美]鲁道夫·德雷克斯
　 译　　　冯晓杭　刘　娇
　 责任编辑　马晓娜
　 责任印制　陈　犇

◆ 人民邮电出版社出版发行　　北京市丰台区成寿寺路 11 号
　 邮编 100164　　电子邮件 315@ptpress.com.cn
　 网址 https://www.ptpress.com.cn
　 文畅阁印刷有限公司印刷

◆ 开本：880×1230　1/32
　 印张：13.25　　　　　　　　2024年9月第1版
　 字数：240 千字　　　　　　 2024年9月河北第1次印刷

定价：59.80元

读者服务热线：（010）81055671　　印装质量热线：（010）81055316
反盗版热线：（010）81055315

广告经营许可证：京东市监广登字 20170147 号

教养子女是对父母的挑战

《父母：挑战》是美国儿童心理学家、精神病医生和教育家、现代实践派儿童心理学奠基人鲁道夫·德雷克斯的经典著作。本书首次出版于1948年，1958年修订再版。虽然原著出版于70多年前，但我们会感叹于作者超前的判断力和对儿童教育的深刻洞悉。品读本书，我们会惊讶地发现，对于当下中国的家庭教育，尤其父母对儿童的教养，以及家庭教育面临的诸多问题，作者在多年前就从心理学的视角给出了答案和解释。当我们翻开本书静心阅读时，会感觉到作者娓娓道来，似乎正在与我们面对面地倾心交流。

教养是一种挑战。教养儿童，是责任与义务。2022年1月1日，《中华人民共和国家庭教育促进法》正式实施，使家庭教育领域有了国家立法的支持和发展依据。"成为父母容易，做好父母难。"这是本书第一章"为人父母者的处境"中的鲜明观点。当前在实施家庭教育过程中，会发现为人父母者面临诸多挑战：父母如何检视自己的爱，对孩子的爱到底是无私，还是无知；父母的焦虑、期望、代际冲突、父母的职责问题，等等。正如书中指出，"你们处于一个具有重要战略意义的位置，在很大程度上决定着社会的发展"。家庭教育中，父母的教养行为决定着儿童未来的发展与命运。在教养孩子的问题上遇到困难，是由于我们所使用的方法忽视了当前社会生活的基本需求，忽视了时代的发展与要求。今天，我们生活在人类社会发展的关键时期，社会状况、道德价值观和日常生活方式瞬息万变。作为父母，一方面要保持中华民族的优良传统美德，另一方面还要学习现代知识技能以应对不断发展变化的未来。父母最大的愿望是孩子能够快乐成长，拥有美好的生活。但是反观当下许多父母的教养方式和言行，对孩子的成长来说是有益的吗？

教养既是一门科学，也是一门艺术。既然是一门科学，就有其系统性，因此父母要系统学习教养孩子的知识。教养要符合儿童的成长发展规律，了解儿童的身心发展特点，理解孩子的人格基本特征，掌握孩子的兴趣特长，帮助儿童建立安全情感。父母要教导孩子学会尊重社会秩序，接受社会规则，并发展有效的亲子关系，给予孩子鼓励与支持。同时，作为父母在教养过程中，要避免常见的错误方式：溺爱、少爱、过度监督、唠叨、贬低、体罚、羞辱、无视孩子的正当需求等。面对教养中的诸多问题，父母该如何运用科学的方法？这需要父母掌握教养的艺术，比如营造良好的家庭氛围，明确家庭成员的权利和义务，教孩子学会承担责任、学会克制自己，激发孩子的兴趣，赞扬、引领和指导孩子。鼓励是一种有效的方法，我们要毫不吝啬地使用，鼓励对于孩子，就像水对于植物一样。孩子在生命起始之时茫然无助，而后在整个成长过程中又会遇到一连串令人沮丧的经历，所以孩子需要父母有意识的、刻意的和持续的鼓励，以发展其自信、社会兴趣、自力更生的能力，以及任何能使孩子成功适应生活的技能。作为父母，我们应该掌控自己对教养方法的应用，并发挥它的最大功效。

教养，需要合格的教养者。本书讲述的很多场景都是我们在培养孩子的路上极有可能遇到的困境。父母的自我教育至关重要，父母要学会成长，做一个合格的教养者。本书通过心理学和精神病学的知识和案例，让我们看到很多孩子的问题，往往是由父母所处的环境和自身的需要衍生出来的问题。正如鲁道夫·德雷克斯所言："我们必须清楚地认识到教养孩子的问题是亟待解决、涉及国计民生的重大问题之一。教育家、心理医生和精神病学家必须履行职责，通过指导和咨询来帮助迷惘的父母，否则今天的问题和挑战就很可能对明天造成巨大的威胁。"作为父母，我们要不断地自我教育，终身学习，疗愈并改善自己，让自己变得更好。

本书的翻译者是从事教育学、心理学研究的学者，对家庭教育具有职业者的人文情怀和热爱，对这个领域的研究也在不断深入，这群年轻的力量在家庭教育专业化的道路上不断深耕，令人欣喜，为他们点赞！

东北师范大学家庭教育研究院院长　赵刚

序　言

亲爱的为人父母者：

　　我们经常一起探讨孩子的诸多问题。但你们是否意识到，作为父母的你们才是应该被关注的焦点？教养孩子对你们来说是挑战，但从一名精神病学家的角度出发，教育为人父母者才是我面临的巨大挑战。对我来说，让我最难以忍受的就是面对那些要求我"治愈他们的孩子"的父母。当我为这类父母提供咨询服务时，我同情他们的同时又感到十分愤慨：同情是因为他们在教养孩子的过程中确实承受着很多痛苦，愤慨是因为了解到他们教养自己孩子时的所作所为。我将本书献给天下的父母，向他们正在承担的养儿育女的伟大工作致敬。在本书中我会揭示我与大多数精神病学家共有的矛盾心理。一些精神病学家走向极端：一些人愤怒地表示是母亲把孩子宠坏了，让他们无法适应社会生活；另一些人则认为大多数父母，尤其是母亲，都有情绪问题，亟须心理治疗。这些精神病学家各执一词，观点难以调和。如果在本书中我某处表达不当，冒犯到你们，在此先请求你们的原谅。比起我在咨询室里进行一对一的私人咨询，写一本书对一个群体进行指导对我来说更具挑战性，相信你们也很清楚这一点。在面对面的咨询中，我可以及时感受到我可能伤害了咨询者，并马上改变我的方式。但在你们阅读本书时，我看不到你们，所以当你们感到不安时，我无法介入。因此我只能先在这里向你们诚恳地保证，我绝不想伤害你们。特别糟糕的情况是，你们因为读了本书而感到气馁。如果本书给你们带来气馁的感觉，这将是本书的失败。

然而遗憾的是，谁也无法保证读者一定能从书中提炼出作者想要表达的思想的精髓。

教养孩子艰辛无比，我希望本书能给大家提供一些有用的信息和及时的鼓励。然而，读者对书本的内容往往都是选择性地汲取：人们在书中读到的往往是他们希望看到和乐于接受的内容。在本书中，乐观的人很容易找到积极向上的内容，并继续维持乐观的态度；但是沮丧、悲观的人往往只能为自己的失败找到新的理由（这完全与我写作本书的初衷背道而驰）。正如我之前所说，我只能恳请大家在阅读时随时关注自己的情绪。

但是你们——我口中的"你们"是指为人父母的"你们"，不仅是心理医生需要关注的对象，也是整个社会应该关注的对象，因为比起任何其他群体，你们处于一个具有重要战略意义的位置，在很大程度上决定着社会的发展。你们是连接过去和未来的纽带。在过去，时代进步缓慢，人类社会变化不大，而每代人之间没有什么大的区别，父母的任务相对简单。他们把从自己父母那里学到的东西传给自己的孩子。今天，我们生活在人类社会发展的关键时期，社会状况、道德价值观和日常生活方式瞬息万变。作为父母的你们，一方面不能摈弃以往经验，另一方面还要学习如何应对未知的未来。这就导致你们感到无比纠结，却又找不到自己处于这种状态的原因。你们在与孩子的日常接触中会直接体验到陷入上述困境所带来的后果。但你们可能没有意识到，你们所经历的种种日常考验和磨难对我们当前的文化而言意义重大。现在的为人父母者往往很容易处于沮丧、懊恼之中。你们最大的愿望是孩子能够快乐成长，将来过上舒适的生活。但是你们没有意识到你们的很多所作所为对孩子来说，是伤害，是扼杀，而不是引导。

让我说得更具体些。目前 ① 我们正在经历的社会和文化变革具有划时代的意义，标志着具有五六千年历史的一个文化时代的结束，并预示着人类新时代的到来，我们称之为"原子时代"。毋庸置疑，原子能的发现和利用大大促进了生活方式的变革和整个社会组织及文化的发展。新时代的特点和最基本的元素似乎与"民主"这一理念息息相关。

你们可能会问："时代变迁以及民主理念这些和我们在教养孩子的过程中遇到的问题有什么关系呢？"其实你们在教养

① 本书原著首次出版于1948年，书中的内容受限于作者所处的国家和时代背景，读者在阅读时需要保持理性思考，以达到学习和研究的目的。

孩子时遇到麻烦恰恰是因为你们陷入了当下的"困惑之网"，而这是我们正在经历的文化转折时期的显著特点：所有的人类关系都经历着同样的困惑。人们都希望生活在和谐的环境中，却屡遭失败。人们在不断地摸索，从一种方法转向另一种方法，然而非但没有解决面临的冲突，还屡屡制造出新的矛盾。教养孩子会遇到的问题可以看作一个群体总是担心失去对另一个群体的掌控。

教养孩子是社会生活的具体实践。共同生活是一门艺术，而我们基本都是门外汉。和我们处理其他人际关系一样，成了父母，我们对处理和孩子的关系同样一窍不通。在教养孩子的过程中，我们应该像正确处理和周围其他人的关系一样处理我们和孩子的关系。同理，正确处理和孩子的关系的方式、方法同样适用于解决其他人际关系冲突。

我们肯定都很清楚民主的确是令人满意的生活方式。人人都不喜欢被呼来喝去，孩子也应该有自己的权利。但作为父亲或母亲的我们又是怎么做的呢？我见过许多所谓的"真正"自由主义者，但他们在家里却是名副其实的独裁者，对自己的伴侣和孩子颐指气使。我们在教养孩子时使用的方法很可能还与几百年前祖先们使用的方法一样：使用奖励和惩罚的方法来教养孩子。我们根本没有认识到，采用这些教养方法是因为我们提前预设了孩子是鲁莽冲动、蒙昧愚笨、反复无常的，是尚未开化的低等生物，因此必须用贿赂和威胁的方法才能将其驯服。很不可思议，是吗？然而，这正是许多父母奉行的方法。在以前这些方法可能行得通，因为这与当时的基本社会关系相一致，但在今天这些方法肯定行不通。我们很清楚，只要有自我管理的机会，人们都可以管理好自己。

在本书中，我将努力向大家阐释如何在家中营造民主的氛围，如何让孩子为踏入民主社会做好准备，让孩子在不被他人支配或胁迫的情况下主动承担起自身的责任。很多父母可能已经开始试图给孩子自由，给孩子表达自我的机会。但是，他们并没有从他们的父母那里学到如何培育孩子自由精神的有效方法，就注定会把自由与毫无规矩、自我表达、放纵等混为一谈。父母在教养孩子时遇到很多困难是由于他们使用的方法不符合当前社会生活的基本需求。给孩子更多自由的方法行不通时，他们就会认为必须恢复树立权威、处事严厉的老方法。当代大多数父母在纵容和压制之间摇摆不定，对孩子的发展产生了极大的不利影响。但我们不能一味地责怪父母的失职，因为从来不曾有人教父母如何做好父母；并且父母自身也是这个混乱、充满冲突的时代的受害者。我们必须清楚地认识到教养孩子的问题是亟待解决、涉及国计民生的重大问题之一。教育家、心理医生和精神病学家必须履行职责，通过指导和咨询来帮助迷惘的父母，否则今天的问题和挑战就很可能对明天造成巨大的威胁。

直到最近，精神病学才进入教育和教养孩子相关的领域。在此之前，这些领域主要由教育家和哲学家掌控，由他们研究并建立相关的道德原则和教育方法。精神病学家在治疗成年人的情绪障碍和人格障碍时意识到了教育问题。我们发现糟糕的童年经历和不恰当的教养方式是孩子日后面临生活冲突的根源。我们还发现了孩子令人不安的行为背后的心理机制和动机，以及孩子和成年人对外界影响的内在反应机制。通过精神病学的调查和研究，我们了解到孩子在接受所谓"正常"的孩子教养方法时的感受，以及父母的一些教养方法如何进一步强化了孩子的不良行为。以前人们普遍认为精神病学家主要关注精神病患者，我们不得不一直与这种公众偏见做斗争。实际上，精神病学家可以帮助你们了解孩子。我们所建议的教养方法是建立在对正常孩子的心理反应观察之上的。我们关注孩子的感受和他们产生不良行为的原因。我们希望你们能理解我们所做的一切。我们还可以帮助你们更好地理解自己在处理孩子的问题时做出的反应以及你们所采取的行动背后的原因。

从这个意义上讲，请你们认真阅读本书。我将竭尽全力地帮助你们，激励你们学习、研究关于教养孩子的相关知识。如今，教养孩子是一项英雄式的壮举，几乎是一门艺术。你们只有不遗余力地学习这门艺术，才能成功教养孩子。

　　建议你们在孩子出生前，就读一读这样的书籍，为为人父母做好准备。我希望在不远的将来，高中学校能向学生们推荐类似的书籍，以改善青少年对小孩子的理解和对待方式。最终，我希望将来可以开展强制性的培训，因为教养孩子的相关知识对个人的重要性并不亚于基本的读、写、算教育。

　　需要强调的是，本书是特别为那些已经陷入困境中的为人父母者写的。我们难免会在教养孩子的过程中犯错，尤其是在当今这个时代，孩子在成长过程中没有问题是不太可能的。但是，无论你们在教养孩子的过程中遇到多少困难，无论这些困难在你们看来是微不足道的，还是灾难性的，我们都有办法帮助你们尽力克服这些困难。反思教养孩子的方法和态度永远不会太晚，并且永远不会多余。可以肯定的是，我们的孩子永远不会变成我们心目中完美无瑕的样子，但我们总能成为更好的父母，这是本书的宗旨所在。

你们真诚的朋友

医学博士　鲁道夫·德雷克斯

目　录

第一部分

心理学背景

第一章　为人父母者的处境

"成为父母容易，做父母难。"[1] 养育照顾孩子的责任重大，但是孩子一些看起来多余、令人费解的行为所引起的琐碎烦恼让我们尤为头疼。孩子会带来无尽的快乐，因为他们本就是快乐的源泉。大多数父母也委实享受与孩子共度的时光，至少有时是这样的。然而，很多情况下孩子会给我们带来烦恼、忧虑，让我们伤心，甚至让我们痛苦。既然父母和孩子间的摩擦和冲突在整个文明世界都存在，那么我们有理由相信其背后有着共同的根本原因。

当局者迷，我们往往无法找到这些困境的成因，因此转而寻找各种借口为自己开脱。我们可能将责任归咎于糟糕的经济状况或孩子乖张的性格，也可能认为其他家庭成员应该对此负责——丈夫指责妻子，妻子指责丈夫，或者彼此指责对方的父母。很少有人意识到教养孩子的困境在多大程度上是由自己造成的。

要理解基本的亲子关系，我们需要对父母容易犯的错误有清晰的认识：不彻底理解面临的问题，就不可能采取明智的行动。我们只有在认识并摒弃过去的错误做法和不正确的态度之

---

[1]　引用自威廉·布施（Wilhelm Busch）。

后，才能采取积极和有效的行动。我们只有知道不该做什么，才能更好地决定应该做什么。

每个应对过孩子教养问题的人都能对为人父母者所面临的艰难处境感同身受。为人父母者需要经历的艰辛和磨难真是数不胜数。初为父母者的盲目摸索，以及为孩子的培养目标和实际状况之间的差距而抓狂，真的让人很痛心。绝大多数人真诚地渴望成为好父母，尽最大努力让孩子快乐，将孩子培养成才。父母的行为不仅影响着现在的亲子关系，而且影响着孩子的整个人生，是孩子成长发展中最重要的因素之一。

爱

毋庸置疑，我们深爱着我们的孩子。孩子是我们的一部分，也是与我们关系最亲密的人。我们的爱决定了孩子的健康成长。爱是世界上最深沉、最美丽的人类情感。既然如此，这种情感又怎么会给我们带来如此多的痛苦和折磨呢？事实上很多时候，人们在相爱时会互相折磨；很多时候，爱会成为一种沉重的负担。

众所周知，父母和孩子之间的爱是非常纯粹的爱。父母的爱的本质是支持，是理解，是无私的奉献。然而，父母因爱经历了许多悲伤和焦虑！孩子也因此经历了许多痛苦！

孩子应该从父母的爱中汲取个性健康、和谐发展的力量。

孩子在生命之初所需要的各种照顾和关注多是父母给予的。

然而，过度的爱会扼杀孩子的成长，阻碍孩子的发展，甚至毁掉孩子的一生。这似乎是矛盾的。爱不是越多越好吗？然而，我们必须意识到一点：人们把很多情感错误地冠以爱之名，其实那些情感并不能被称为爱。凌乱琐碎的日常，飘摇不定的生活，让很多人产生了错误的观点和理念，失去了真正去爱的能力。他们付出爱的最终目标是占有，本质是害怕失去，意图是得到爱的回报，这导致整个爱的过程往往充满嫉妒。这是极其自私和不负责任的爱，因为这种爱只考虑到自己的愿望和需求。很多人自认为经受了教养孩子的艰辛就是在爱孩子。

合格的父母会让自己的欲望服从于孩子的需求，而有些父母受到专横自私的爱的驱使，无视孩子的真正需要。他们打断孩子的睡眠，把孩子当作他们的杰作来展示，或者把孩子看作一个专门供他们娱乐而设计的玩偶。他们的"爱"会让他们在不合适的时间推着孩子转来转去，毫无来由地拥抱和亲吻孩子。他们甚至认为孩子不需要按时喂养，因为"爱"让他们无法忍受孩子的哭声。为了满足自己所谓的"爱"，他们迎合孩子所有一时兴起、心血来潮之举，把孩子惯成家里的小霸王。为了获得孩子所有的爱，他们经常使孩子与外界隔绝，阻碍孩子与玩伴间的正常社会交往。如此施"爱"的父母把孩子变成了自己的玩具。长此以往，孩子将朝以下两个方向发展：要么完全不适应正常社会生活，深陷绝望无助和混乱之中，承受无尽的痛苦和焦虑；要么痛恨家这个金色牢笼，变得叛逆和固执。

即使是父母纯粹无私的爱也隐藏着陷阱。纯粹无私的爱会让父母产生偏见，妨碍父母对孩子做出正确判断。爱可以盲目，但教育绝不可以盲目。深爱着孩子的同时，我们很可能会无视孩子的缺点，任其自由发展。我们可能会高估自己的孩子，从而让孩子对自己的重要性产生错误的认识。因此，对孩子的爱常常会使亲子关系复杂化。和任何其他形式的爱一样，我们很容易对深爱着的孩子产生某种依赖，不知不觉间沦为被孩子随时操纵的工具，而不是成为孩子的引导者和教育者。

焦虑

当我们对孩子的爱与焦虑交织在一起时，情形会变得越发严峻。容易灰心气馁的人往往过度强调人性的脆弱和周围人的敌意。当这类人成为父母时，他们会因为孩子的问题倍感焦虑。父母过度关心孩子的幸福是一种人格缺陷的表现。如果我们怀疑自己应对生活的能力，那么我们会认为自己的孩子也无法解决生活中的各种问题。与之相反，如果我们对自己充满信心，那么我们就有充分理由相信自己的孩子同样有能力应对生活。

父母焦虑的原因有很多，其中比较普遍的就是上面提及的自私的爱。自私地爱着孩子的父母通常都是怯懦、自信心不足的人，他们总是对自己的生活忧心忡忡。他们感觉自己的生活危机四伏，不愿承担任何风险。父母依附于自己的孩子，失去孩子对任何父母而言都是致命的打击。但是，幸运的是，并非所有人都将这种偶然性作为教养孩子的核心和基础，并因此威胁到孩子的生存和发展。

为人父母的责任感往往会加剧我们的焦虑。我们一直惴惴不安：担心自己是否忽视了理应承担的某些重要职责；放大孩子的每一个小错误，似乎这些错误不纠正就会导致孩子无可救药。在教养孩子方面的实践知识越缺乏，我们所承担的责任就会越重。

正如对孩子的爱会让我们放大孩子的优点，对孩子幸福与否的焦虑也会让我们夸大孩子的缺陷，而且这两个过程可能会同时发生。在某一时刻，我们看自己的孩子觉得他完美无瑕；但转念间，我们又感觉这孩子一无是处，未来堪忧。

期待

如果父母在教养孩子的过程中总是处于忽而高看孩子、忽而低估孩子这样的矛盾中，那这样的父母很可能雄心勃勃，期待孩子能实现自己不尽如人意的人生中未能实现的目标。如果我们希望孩子能够实现自己未能实现的目标，那么我们就会深陷于对孩子的骄傲和对孩子的不满的矛盾状态之中。事实上，我们自己都无法实现的目标往往也是孩子难以企及的。

我们应该对孩子抱有什么样的期待呢？人们可能会认为，如果孩子成为一个有用和快乐的人，父母就会感到满足。但不幸的是，在一些父母的观念中，好像孩子生来就是为了满足他们的个人欲望：为他们带来迟到的满足、荣誉和幸福。一些雄心勃勃的父母期待孩子成为有权有势的人。如果父母因为没有接受过良好的教育而吃尽苦头，他们可能希望自己的孩子成为一名学者；如果父母一生都疲于工作，他们可能下定决心让孩子过上轻松、愉快的生活；如果父母对异性的爱感到失望，可能希望通过孩子的爱来满足自己。

父母各自的欲望和期待会让孩子成为父母之争的棋子，尤其是当母亲和父亲有分歧的时候。孩子要满足父母不同的期待，就会被同时拉往几个方向，结果他只会让父母双方都失望。总的来说，父母对孩子的期待往往不会实现，父母最终只能体会到深深的失望。孩子必须过他自己的生活，孩子的个人目标和雄心壮志完全有别于父母的期待。

要 求

基于过高的期待，父母对孩子的要求往往超过了孩子能承受的水平。如果想让孩子成为一个有用的人，孩子必须学会适应有秩序的生存模式，按照社会规则来思考和行动，适应周围环境，并培养社会责任感。孩子必须习得社会生活所需的风度，所以父母对孩子提出相应的要求是完全正确和恰当的。但是，实际上我们的要求往往远不止于此。

也许我们都期待自己的孩子能做到十全十美，但我们很少停下来思考我们自身能否符合对孩子提出的要求，成为孩子的榜样。也许有人相信，我们对孩子要求得多，至少会得到所期望的一部分，这是个谬论。这样的想法只会让孩子习惯于忽视父母的所有要求，除此之外，没有任何作用。我们要求自己的孩子必须诚实守信，但我们自己是否从来不撒谎、不欺骗别人呢？我们要求孩子必须勤奋，绝不能偷懒，但我们自己的勤奋程度很高吗？我们要求孩子必须无条件服从，不得顶嘴，但我们也是这样毫无疑义地服从他人的吗？父母持有双重标准是最不可取的，因为孩子最终只会成长为和父母相似的人。

另一方面，我们往往过于专注自我的安宁和舒适，这会让我们纵容自己而忽视他人。我们对孩子提出的大量要求与其说是为了促进孩子的发展，不如说是为了维护我们个人的舒适。从我们自身的角度出发，我们往往会忽视孩子的正当要求。当我们想休息时，孩子必须保持安静，这可能也无可厚非。但是，只要我们想让孩子起床，孩子就必须起来，放弃休息的权利。这样的做法完全忽视了孩子成长与发展的需要。

代际冲突

我们探讨了教养孩子过程中出现的各种误区：自私的、专横的爱，对孩子的过度焦虑，不合理的期待和过分的要求。凡此种种就带来了父母和孩子之间的冲突，这种冲突和两性之间的冲突一样，都是我们这个时代的产物。性格不合和观点不同不是父母和孩子合不来的根本原因，父母和孩子之间频繁出现摩擦一定有更深层次的原因。通常情况下，利益双方发生激烈冲突的根本原因是对权力的争夺。

现今的人不断感受到来自各方面的威胁：个人的经济状况和社会地位没有长久的保障。因此，人们常常质疑自己的个人价值，痛苦地意识到自己在这个世界上是多么渺小，进而不断地寻找防御和保障措施。正是由于这个原因，人们在爱的关系中是如此自我，如此不安，如此紧张，焦急万分地想为自己寻找一条远离潜在危险的退路。人们一直在挖空心思地寻找任何能增强自尊心的方式、手段。仔细想一想，父母从孩子那里寻求这种退路和保障，还有哪种方式能比这更顺理成章的吗？至少，在孩子身上，父母还有掌控权。但令人遗憾的是，这种想法大错特错。孩子可能看起来弱小无能、无法自立，但有胆量去和孩子斗智斗勇的人很快就会发现，孩子在与长辈的较量中往往更胜一筹。因为孩子做事往往不考虑后果，在选择战术时毫不留情。此外，孩子们通常比成年人更敏捷、更机智、更有创造力。经过不断地探索尝试，甚至在不清楚自己意图的情况下，孩子可以在与长辈的斗争中采取各种战术，他们有取之不尽、用之不竭的潜在能力。我们陷入与孩子无休止的斗争越久，我们的权威就会受到越严峻的挑战。而当我们的地位变得岌岌可危之时，现状只会刺激我们更加努力地"战斗"，以保持做父母的优势和威信。然而我们并没有意识到，这样做是在挫败我们自己的原有计划①，这与我们的教养目标南辕北辙。我们仍然在采用一系列早已被证明无效的管教措施，原因无非是这些措施可以帮我们维持对孩子的控制。在以前，这些措施可能在一定程度上成功地维护了父母的权威；但在目前的社会条件下，随着人与人之间关系的日益平等，采用这些老办法注定徒劳无功。

当下，在孩子的养育过程中，我们采取错误的态度，使用错误的方法，因此与孩子产生各种矛盾冲突，其中的诱因要比早些年多得多。相比从前，现在父母在家庭内外的地位被削弱，变得愈加不稳定。更显著的问题是，这种不利由于小"核心家庭"（指由一对夫妇及未婚子女组成的家庭）的普遍存在而大大加剧了。这就更增加了新晋父母的焦虑感。父母的感情只集中在一个或两个孩子身上，父母的个人期望和要求往往要

---

① 见第四章"唠叨""体罚"部分。

由一个孩子来满足。以前，父母的爱和期望可以被分配给好几个孩子。即使在孩子多的家庭中，其中的一个孩子，往往是最大的或最小的，也可能最容易受到父母情绪的影响。但一般来说，在一个大家庭中，父母和孩子之间的个人冲突不会对任何一个孩子产生如此强烈的影响。孩子们彼此相互关照，而父母必须更广泛地分配注意力。

当然，我们清楚代际冲突并不限于家庭，它的影响在商业领域和公共生活中同样无处不在。老一辈对年轻一代心生畏惧，而年轻一代又觉得自己总是被老一辈轻视。争斗和猜疑、虚荣和怨恨在两代人之间筑起了高墙。事实上，如果我们把年轻一代的热情和老一辈的谨慎结合起来，会对整个社会更有利。但事与愿违，老年人一旦年华不再，就会被"打入冷宫"。我们无从考据这种倾轧是从家庭内部开始出现并蔓延开来的，还是从外部渗透到家庭中的。总而言之，这样的事情在家庭内外同时发生，而且是平行发展的。人往往如此，很容易感到气馁，并受困于灰心丧气的状态；或陷入为追逐个人优越感而进行的疯狂斗争之中，却忘记了人与人之间需要相互合作的基本原则。

父母追求优越感的同时要求自己的孩子也必须完美。父母往往不会意识到自己的言行对孩子的重要性，经常会放大孩子的每一个缺点。父母习以为常地贬低孩子，实则在不自觉地突显自己的能力和地位，显得高人一等，至少在孩子眼里如此。很多人在应付周围的人际关系时也采用同样的策略。许多人试图通过诋毁和贬低他人，增强自己的自尊心。这些人试图在不知不觉中刻意寻找他人的缺点，进而发展到寻找自己的孩子的缺点。

下面的案例将清晰展示这一几乎令人难以置信的事实。

一位妈妈带着她 16 岁的女儿前来咨询，这个女孩有明显的焦虑症状。妈妈抱怨女孩邋遢，从不收拾自己的衣物，把物品扔得乱七八糟、到处都是，而且拒不承担她应该做的家务，妈妈必须不断地特意提醒、反复敦促、叮嘱她做家务。在咨询过程中，我了解到这个女孩是独生女，从小娇生惯养。家里从来没有人告诉她，她应该承担自己应承担的职责。随后，我在咨询过程中很快就让女孩意识到她是家庭中的一员，要承担相应的职责。但咨询过后不久，这个女孩开始抱怨。据她讲述，她的妈妈有一个习惯，就是在女孩准备干活之前，妈妈就开始不断地催促和告诫她，她的妈妈不断把任务强加于她。与此同时，她的妈妈也不断阻挠她干活，理由是女孩保持当前的状态肯定做不好事，会把事情搞砸。

我请来了这位妈妈并向她解释清楚，如果她想让女儿变得爱整洁，成为她做家务时的帮手，就必须给她更多的行动自由。我向她申明，除非她改变自己对女儿的行为方式，否则我对此也无能为力。女孩的妈妈答应听从我的建议，给孩子更多的机会来料理自己的事。但是随后女孩汇报说，家里的氛围还是老样子，没有任何变化，就好像我从来没给她的妈妈提过建议一样。女孩屡屡提出抗议，说她可以轻松自如地处理好自己的事，她的妈妈却强烈表示不可以。最后，我不得不再次请来她的妈妈，问她为什么如此固执己见，不愿改变。她变得非常激动，拒不接受我的责问。她坚持认为女儿笨手笨脚，做事不牢靠，不能让她自己做事，并声称如果真的让她处理自己的事，她根本就不能保持整洁有序，而是会把她自己的生活搞得一团糟。经过苦口婆心地反复规劝，我才让这位妈妈明白了治疗的全部意义——女孩应该承担她自己邋遢的全部后果。

后来，我接到这个女孩的求救电话：她的妈妈精神崩溃了。这一事态为问题分析提供了一个新的视角。女孩和家人们过去住在一栋豪华的住宅里，由于形势所迫，后来不得不削减开支，搬到相对简陋的地方。她的爸爸和已经上大学的她将大量时间投入家庭以外的生活。她的妈妈认为自己对家庭幸福的贡献有限，开始觉得大家不再需要她，她的丈夫和孩子没有她也能过得很好。相比丈夫，女儿显然是这位妈妈唯一可以证明自己有用的"救命稻草"。她的女儿越笨拙、越邋遢，她自己的重要性就越能被突显。一旦她的女儿学会了自立，就意味着她这位妈妈彻底变得无用和多余了。诚然，她自己根本没有意识到自己的行为背后的动机。当我向她解释时，她终于意识到她一直很自私地不想纠正女儿的缺点，并在不知不觉中助长了这些缺点。

这样的案例绝非个例。在这个案例中，通过对妈妈和女儿的治疗，以及在她们之间建立一种全新的、良好的母女关系，并以其他方式满足妈妈的需要，我治愈了女儿的焦虑症。

父母的自卑感

毋庸置疑，在处理和孩子的关系方面，大多数父母都强烈地感受到自己的经验和能力不足。无论是真实的还是想象的挫败感，都会进一步促使父母在教养孩子方面采取许多错误的方式：过度焦虑、对孩子的要求过高、贬低孩子等。这些都反映出父母的自卑感。此外，父母若深陷挫败之中，遇到问题时往往会优柔寡断。

在教养孩子的过程中，父母优柔寡断，摇摆不定，没有任何真正的教养计划或目标：可能一开始对孩子严肃苛责，后来又放纵包容；忽而感到无助绝望，忽而又对孩子充满信心，百般宠爱。父母态度的不断转变会带来教养方法和技巧的不断变换：打了孩子之后，又以夸张的情感表示自责；责骂孩子之后，又给孩子承诺和奖励。听到别人给的建议时，这些父母通常会无可奈何地回答："我以前试过了，我什么方法都试过了。"由于做事优柔寡断，这样的父母往往无法采纳别人的建议。他们行无定法，刚刚采用一种方法，忽而又转向了另一种方法。他们缺乏勇气去实践任何明确的行动路线，往往以自己的困惑作为借口来逃避自己真正的职责。

"神经紧张"是纯粹的防御性逃避中最显著的表现形式。"神经紧张"的父母发现紧张是他们能找到的最方便的借口，也是一个别人可以接受的理由，可以用来为他们在孩子教养问题上的疏于职守开脱。他们总是不厌其烦地跟别人讲自己的良苦用心，是"神经"问题让他们无法采取正确的行动。他们并非邪恶之人，但确实能力有限。"神经紧张"的父母不知道如何给予和接受，同时必须为他们的自我放纵付出沉重的代价。他们需要帮助和同情，只有在充分接受了高质量治疗之后，才有能力解决教养孩子的问题。

有时，父母的"神经紧张"只在个别场合出现。"我的神经已经不堪重负"或"我无法忍受"是典型的借口，用于解释无法以更具体的理由说明的行为。例如，当父母打了他们的孩子，然后意识到自己的错误时，或者当他们说了或做了一些既不合时宜又无道理可言的事情时，他们通常会给出这种解释。"无力承受"是人在感到无助的情况下的标准借口。他们可能觉得孩子占了上风，而自己又不愿意承认失败。为了挽回面子，他们就会采取任何可以立竿见影的手段，以维持他们表面上的权威。最常见的手段通常是体罚、责骂或威胁。如果他们试图掩盖这种公开的权力斗争的真实性质，或为自己所采取的行为辩护，总是可以归咎于他们"神经紧张"或他们的暴躁脾气。这种策略还能带来额外的好处：他们有机会专注于满足自己内心的欲望。

父母"上当了"

我们得承认，在孩子教养方面，父母产生自卑感往往是合乎情理的。孩子从婴儿期就开始在建立家庭内部人际关系方面发挥积极作用。孩子不只是对别人做出反应，而是按照自己的想法和目的采取行动。事实上，孩子主动刺激和挑衅父母的行为很早就开始了，确切地说在孩子出生后的第一年内就开始了。我们往往不能认识到孩子这时开始逐步形成的行为模式将是教养孩子过程中的决定性因素。

婴儿的行动不是基于有意识的计划，婴儿的心智还不能使婴儿做出有意识的思考和决定，但婴儿的行动却异常坚定、意图明确。一个婴儿希望被抱起来，因为他曾经体验过被抱起来的快乐感觉，因此他将使用各种技巧来实现被抱起来的目标。孩子越大，在设计计谋方面的水平就越高，父母和其他成年人往往在意识到发生了什么之前就已经屈服于孩子的计谋了。孩子在成长的最初几年里，对自己的身体机能以及周围的人和物的认识水平不断提高。孩子在不断地观察、体验和实验。因此，孩子对其父母的了解比父母对他的了解要多。一般来说，孩子操纵父母的能力要比父母影响孩子的能力强得多。这就是为什么那么多父母在应对他们的孩子时感到力不从心。

父母对教育的了解

另一个经常导致父母对教养孩子缺乏信心的原因是他们对正确的教育方法一无所知。即使是健全发展和自信的人，对教养孩子的无知也会让他们产生深深的挫败感；此时如果再加上深深的自卑感，就会完全扭曲父母与孩子的关系。

如今人们已经普遍认同父母对其作为教育者的职责准备不足。如果我们想从事某种行业或掌握某种手艺，在进行实践之前都必须进行学习。但我们作为父母面临着一项艰难的任务，即培育下一代，而我们大多数人完全没有接受过任何训练。事实上，系统的学习和实际的训练对教育者来说是不可缺少的。

无论我们对这种现状感到多么痛心，也无论我们花费多少时间竭尽全力地纠正这种情况，我们最担心的问题是，仅仅缺乏教育相关知识还不是最严重的问题，一知半解才是最危险的。

如果父母真的对教育一无所知，可能情况还会好一些。他们将尽量遵循自己所知的常识，并在适当的时候寻求建议，也更愿意听从别人的合理建议。然而，就目前的情况而言，每个人都认为自己对教育有一点儿了解，但这"一点儿"往往是错误的。几乎所有人都被父母养育成人，在成长过程中经历过各种问题和意外情况。我们对童年父母教育我们的方式，保留了怎样的记忆呢？有不少诗人和小说家回忆和描述童年的痛苦经历，但很少有父母对这段经历留有和孩子同样的记忆。在教养孩子的问题上，许多人把自己的父母作为榜样，偶尔对父母以前采用的方式做一些调整。由于自己童年的痛苦经历还历历在目，我们在某些方面会对自己的孩子采用比较温和的方式；或者，如果我们觉得自己的父母管教得过于宽松，就会倾向于采用更严格的管教方式。但即便我们采用和自己父母不同的教养方式，我们还是会犯类似的错误。我们把父母所采用的各种教养方式结合起来，并做适当的调整，但这都无法改变这样一个事实：大多数人在教养子女时都以自己的父母为榜样。

我们都以自己的父母作为教养孩子的榜样，造成的结果就是养育孩子的过程中出现的错误做法被一代一代地传了下来。今天，我们生活在瞬息万变的世界，人际关系愈加复杂，却仍然传承着祖辈遵循的大量错误育儿方法。此外，我们的处境也因为现在越来越盛行的核心小家庭的生活方式而变得更糟。以前，大家都生活在大家庭里，孩子的成长对父母的教育方式的依赖要少得多。那时，孩子们在很大程度上通过相互接触和与邻居的接触进行自我教育，因此父母缺乏教育经验带来的不良后果就轻微得多。现在，和以往的很多时候一样，因为有些父母不愿意接受建议，科学的教育原则很难传达到他们那里。在这些父母的心目中，正如许多人仍然坚信的那样，他们都是从孩子时期过来的，他们有经验、有资格以自己的方式、用自己的生活哲学，以及他们小时候经历过的关系模式来教育自己的孩子。

如果有人试图说服一个在棍棒下长大的父亲不要粗暴地对待孩子，他肯定会表示强烈抗议："我就是这样长大的，不是挺好的吗？为什么我不能这样教育我的孩子？"和所有持有这种态度的父母一样，这位父亲从来不给自己机会去反思一下，如果他接受了不一样的、更好的教育，他可能会变成什么样。现在和过去一样，我们很多人教育孩子的最终"目标"几乎都是要把原本聪明的孩子变成愚笨的成年人，这主要是我们不采用鼓励孩子的方法所带来的结果。尽管如今，"鼓励式教育"已经得到了广泛认可，但在教育孩子的过程中我们经常把它忘得一干二净。那位信奉"棍棒教育"理念的父亲根本不知道，他小时候受到的殴打在多大程度上危害了他的婚姻生活，影响了他与朋友的关系，并最终决定了他对自己孩子的态度。在某些方面，他可能发展得"足够好"，但同时他也变得多疑、残忍和暴虐[①]。很多父母都是如此，用自己的生活成就来证明自己

---

① 参考第四章"体罚"。

从小所接受的教育没有错。我们根本无法衡量老一辈的教育造成了多少孩子有情感障碍、性格缺陷，又有多少孩子的潜力没有得到充分开发，而这些原本都是可以避免的。

教育教育者

一些错误的教育前提和原则，已经持续存在多年并形成了恶性循环。如果我们希望走出教育孩子面临的困境、减轻为人父母的负担并纠正孩子的不当之处，则必须打破这一循环。如果想要孩子变得出色，父母必须首先成为合格的教育者。我们必须学会理解孩子，了解他们的想法，清楚他们行为的动机。其次，我们必须学会区分哪些是正确的，也就是有效的教育方式，哪些是错误的、没有价值的教育方式。

但是我们也需要认识到光有教育知识是远远不够的。很多老师在教育别人家的孩子时获得极大成功，却在教育自己的孩子时一败涂地，尽管他们有着丰富的教学经验和深刻的洞察力。

为人父母者本身需要克服很多情感障碍，如处处设防、忧虑未来、争名夺利等消极的心态都会带来情感上的不适。如何教育好父母是现代教育学要解决的关键问题，这个问题必须从两方面进行攻克。首先是要对为人父母者进行启蒙教育，向他们传递必需的事实知识；其次是发展他们的个性。父母本身就像孩子：有时是"问题"孩子，必须被"教育"。但是，从外部影响成年人并不是一件容易的事。在很大程度上，作为父母的我们必须主动承担起自我教育的责任。我们必须学会认识和了解自己，必须消除自我怀疑，以便在教育孩子的过程中保持沉着、自信。只有这样，我们才能停止和孩子争夺控制权，避免产生冲突，干扰孩子的和谐发展。

　　如果我们希望享受教育孩子的乐趣，提高教育效率，就必须努力提升自己的水平。我们需要准备好一次又一次地重新定位和改造自己，并从我们的孩子身上和我们的经验中不断总结学习。我们必须努力履行希望孩子履行的所有道德义务。当我们意识到遵守秩序和规律是孩子发展的根本时，我们自己做事的时候就必须遵守秩序和规律。如果我们自己都做不到，就更不可能让孩子听从我们的号令了：孩子的行为是我们行为的一面镜子。教育不是强加于人的机械过程，孩子并不会无意识、被动地接受父母的意志和愿望。教育孩子的过程其实是父母和孩子不断互动的过程。父母和孩子之间的互动就像两个谈话的人要相互回应一样。教育就是这种相互回应的过程，是双方互动的产物。孩子通过观察来学习周围人的行为，并不断进行调整。孩子的个性尚未固定，他们的观察力更强，性格更敏感。我们必须学会观察孩子的行为，因为从中可以认识到我们自己的性情和性格。

母亲的职责

除了个性的影响之外，每一个参与教育孩子的过程的人都会通过他在家庭中的特殊地位而对孩子产生特殊的影响。从孩子出生的那一刻起，母亲就是和孩子关系最密切的人，甚至在刚刚出生后不久，婴儿就会对母亲的行为做出反应。因为除非母亲完全弃他们于不顾，否则不管是男孩还是女孩，都与母亲有着最密切的联系。即使忙于工作，母亲无法花很多时间与孩子在一起，那也无法剥夺她在孩子生活中的特殊地位。事实上，母亲需要做的就是向孩子证明，从他出生起她会一直陪伴在他身边。对孩子来说，比起其他所有人，母亲是绝对值得信赖和依靠的。母亲对孩子展示出理解、同情，再加上一点点温柔，孩子对母亲的爱就会始终不渝。成为母亲，很多人往往会感到焦虑不安，时刻保持警惕，这完全没有必要，甚至对孩子的发展不利。母亲必须减少对孩子的关注，不要在孩子身上花费太多时间，特别是孩子越来越大的时候。母亲往往可以通过最少的语言或行动来给予孩子需要并特别期望得到的温暖。母亲不经意间的一举一动都表达着对孩子的关怀和爱，孩子自然而然就会接受母亲的教诲。（讨论家庭成员各自的作用时还需要考虑到个体的个性问题。对孩子来说，如果父母中有一方个性鲜明，那么鲜明的个性比他的家庭地位更具影响力。）

因此，职业女性也能成为孩子需要的好母亲，特别是在孩子长大后。无论是任何人还是任何物品来和母亲争夺孩子的爱，母亲永远会获胜。无论家庭教师多么能干、亲切，都不能取代母亲，因为家庭教师发挥的作用和陪孩子的时间都是有限的。而继母完全可以取代母亲，已经有足够的研究表明，孩子可以接受继母和养母成为自己真正意义上的母亲。

父亲的职责

父亲对孩子来说意义非凡。如今社会中男性的地位正在发生变化，因此，父亲作为孩子的教育者的角色也在悄然发生变化。在不同的国家（地区），男性的地位明显不同。在美国，男性的权威正在逐渐减弱，而在拉丁美洲和欧洲的一些地方，男性的权威仍然丝毫未被撼动。这在某种程度上解释了为什么很多美国父亲一点儿不愿意承担培养孩子的责任。这些父亲挂在嘴边的话是，他不想干涉妻子对孩子的教育。在美国，大多数时候，都是母亲去参加关于儿童教育的研讨会和讲座，父亲对这些活动很难产生兴趣。实际上男性在孩子养育问题上的这些举动让我们见微知著，因为这些举动完全符合一种普遍的男性倾向：即把对心理学、艺术和文学的兴趣全部让渡给女性。很多美国男性将自己的兴趣点集中在商业和政治上，他对家庭最大的贡献是养家糊口，并借此维持他在家庭中的优越地位。

事实上父亲在孩子的成长过程中扮演着不可或缺的角色，即便是在强势的母亲起着父亲的作用的家庭中，父亲依然不能缺席。在孩子眼中，他们看重的是父亲所代表的某种工作的特质：或者是一个工人，或者是某个行业的职员，或是某个专业领域的一员，即使在父亲的失业期间也是如此（这样的时期通常被认为是例外情况）。大部分孩子认为父亲是务实、能干的人，父亲拥有某种特殊的能力。如果父亲的这种形象受到质疑，父亲在教育过程中本应发挥的作用将被大大减弱。

父亲对孩子的影响往往反映在孩子对工作和实际成就的态度上。对孩子来说，父亲是能鞭策他做出成绩的人；但反过来，父亲最容易让孩子气馁：男孩会怀疑自己是否能成为一个"真正的男人"，而女孩则会怀疑她做出的各种努力是不是永远不会有结果。（当然，许多孩子也有可能是因为有一个尽善尽美、卓越高效的母亲，从而变得灰心气馁）。在当前的家庭教育中，通常是母亲承担孩子的日常家庭教育，因此不建议父亲公然反对母亲对孩子的教育方式。一种特别糟糕的情况是，父亲或母亲中的一方对孩子采取极端严厉和苛求的态度来平衡另一方对孩子的极端放纵和包容，这种"补偿"方式非但不会改善孩子的状况，反而会使情况恶化。父母双方只能通过坦诚的讨论和协商来矫正另一方的方式，并且要注意在任何情况下，父母之间的分歧不能让孩子知晓。

就算父亲在教育孩子方面没有发挥什么积极作用，孩子仍然会把父亲看作力量和权威的象征，因为父亲通常都比母亲高大强壮。对孩子来说，父亲的一举一动都显示着男子气概。正是由于这个原因，父亲日常进行的消遣娱乐、父亲的兴趣爱好对孩子的影响远远超过了其表面意义。父亲是家里的"大男人"，是男孩的第一个伙伴，是女孩的第一个"爱人"。由于父亲在家里的时间有限，他就成了孩子们心目中的理想人物形象的代表，成为家里的权威，是拥有最终仲裁权的"最高法官"。

父母之间的关系是否和谐以及他们的相处模式对孩子来说特别重要，因为这不仅决定了家庭的气氛和谐与否，也会给孩子留下关于两性关系的最初和最生动的印象。父母双方都有义务帮助孩子发展和谐的人格，引导和激发孩子的身心和情感成长以适应社会。

（外）祖父母的职责

（外）祖父母往往给孩子带来无限的幸福感，但与此同时他们很可能会干扰父母教育孩子。（外）祖父母对孙辈总是一味付出，不求回报。老人们总是极度宠爱自己的孙子孙女，因此我们必须密切关注他们给孩子带来的负面影响。经常给（外）祖父母打个电话或者偶尔的小聚，会给孩子的生活增添温暖和快乐。（外）祖父母可以尽情向孩子表达善意和温柔，因为不像孩子的父母，他们无须承担教育的责任。儿孙绕膝，身体健康，这就会让他们尽享天伦之乐。

如果父母带着孩子和（外）祖父母一起生活，就存在一定的风险。在某些情况下，（外）祖父母可能不得不承担起父母的责任。在这种情况下，（外）祖父母差不多变成了"晚育"的"大龄父母"。如果（外）祖父母干涉父母对孩子的教育，情况就更加堪忧了，特别是当大家都住在同一屋檐下时，这种情况很可能发生。在这样的家庭中，两代人之间的冲突会加剧父母和孩子之间的紧张关系，孩子很快就会学会"结成统一战线"，特别是在（外）祖父母反对孩子的父母，并把他们当作可以随意训斥和纠正的孩子时。虽然有时（外）祖父母比起初为父母者更容易采纳中肯的建议，但总体原则是（外）祖父母不应参与孙辈的教育。

第二章 孩子的境况

了解孩子的过程就是了解人性的过程。我们通过直觉可能也可以了解一个人，但只有通过对其整个成长过程的透彻观察，才能对一个人的人格有清晰、理性的认识。我们只能通过对一个人的童年进行系统的、心理上的研究才能获得这种认识。阿尔弗雷德·阿德勒的方法能让受过相关训练的学生科学地理解一个人，无论对方是成年人还是孩子。

在本书中，我们主要关注如何把握孩子的整体人格。孩子人格的基本架构在成长的各个阶段都保持着一定的稳定性。个性特征的偶尔变化只不过是孩子在适应不断变化的外部情况，但人格深层次的基本架构不会发生改变。比起研究孩子在发展的各个阶段所表现出的偶然行为模式，研究促进孩子人格形成的基本要素更有助于对某个特定孩子的理解。孩子在不同年龄段所经历的每一个外部变化（将在第五章中讨论）都只是表现形式上的变化，这些变化都要从人格的基本架构中进行理解。因此，在每一种情况下，我们的注意力都将集中在孩子独特的人格架构上。

人生计划

从出生那天起，孩子就开始熟悉他所生活的世界，他们用自己的身体去体验，并不断学习如何使用自己的身体，试图了解他们所处环境中的人和物。简而言之，孩子在努力理解周围的世界和存在的各种各样的问题。虽然这时他们还没有语言能力，但已经显示出极高的智商水平。当还在婴儿期时，孩子就发现了解决问题的很多巧妙方法。例如，有人观察到一个 5 个月大的男孩患有上眼睑肌无力，他通过把头歪向一边和使用他的小拳头来应对这个障碍。我们仔细观察就会发现，从婴儿期开始，即使孩子的行为是无意识的，但他们的所有行为都是有目的的。只有辨识出孩子通常无意识追求的目的，我们才能更好地理解孩子的一举一动。

孩子很早就会利用自己的认识和经历来为接下来的行动制订计划。当还是个婴儿时，孩子就学会了观察父母的态度并为自己所用。例如，一旦婴儿弄明白了父母对自己哭泣的反应，他们就会在想被抱起来的时候放声大哭。孩子能很好地利用自己的某种印象，迅速地调整自己的行为以适应新的情况。这种心智能力（我们可以称之为智力）大大地补偿了婴儿在身体上的无助感。

随着年龄的增长，孩子的认识和经历会变得越来越复杂，因此他们必须将这些认识和经历整合到某个系统中，否则他们就无法将它们全部吸收、利用。在这一阶段，孩子的行为方式又一次显示出他们的行为往往具有明显的目的性。孩子对自己的身体和心理结构做出自然反应，通过对自己身体的体验，以及身体实现某些功能的难易程度，认识到自己身体的力量所在和局限之处。通过这些方式，孩子认识了自己的身体机能及通过遗传获得的身体素质，所有这些都被称为"内在环境"。孩子的心理素质则是通过与周围环境、父母、其他和他相关的人的互动发展起来的。孩子与其中任何一个人的接触越密切，孩子对他的依赖就越明显，这种依赖关系在孩子的行为计划结构中就会发挥更大的作用。但是，孩子从来不是被动地接受外部环境的影响的。通过仔细观察，我们可以发现孩子貌似被动的反应，通常是自发的、有目的的活动，并遵循明确的行为计划。在每一个孩子身上，事实上在每一个人身上，无论年龄大小，每个行为计划都有其独特的形式。因此，不同的孩子对每一种新的情况和每一种管教措施都会有不同的反应，这取决于在不同情况下孩子主观上的理解和吸收。同一情境的重复出现将促使孩子向特定方向实施计划，也就是说，他们会刻意适应这些情境。

在大多数情况下，这种行为计划的设计是如此巧妙，一个不经意的观察者永远不会意识到其间非凡的一致性，甚至怀疑其是否存在，尤其是在孩子还不具备思考意识的年龄时。当训练有素的专业人员在父母惊叹的目光中揭开这个秘密计划时，会产生一种神秘的启示效果。孩子令人费解的怪癖和举动突然有了意义，令人困惑不已的悖论也变得合情合理，每一个举动都可以被认为是孩子秘密计划的一部分。

3岁的小男孩彼得是所有认识他的人的骄傲和快乐之源。彼得天生可爱，机灵活泼、能说会道、聪明伶俐，一直都是人们关注的焦点。但偶尔彼得也会耍耍脾气，当他想得到他想要的东西时，他会异常固执、连踢带踹、又哭又号，但下一秒他又露出天真无邪的笑容融化所有人的心。彼得有一个绝妙的技能，能让大家把目光集中在他身上，而且他的所有行为都围绕着这一目标。彼得超前的想象力和对未来的思考都用来把自己推到聚光灯之下，吸引更多的关注——比如，彼得说希望在管弦乐队中演奏最引人注目的大贝斯（小男孩想通过使用大型的乐器获得关注）。

这个小男孩是独生子，从来没有机会和与他年龄、身高相仿的孩子一起玩。他年龄小，个子小，很多事都是由比他年龄大、个子大的父母决定的。通过实验和观察别人的反应，小男孩很快就发现了确认自我地位、"出人头地"的战术。然后，他"无意识"但系统性地改进了他的战术。现在，小男孩正通过各种手段来扩大这个战术的应用范围。

许多孩子都在追求这样的目标：吸引大人的注意力，让自己成为众星捧月的存在，尤其是独生子女或家里最小的孩子。然而，在不同的家庭情况下，每个孩子的行为计划都是不同的。由于语言表述远远不够充分，而且缺乏精确的术语，我们不得不用同样的语言来描述各种各样的孩子表现出的类似倾向。例如，当我们谈及每个孩子都处处想争第一时，我们只是在谈一个大的主题，每个具体的案例都会有微妙的不同。这点我们必须心中有数，孩子争当第一的计划可以有数千种形式。

在孩子大约 6 岁时，我们可以比较容易地改变孩子潜在的、有时往往晦涩难懂的行为计划。当经验告诉孩子，这种行为计划是不切实际的，这种计划不能让他们如愿以偿，那么孩子就会迅速转而寻找其他更有效的计划。然而，在孩子 6 岁之后，要实现这样的转变就困难得多了。到那时，孩子会采用一系列的技巧和计谋来维持原有计划。在孩子所有的经验中，他们只会选择依靠那些与他们的计划相吻合的经验。因此，孩子会发展出一种所谓的"倾向性统觉"计划，也就是说，他们有能力根据自己的个人喜好调整自己的统觉。持有这种带有个人喜好、偏见的统觉是所有成年人共有的特征，这一统觉让成年人只能从符合其个人生活观的经历中学习。人们会"创造"他们的经历：他们不只记录符合他们自己计划的内容，而且经常采取行动来引发他们所期待或渴望的经历。

孩子在小时候尝试并试验过的成功模式，会成为永久的行为模式，即孩子的人生计划。在孩子长大成人后，这个基本行为模式甚至会被孩子无意识地持续采用。孩子为自己的行为寻找理由和根据，却从未意识到有一个明确的计划一直控制着他们的所有活动。每当人生逻辑使一个人不可能按照他的人生计划行事时，他就试图逃避；如果逃避未果，他就可能会完全推翻这个人生逻辑。

11 岁的约翰的妈妈抱怨说，约翰曾经是个勤奋努力的优秀学生，但突然之间就变了。约翰不再做学校布置的作业，也不关心考试分数，唯一感兴趣的就是体育运动。约翰的故事很简单：他的爸爸是一位杰出的实业家，约翰在他爸爸工厂所在的村子里长大。约翰在村子里有相当的地位，不仅在家里称霸，还称霸整个村子，"统治"着村里其他所有的孩子。在那时，约翰是学校里成绩最好的学生，学校因他的存在而感到荣幸，而且约翰理所当然地是所有孩子的"头头"。

当约翰 10 岁时，父母决定把他带到维也纳。在大城市里，约翰突然发现自己无法维持以前的地位了，他之前使用的各种方法也不再有效了。他大多数同学的学习成绩都比他好得多，毕竟过去他只在村子里上过那所规模很小、设施很不完善的小学。

由于不习惯扮演一个服从于他人的角色，约翰对学校的功课彻底失去了兴趣，也不再朝学习这个方向做任何努力。但约翰发现自己仍然可以在体育这方面超过城市里的孩子，于是他就把所有的兴趣都转移到了田径运动和足球上。这让他的父母感到非常惊讶和遗憾，他们无法理解儿子的变化。在他们看来，约翰没有一点儿雄心壮志。当心理医生告诉他们，恰恰是这个男孩的雄心壮志造成了这一情况时，他们根本无法相信。

每个人的行为都受到一个明确的人生计划的指导。这个人生计划构成了统一人格的基础，涵盖了人的本性和行为的明显差异性。人生计划赋予每个人人格，使其形成独特的生活方式——独一无二的个人"生活步调"。人生计划决定了每个人的性格，并在很大程度上"塑造了人的命运"，因为这是一个人所有行动的动力之源。

遗传

如果我们不了解孩子的动机，不能发现他隐藏的行为计划，就会倾向于把孩子的许多怪癖、缺点和不同常人的品质视为"天生"的结果。遗传法则适用于所有生物，人也不例外。但在人类身上，遗传法则仅在某些不可改变的方面发挥作用：如形成某些身体特征，这是后天训练和教育所不能改变的。体型、头发和眼睛的颜色，以及许多其他身体特征都是遗传的结果。

然而，在心理素质、性格特征和能力方面，情况则不同。

这些方面在人的一生中都会有长足的发展，婴儿和成年人在这些方面的表现完全不同。一个人的心理素质、性格特征和能力都是培养和训导的产物，是无数次的作为和不作为的结果，是无数次试验、犯错、再调整的成果。一个人的成长发展与最初的遗传基因存在着联系，但并不像人们通常认为的那么简单。人们通常认为可以从一个人的最终表现推导出相应的遗传因素。因此，如果一个成年人品质良好，人们就会认为他有良好的遗传背景，而如果他品质不佳则认为他遗传基因差，但这种假设是错误的。如果不去深入挖掘一个人的潜能，他最终只能一事无成。人类的每项活动都非常复杂，不经过训练是无法掌握的；无论一个人的遗传基因多么优越，如果他缺乏训练，他就发挥不了其独特的能力。

此外，遗传方面还存在一个独特的情况。遗传的缺陷不一定会导致永久性的缺陷。相反，这些缺陷反而可能会为孩子取得非凡成就提供动力。在努力克服可能会面临的各种困难的过程中，孩子往往会专注于给自己造成最大困难的那种缺陷。这种对有缺陷的部分的强化训练往往会带来这个部分的超常发展，这个部分包括发育不良的内部器官或欠缺的技能。许多身体、智力和艺术等方面的杰出成就，都是取得成就者对某一缺陷的过度补偿，特别是对遗传的器官性缺陷的补偿。

孩子的最终发展不是简单地取决于遗传因素。通过忽视和重点培养这两种策略的相互作用，孩子可以按照自己的计划自由地塑造自己的能力和品质。

在人格的发展过程中，遗传因素的作用远不如后天的外部建构重要。天赋固然重要，但如何利用好它更重要。我们通过观察思考就可证明这一点：在绝大多数家庭中，第一个孩子和第二个孩子在性格、气质和兴趣方面都存在着较大的差异。如果他们的发展完全由遗传因素决定，这是说不通的。没有任何遗传规律可以解释为什么第一个孩子和第二个孩子在性格、气质和兴趣方面存在这么大的差异。这些明显的差异是由纯粹的心理因素造成的。家里的两个孩子，虽然他们有时相处得很和睦，但他们通常是存在激烈竞争的对手。一方面，老大曾经是家里的独子，父母是独属于自己的，他非常害怕自己的特权被剥夺。当老大看到母亲的爱和关心转移到老二身上时，他会开始觉得这个新来的孩子正在篡夺本该属于他的爱。老大因年龄而拥有的优越感受到了威胁。他看到弟弟或妹妹逐渐夺去了本属于他的一个又一个特权，从而非常担心被他们取代、超越。

另一方面，老二从一开始就不得不应对一个早已存在的竞争对手，这个竞争对手在所有事情上都有领先优势，他会自己走路、吃饭和穿衣，甚至还会阅读和写作。在与对手的竞争中，每个孩子都会发展出自己的优点，正好与对方的缺点相对应，结果两个孩子展现出完全不同的个性。如果一个孩子活泼，另一个孩子就会很安静；如果一个孩子邋遢，另一个孩子就会很有秩序和整洁。邋遢和整洁，大度和小气，迟钝和敏感，温柔和粗暴，多愁善感和豁达开朗，这些是家里两个孩子之间的一些典型反差。

如果家中有两个孩子，往往一个孩子更像爸爸，另一个孩子更像妈妈。这一点似乎证实了遗传的重要性，但事实上这一点恰恰可以证明心理因素如何导致某种性格类型的发展。为了"争权夺势"，孩子会选择和爸爸或妈妈结成统一战线。在某些情况下，父母中的一方可能因某种外部相似性而将其中一个孩子视为"自己的"。或者在其他情况下，孩子可能会认为爸爸或妈妈特别强大，值得效仿。因此，各种不同的动机都可能导致孩子形成与爸爸或妈妈相似的性格和习惯。因此，孩子和父母之间现有的性格相似性不能作为证明遗传的重要性的最终证据。我们不能准确地判断遗传到底对人类有多大的影响，因为教育的过程是从孩子出生的第一天就开始的。在这个时候，我们几乎无法确定在孩子身上起作用的遗传因素（不管是好的还是坏的）有多少，进而我们永远无法区分出孩子的表现到底是遗传的结果还是教育的结果。总的来说，"表现型"完全覆盖了"基因型"，以至于我们把后者从科学研究中彻底排除掉。

关于遗传和"天生"能力的观念仍然对教育工作者的思想产生着不利的影响，并导致了一种宿命论的悲观主义。沮丧的父母或老师不是想办法采用更好的教育方法，而是用天赋不佳的论点来为自己教育孩子的失败辩护。父母和老师越是沮丧和无助，就越是坚信遗传力量的不可抗性。这种假设将进一步阻碍他们正确理解在孩子身上起作用并决定孩子行为的真正力量。

社会兴趣

人性本善吗？对这个问题的回答反映了教育者对教育所持的基本观点，也能够区分各种教育理论。有些父母和老师认为他们必须驯服孩子天性中的坏毛病，有些父母和老师则认为他们的首要职责不是阻碍而是以各种方式鼓励孩子天生动力及活力的发展，这两类人所采取的方法有天壤之别。

我们没有必要深陷这场哲学争论之中，原因很简单，人性本善还是人性恶似乎并不重要。基本的事实是，每个人都可以成为好人。然而，"善"这个词——如果我们试图定义它——会导致伦理学的另一个问题。我们还是接受传统的含义，并跟随流行的意见，即善恶并没有绝对的标准，只不过是根据比较功利的观点建立起来的行为准则。在日常使用中，"善"的概念是相对的，因为它涉及人类群体制定的规章和守则。任何遵守其群体规则的人都被视为"善"的人。理解和遵守社会规则需要一种特殊的品质，我们称之为社会兴趣。几千年来，人类一直过着集体生活，发现人与人之间有必要相互合作，来使自己适应他们所在群体的要求。每个人来到这个世界时带着天生的社会参与感，这源于人们过去集体生活的传承，同时也是人们存在的一个必要基础。孩子从一开始就需要这种感觉，以使自己在所加入的第一个小团体中有立足之地。婴儿通过哭声、手势和微笑获得别人的理解。孩子学得很快，从出生的第一天起就开始适应需要遵守的各种规定。

但社会兴趣必须进一步发展，因为孩子的社会兴趣是否得到充分发展将决定以后整个人生的成功与否，他们能在多大程度上与其他人合作，他们会引起他人的反感还是得到赞同，他们是否能正确地把握出现的每一种新情况并采取相应的行动。社会兴趣是人类团结的表现，体现在人们对归属感、对他人的兴趣以及对共同福利问题的关注上。人们体验到的是一种与他人共同生活、合作、做出有益贡献的动力。因此，一个人的社会兴趣大致可以通过合作能力、尊重人类社会规则的意愿来衡量，即便遵守这些规则可能涉及个人的牺牲。社会或他人强加给我们的负担不断考验着我们的社会兴趣。

对于成年人而言，生活的复杂性往往阻碍了其对自己社会兴趣的准确评估。评估孩子的社会兴趣则比较容易，因为他们的行为正确与否比较明显。孩子的社会兴趣决定了他们的行为是否正确，即孩子的行为是否符合学校和家庭的境况。孩子不断面临新的群体问题，除非我们允许孩子的社会兴趣自由和充分地发展，否则他们无法令人满意地解决这些问题。在这种情况下，礼貌、顺从、勤奋、诚实、谦虚和自立等品质就有了新的、更具体的意义。

因此，教育者必须认识到能够推动孩子社会兴趣发展的因素，避免那些会阻碍孩子社会兴趣发展的因素。从这一视角看待问题，使我们能够更好地评估以前使用的教育方法。

社会不安全感

孩子天生需要适应他出生后所在的群体，但却遇到了很多困难。父母所犯的所有错误都对孩子的适应构成了障碍；所有错误的教育方法——形式可能多种多样，甚至某些方法是截然相反的——都会产生同样的效果。一些父母可能对孩子太过纵容，也可能太过严厉；他们可能对孩子关注太多，也可能毫不关注。但无论是哪种情况，这些父母教育出来的孩子几乎都是一样的：孩子不是顺从听话的，而是叛逆和敌对的。

很奇怪的是，孩子的这种敌意夹杂着爱意，起初主要是针对父母或教育者。在孩子看来，他们就是整个社会的代表，是社会制度的代理人。因此，起初对父母的叛逆会持续不断地扩展到社会生活的不同方面。无一例外地，对教育者的叛逆逐渐发展为对所有社会秩序和规则的叛逆。导致这种叛逆的根本原因是什么？这值得我们思考。

人只有在被接受、不被他人轻视或忽视的情况下，才有可能产生要与他人团结在一起的想法。一个新生的婴儿一开始可能只能体验到身体上的愉悦或不适。但很快他就会认识到社会关系才是产生愉快或不愉快感觉的来源。因此，婴儿会调整自己的生理需求，使之与群体的规则相协调、一致，并把与环境建立社会联系的重要性置于自己身体机能的需求之上。从此以后，这些社会联系的质量就成了决定孩子幸福的主要因素。一个人童年最大的痛苦、最深的苦难，往往不是身体方面的疾病和不适，而是更具压迫性的被排斥在群体之外的感觉。被孤立、被冷落、被忽视是许多孩子最痛苦的经历。

孩子在遭受痛苦时，并没有清楚地意识到自己不快乐的原因。个人如果被集体排斥，就会觉得自己在某些方面是低人一等的。孩子可能并没有意识到自卑感，但他的行为却和成年人的行为一样，表现出了自卑感。抵消孩子自卑感的方法和抵消成年人自卑感的方法相同，即增强他的自尊感。孩子对被他人轻视特别敏感。孩子在家庭中的"卑微"地位会让他深信自己能力不足、低人一等。由于年龄较小，还无法独立生活，所以孩子需要依赖比他年长的成年人。孩子的权利往往必须让位于他人的权利，即使在他被宠爱的时候也是如此，情况甚至可能更糟。孩子常常感到自己被完全忽视了！孩子为弥补这种社会不安全感，会做出一些努力，从而导致对权力的争夺——这是一种自卑感的特有影响。人一旦感到自己社会地位低下，就会努力寻求上升，每个人都希望成为重要的人。

孩子的反抗源于过度的自卑感，同时这构成了孩子社会兴趣发展的主要障碍。感到自卑的孩子不再对社会参与感兴趣，而是对自我提升更感兴趣。孩子对社会参与的努力开始转移到对优越性的追求。在这一过程中，孩子的弱点、坏习惯和缺陷都开始出现。

自卑感和挫折感

孩子在成长过程中面临的困境源于自卑感，他们为了弥补真实或想象中的社会缺陷和弱点会被激发出独特的驱动力。孩子对于自卑感有两种主要的补偿方式——投降或过度补偿。同样，所有的遗传性或器官性缺陷有两种可能的补偿方案：要么对受损功能回避和忽视，要么推动这种功能的特别发展，带来非凡成就。例如，有些孩子的肌肉协调性差，会显得笨拙、不灵活；但一些具有同样缺陷的孩子，通过坚持不懈的自我训练，获得了不同程度的运动技能。天生的畸形使一些孩子变得不合群和落后，却也为他们提供了取得杰出成就的动力。眼睛的缺陷可能导致视力差，但也可能带来视觉能力的超常发展，如敏锐的观察力、艺术和视觉敏感性。在所有出现的困境中都存在两种相反的可能性。孩子可以选择屈服于这些困难，也可以选择努力克服这些困难。那么，是什么决定了孩子的选择呢？

决定孩子选择的唯一因素，就是解决问题的勇气。只要孩子不气馁，并相信自己的能力，他们就会为克服困难而不断奋斗；而孩子与生俱来的勇气，如果没有被错误的教育破坏，是非常强大的。因此，那些在孩子出生之初就给孩子带来挑战的缺陷，往往能够激发他们的潜能，如眼睛存在缺陷的孩子，极有可能进行过度补偿，而不是逃避。孩子能如此努力的原因是在早期阶段，孩子的勇气还未被外界损害。而孩子在后期经历的身体缺陷更可能成为持久的缺陷。孩子可以完成很多成年人不可能完成的事情。孩子的这种超凡能力通常是由于他们强大的精神活力和新生力量，因此他们在童年期比成人期更有勇气。

如果说孩子的天性是勇敢的，并且毫不犹豫地克服他们所面临的任何障碍——即使是他们的身体所带来的并且是遗传所导致的——那么为什么他们会逐渐失去这种勇气呢？在这里，不当教育带来的影响就变得很明显了。许多教育工作者，无论是专业人士还是普通人，都没有意识到勇气的重要性，因此忽视了孩子的这一基本需求。他们不断地削弱孩子的自信心。许多教育中的错误都源于这一点。

如果父母在孩子成长的道路上小心翼翼地为其清除每一个障碍，就会剥夺孩子体验自己的力量和发展自己的能力的机会，孩子可能因此感到气馁。但如果在孩子的成长道路上设置太多、太复杂的障碍，会使孩子感觉自己的能力不足，从而失去自信，也会造成相似的结果。在不知不觉中，一些父母以无数种方式挫伤孩子的积极性，而这些挫伤累积的结果就是孩子的自卑感越来越强。过度保护或忽视，放纵或压制，尽管它们在本质上有着不同，但都会导致孩子的自信、自立和勇气的崩溃。孩子自我感觉的能力和孩子的实际能力之间没有任何联系。在生命之初，在最无助的时期，孩子很少受到自卑感的困扰，他们有勇气处理好自己的问题。而当孩子更加强壮，能力更强时，反而失去了勇气。一个人的自我评价并不取决于他的实际能力或存在的缺陷，而是取决于他对自己在群体中的相对地位的理解，取决于他对自己的相对优势和能力的主观判断，取决于他对自己行为取得成功或失败的主观评价，取决于他对自己是否有能力处理问题的推测，这些问题大多是社会问题。拥有勇气是获得成功生活的先决条件——自卑感和挫折感会导致人无法适应社会，过着糟糕的生活。

争权夺势

面对困难，没有勇气的人会逃之夭夭，但这并不能让他感到解脱。有形的任务可能消失不见了，但无形的自卑感却挥之不去，需要他不断地克服。没有人能够无视自己的不足。大部分人的内心深处都有一个愿望，那就是在社会上有一席之地，因此，大部分人都在追求个人的重要性，确保自己在群体中被认可。人类有自卑感是有原因的：人类在生存斗争中体验到自己的生理劣势，意识到自己在宇宙中的渺小，震撼于自己只不过是沧海一粟。

孩子身处"巨人"般的成人世界，体会着自己的渺小，会更直接地体验到自卑感。虽然生理和精神上的自卑影响着全人类，刺激人类做出补偿、征服自然，并在精神、宗教和哲学方面获得成长，但孩子的社会自卑感却只影响他自己，将他与群体中的其他人区别开来。孩子在与父母和兄弟姐妹等比较的过程中，从未因自己的地位而获得一丁点儿的安全感。竞争加剧了孩子对失去地位的持续恐惧，而这种竞争氛围正是当前社会的特点，并且已经渗透到家庭中，从而破坏了家庭成员之间的关系。但是只要孩子有勇气，他们就会努力通过有益的成就和社会贡献来证明自己存在的意义。只有当孩子变得灰心气馁时，他们的社会兴趣的发展才会受到限制，他们通往成功的道路才会被阻断，于是孩子会在"生活中无用的地方"（阿尔弗雷德·阿德勒语）寻求增强个人优越感的手段。

追求优越感的渴望会促使孩子为自己的行为制定某些准则，这主要是以直觉的方式进行的，因为孩子的理性能力仍然有限。孩子会努力寻找一个看起来很有权力和影响力的人作为自己的榜样。在我们的社会体系中被过分宣扬的英雄气概，可能会对孩子产生强烈的吸引力。孩子会利用一切机会提高自己的声望。在已经具有强烈自卑感的孩子身上，这种争取认可的努力表现得尤为突出。关于优越感的想法能反映孩子的安全观。由于孩子不确定自己是否会被接受和自己做得是否足够好，并且不能依靠自己的力量，孩子往往期望通过外部支持获得安全感。被爱、得到关注和钦佩、拥有支配他人的权力、得到他人的服务——这些都是孩子关于安全感的想法。有些孩子认为自己不被他人接受，除非他们能做一些特立独行的事情，或成为小群体的领导者，或成功地在同伴中高人一等。在这些情况下，孩子对群体的贡献，即使可能对社会有用，但反映出的也不是孩子真正的社会兴趣，而是孩子为了满足自己的利益而采取的行动；孩子不是为了做出社会贡献而行动，而是为了自我提升，为了获得他人认可和提升自己的重要性。一个自卑的孩子会为了所谓的优越感不断奋斗，这是孩子绝大多数不当行为的诱因，这些不当行为包括追求过度的关注，用暴力和发脾气来支配他人，或者因为自己被拒绝和被厌恶而去惩罚别人。

孩子的所有缺点、弱点和恶习，都来自为了超越他人而做出的错误努力。孩子的这些错误努力直接针对父母和社会秩序。通过逃避父母下达的明确要求和任务，孩子获得了一种战胜父母的优越感。在与孩子的任何竞争中，父母或老师都处于明显的劣势。但孩子获得的只能是虚假的胜利，最后他们必然面对失败。孩子可以为所欲为，不计后果，而教育者则将面临一个长久的棘手问题。

因此，孩子的固执不仅是一种反抗的表现，同时也是孩子确保个人力量的一种工具，孩子试图去打破父母和社会秩序所设立的界限。在 2~4 岁之间，孩子对家庭体系和成员之间的相互关系有了更充分的了解，由于压力得不到排解，他们起而反抗，但经常受挫。由于这个原因，孩子开始出现一个又一个固执期。这时应该是培养孩子遵守社会秩序的好时候，但是，由于核心小家庭制度和当今一些教育方法的缺陷，孩子对社会秩序的遵守都必须经过斗争才能实现。

道德意识

在孩子生命的最初几年，他的行为是无意识的，因为他的行为不是基于语言层面的有意识的思考。然而，孩子的行为却都是有意、有目的的。对于有经验的观察者来说，孩子行为的各种目的是显而易见的。但孩子可能完全没有意识到这些目的，特别是当这些目的是针对周围的环境时。孩子可能意识到自己想要一个球、一杯水，或去厕所，但他们并没有意识到自己想要得到的是他人的关注或想要显示自己的力量。孩子的这些意图其实是非常明确的，如果希望了解孩子，我们就必须认识到这一点。

起初，孩子的行动是无意识、全凭经验、机会主义的，而且相互之间没有联系。随着活动范围的扩大和理解能力的不断增强，孩子开始理解他行为背后的深层含义和影响力。孩子逐渐意识到什么是正确的行为，什么是错误的行为，孩子洞悉了社会游戏的一般规则。如果孩子与家庭不是对立的，他就会自然而然地适应其规则，而不是去对抗。但就目前的情况而言，孩子发现为自己的地位而奋斗更为重要。孩子为获得优越感以补偿其不稳定的社会地位，会做出各种努力，但这些努力往往会与道德准则相抵触。那么，孩子的后续发展就只有两个方向。

其一，孩子和父母以及其他家庭成员之间的对抗可能会越来越强烈，以至于失去了对共同利益的关注，同情心荡然无存。其结果是公开反叛——孩子拒绝接受任何规则，故意抵制所有规定和准则。在这种情况下，孩子的道德意识不能得到充分的发展，他们不接受道德标准和社会习俗的约束。[1] 如果孩子所处的家庭本身就与社会格格不入，不认可普通正确的行为准则，那么孩子同样会缺乏道德意识。

其二，孩子表达敌对意图的另一种方式更常见，基本上大部分孩子都是如此。孩子仍然依附于父母，并在一般情况下

---

[1]　参考第六章"病态人格"。

接受规则和秩序。孩子发展出足够的道德意识，知道什么是对的，什么是错的，并循规蹈矩。孩子的"共同感觉"表达了他们的归属感，孩子的思维与其他人一致。但这并不妨碍孩子想用自己的方式做事，违背他们"更好的判断"，违背他们接受的普遍标准。在这种情况下，孩子按照他们的"个体感觉"行事，这种逻辑可以称为他们的"私人逻辑"。孩子知道自己应该做什么，但如果能从中为自己赢得一些东西，他们就会反其道而行。孩子假装接受规则，但只要规则阻碍他们获得地位和声望，他们就会破坏它们。只有在孩子的地位和声望不受威胁的情况下，他们才会遵守这些规则。

这种"共同感觉"和"个体感觉"之间的冲突不仅是孩子的特点，也是成年人的特点。我们只承认那些符合社会惯例的意图，认为自己做出的不被社会所接受的行为，并非出于我们的意愿，而是完全出于冲动，毫无缘由。由于这些行为是反社会的，如果我们想保持自己的良好形象，我们就不能承认。因此，我们要寻找借口来解释这种令人费解的行为或情绪。

孩子从经验中知道了找借口的作用。如果他们能找到一个合理的借口，无论做错了什么，父母都会减少对他们的批评和惩罚。父母能接受"好"的借口，因为他们自己也依赖这些借口。没有什么比孩子公开承认自己的不良意图更让父母心烦的了，这是他们不能容忍的公开违抗。但是，只要孩子寻找借口，父母会认为孩子至少表现出了善意和悔意。有的孩子打碎一个东西后，会说他很抱歉，解释那东西为什么从手中滑落，而不是承认他对妈妈很生气，想伤害她，两者就有很大的不同。虽然毫无疑问后者是他的真实意图，但孩子自己并不清楚自己的真正目的。如果孩子被问及为什么调皮捣蛋，他自己也给不出合理的解释。[①] 在许多情况下，孩子会说他不知道。这样的答案往往会激怒管教孩子的父母，但孩子确实在如实回答。孩子的借口只是让事情看起来说得通。孩子可能只是为了不被父母斥责而编造这些借口，也可能真的相信这些借口。一般来说，借口是孩子为了搪塞父母而编造的，但是随着孩子慢慢长大，道德意识渐渐成熟，他开始为了自己找借口，以求心安理得。

一个5岁的女孩强烈反抗她的妈妈，因为妈妈专横，而且对她过度保护。她的妈妈不明白为什么这个孩子谎话连篇。去附近的小朋友家玩时，她从不按时回家，妈妈去找她，她也不在说好的地方。这个孩子聪明伶俐、坦率直接。我们问她，她是愿意按照妈妈的吩咐做事，还是只做自己想做的事。令人惊讶的是，她表示她只做自己想做的事。问："那当妈妈告诉你该怎么做时呢？"答："那我就当听不到。"问："那当妈妈要求你听话时呢？"答："那我就顶嘴。"问："那你妈妈是怎么做的？"答：

---

① 参考第三章"开诚布公"。

"她让我安静、听话。"问："然后你会怎么做？"答："然后我就忘了她要求我做的事情。"这个孩子非常坦率地承认自己的意图。随着年龄的增长，如果她继续向妈妈扬威谁才是"老大"，她会进入一个内心不安的阶段。那时，她可能就会学着掩盖她的真实意图，使用她已经准备好的神经过敏的借口。她可能会有一种强迫性的说话冲动，或者真的变得健忘而不是假装健忘。

道德意识和自觉意志只是整个人格的一部分。它们与孩子的说话能力和用语言表达思想的能力同步发展。道德意识，也就是对善恶的觉察，对于孩子的发展至关重要。然而，我们往往高估了它的教育意义。言语层面的教育只针对孩子的道德意识和觉察。这种教育往往认为孩子人格的所有其他方面（情感、习惯、冲动）是意志和知识所不能及的。由于我们不理解孩子的一些动机，并且无法用语言纠正，就把它们看作不可避免的遗传因素、无意义的本能或内在的神秘情绪冲动。然而，孩子人格的表现形式恰恰是其真正意图的体现，只是因为不符合他们的道德意识而被掩盖、否认。如果孩子真的不知道自己错了，向孩子指出他们的错误是必要的，但在大多数情况下，孩子非常清楚自己的错误。我们试图唤醒孩子的道德意识就是多余的，甚至是有害的。它加剧了孩子的"共同感觉"和"个体感觉"之间的内在冲突，这种冲突在孩子行为不当的时候就已经存在了。说教和训诫会引发孩子的内疚感，这是被当前这个时代的人们误解得最深的心理机制之一。很少有人认识到，内疚不是悔恨的表现，相反，它是在为持续的不当行为做准备。内疚的人只是假装对自己所做的事情感到懊悔，实际上打算继续我行我素。不管一个人对自己所做的事情有多懊悔，如果他现在愿意做正确的事情，他就不会内疚。内疚必须与积极的懊悔区分开来，内疚总是指向过去发生的事情，而不是让人考虑未来应该做什么。孩子可能意识到自己做错了，但他们没有意识到是哪些意图导致了他们的行为，因此他们会保持同样的意图，犯同样的错误。与其对孩子说教，不如让孩子意识到他们的真正意图。①

我们跟孩子讲清楚他们的行为的真正意图，往往会突然改变孩子实现目标的方法。一旦孩子意识到自己的行为有悖社会准则，他们就不能再将自己的行为与自己已经发展起来的道德意识相协调。孩子还没有形成这种复杂的自我妄想计划的能力，而成年人则可以通过巧妙的自我欺骗来安抚自己的良心。要让成年人意识到他们的真实意图是很困难的，他们成熟的合理化模式能使他们一直相信自己的意图良好，即使他们的行为明显指向相反的方向。当一个孩子被告知他在椅子上扭动只是为了吸引别人的注意时，在大多数情况下，他会停止扭动。而

―――――――――
① 参考第三章"开诚布公"。

告诉他扭动身体是不好的，通常不会有这样的结果。一旦我们发现孩子的行为的真正意图，这种达成目标的手段就不再有用了。如果孩子仍然想吸引别人的注意，他就会寻找另一种方法来吸引别人的注意。同样，如果不指出孩子的真正意图，他们还是意识不到其行为的目的。

我们认识到道德意识的价值非常有限，但这并不妨碍我们看重发展孩子道德意识的意义。如果孩子没有足够的道德意识，他们是不可能适应社会和参与社会生活的，但仅有道德意识是不够的，我们要去认识、监督，如果有必要的话，我们还要促进孩子的"私人目标"的形成和生活方式的改变。否则，孩子就会形成自己的人生观，选择以自己的方式去获得社会地位，这不利于孩子的人生幸福和孩子与他人和谐相处的能力的发展。如果一个孩子行为不当，他就是在展示自己已然形成的错误观念。对孩子进行道德说教、训斥或对良知上的谴责都是徒劳的，并不能影响孩子的一时冲动和强烈情绪。只有当孩子的意图和内心观念不再与他们的道德意识和有意识的思维相对立，并符合社会责任时，他们的行为才会改变。只有正确的社会态度才能促进自觉意志和情感冲动的融合。一旦"个体感觉"与"共同感觉"相一致，孩子的道德意识与情感冲动之间的对立就会消失。

家庭行第

孩子的自卑感往往来源于父母和老师的态度，但这不是孩子自卑感的唯一来源。孩子在兄弟姐妹中的地位对其性格的发展起着重要作用。第一个孩子和第二个孩子之间的关系在两人之间具有不确定性，随之而来的竞争导致了两人特有的个性差异。两个孩子中胆子较小的那个、被宠爱的那个、身体较弱的那个，或者在某些方面被忽视的那个，更有可能变成失败主义者。如果父母因为两个孩子中的一个是男孩，或者因为他特别软弱或脆弱而大惊小怪，那就会惹出大祸。通常情况下，由于父母不理解老大在弟弟妹妹出生后的高度敏感性和敌意，老大不得不表现出对此的抗议。在其他情况下，一个孩子可能认为另一个孩子的超常发展或能力超凡对其自身地位构成严重威胁。[①]

因此，孩子在家庭中的地位给他们带来了各种各样的考验，刺激了某些特征和品质的发展。一方面，第二个孩子通常更积极，无论是在善还是在恶的方面，他似乎觉得必须弥补失去的时间。另一方面，老大可能一生都被他可能"失宠"的感觉所困扰。

当第三个孩子出生时，第二个孩子就变成了中间那个孩

---

① 参考第二章"遗传"。

子。首先，他可能认为现在他将享有与老大同样优越的地位。但很快他就发现，新出生的孩子有某些特权，而他却被剥夺了这些特权。因此，中间的孩子经常感到自己被完全轻视和辜负。他既没有家中老大的权利，也没有老三的特权。除非老二能成功地鞭策自己赶超两个竞争者，否则他很可能在余生中一直坚信，人们对他不公平，他在群体中没有地位。

基于这个原因，第一个孩子和第三个孩子经常结成联盟，应对他们共同的竞争者。孩子之间的联盟总是表现为性格、气质和兴趣的相似性，因为竞争会导致性格上的根本差异。第四个孩子经常与第二个孩子相似，也容易结盟。但是，我们也应该清楚没有普适的规则，因为联盟和竞争的建立取决于每个家庭的孩子发展关系和维持平衡的方式，而每个家庭的情况可能完全不同。

独生子女在生命之初特别困难。就像巨人中的侏儒一样，独生子女的整个童年都是在那些能力远远超过他的人中间度过的。因此，独生子女可能会努力发展一些技巧和能力，以便在没有取得特别成就的情况下获得成年人的关注和赞许。独生子女很容易掌握吸引成年人关注和关心的诀窍，要么通过个人魅力，要么使用典型的弱者策略：表现出无助、害羞、胆怯。独生子女常常对集体活动望而却步，除非该活动能保证他获得某种殊荣。

最小的孩子在许多方面与独生子女柜似，但在有些方面，他的地位相当于第二个孩子，因此，他会为超越其他孩子不断努力，并取得成功。因为他不得不使用大量技巧来掩饰他作为家中最小的孩子的地位，最小的孩子往往富有创造力、聪慧灵敏。

在大家庭里，孩子之间在年龄上有相当大的差异，这可能导致家庭内部自发形成各种小组或小团体，每个团体作为一个整体扮演着第一个、第二个或中间的孩子的角色。比前一个孩子晚出生多年的孩子往往会发展出与独生子女相同的特质。

若其中一个孩子基于某种原因而与众不同，他就特别难以发展自己的社会兴趣。例如，一个男孩家庭中唯一的女孩，或者一个有许多姐妹的男孩，都可能是这样的情况。一个明显样貌不佳或多病的孩子也有同样的问题急需解决。孩子突出的优势或优点也可能阻碍其社会兴趣的发展。父母必须认识到，孩子的自卑感也可能来自外界对他的过度认可。例如，一个异常有魅力的孩子，在参与到实际活动时却很容易受到挫折，因为对他来说，通过外貌赢得认可和青睐要比通过取得实际成就简单得多。他的虚荣心使他期待着他人不断的羡慕和赞美，因此他很容易在不会轻易获得认可或给予他全面认可的环境中退缩。

每个人的人生起点都是不同的。没有哪两个孩子会有完全相同的发展背景。因此，在任何情况下，即使是一个家庭中的孩子，教养的问题也因人而异。父母可能认为，他们以同样的方式教养所有的孩子，而结果不同一定是遗传差异导致的。在这一点上，他们是错误的。首先，父母不会以完全相同的方式对待他们所有的孩子，无论他们如何努力做到不偏不倚，家里的一个或多个孩子会比其他孩子更受宠。但是，即使父母能做到无差异地对待孩子——最大的和最小的，强壮的和瘦弱的，男孩和女孩，但孩子们在家庭中的地位也会有差异，孩子们也会有冲突。每个孩子对父母和他的整体情况都会有不同的反应。每个人都有独特的童年，会建立起专属于自己的人生计划。两个不同家庭中最小的孩子的生活方式可能比同一个家庭中最小的孩子和中间的孩子的生活方式更相似。家庭行第的影响是如此之大。指导孩子发展其人生计划的方法很多，我们不能全面透彻认识一切，但我们可以试图理解孩子从他们的信念中得出的结论。理解孩子对自己的诠释是我们正确指导和帮助孩子调整不适或改善明显缺陷的唯一基础。

第二部分

教养方法

第三章　有效的方法

作为父母，我们必须认识到影响孩子个性发展的心理因素，否则我们无法有理有据地教育、培养自己的孩子。通过孩子表现出来的社会兴趣，我们可以衡量一下自己在培养孩子方面是否取得了成功。如果我们关注孩子的幸福和身心健康，充分促进孩子社会兴趣的发展应该是教育的主要目标。要实现这一目标，我们必须遵守以下3条基本原则：我们必须让孩子遵守社会秩序和社会规则；我们必须避免与孩子发生争斗和冲突；我们必须不断地鼓励孩子。

下面我将对这些基本原则进行进一步阐释。

1. 如果我们想促进孩子社会兴趣的发展，需要引导孩子认识到他与集体中其他人的密切联系。教育是进一步促进孩子作为社会人发展的过程。通过学习遵守社会秩序和社会规则，孩子将愿意并有能力与他人合作。我们必须让孩子适应社会生活，这是能让孩子成为一个快乐并且拥有和谐人际关系的人的重要方法。

2. 我们与孩子的争斗和冲突会阻碍孩子在成长过程中必不可少的团结意识的形成和发展，并且会伤害亲子关系。此外，我们与孩子进行任何争吵都是毫无意义的，要谨记和谐是社会教育的唯一基础。如果父母和孩子无法达成共识，那父母在教育过程中将处处碰壁，最终一败涂地。在这一点上，一些父母可能会提出反对意见，因为他们自己就是在冲突和胁迫中长大的。他们会质疑在完全风平浪静的环境中长大的孩子是否能适应将来的生存竞争。在这些父母看来，幼儿期平静的生活氛围不能让孩子为以后的生活做好充分的准备。

对此，那些在平静、和谐的家庭环境中长大的孩子的成就将提供有力的证据。总体看来，这些孩子在生存竞争中并非束手无策，反而各方面能力更加突出。为克服将来生活中的困难，孩子要有适度的准备，但通过制造人际冲突来做准备是完全没有必要的。冲突只能带来敌意、争斗、焦虑，并与仇恨的情感和冲动密不可分。冲突是说出强硬话语和做出暴力行动的前奏，并将激起不满和报复心理，创造出霸凌者和受害者。家庭中的冲突，以及进而引发的防卫行为无益于任何社会问题的解决，反而会制造出新的矛盾。

诚然，孩子必须学会斗争，但斗争的对象不应该是作为父母的我们，因为我们理当是孩子的朋友。其实孩子的"战斗力"有足够的发泄之处：这个纷杂的世界给了孩子无数消耗能量、克服障碍，并体验胜利的机会。在孩子与玩伴、同学的相处中，类似的机会也将比比皆是。孩子必须学会与敌对势力做斗争，并在不得已的情况下与咄咄逼人、居心不良的对手对抗。[①] 然而，更重要的是，孩子必须学会如何在不对抗的情况下，与伙伴达成共识并消除分歧。尽管目前社会强调竞争，但冲突意识在孩子的成长中并不是必要的。竞争绝不能被看作一种不可或缺的刺激因素。与他人存在利益或观点的分歧是不可避免的，但这绝不是形成彼此敌对态势或敌对态度的必要条件。

如果父母谙熟和谐教育的技巧，完全可以避免和孩子发生各种无益、徒劳的冲突。由于不熟悉这些技巧，父母和其他未受过训练的人一样，无法在相互尊重的基础上以和平的方式消除任何分歧或解决任何利益冲突。一般来说，这样的父母要么斗争，要么让步，但采用这两种方法都不能达到教育孩子的目的，根本无法解决问题。斗争意味着对对方的不尊重，而让步则是对自己的不尊重，无论哪种选择都会导致新的冲突。在这种情况下，那些失去尊严的人就会反抗，并积极寻求新的机会来重新建立他们失去的威信。当面对孩子的利益和自己的利益不一致的情况时，大多数父母完全束手无策。许多人竟然一边与孩子进行斗争，一边不断地对孩子让步。其中，一部分人是先与孩子进行斗争，最后让步；另一部分人是先放纵孩子，意识到其后果后才开始与孩子进行斗争。理想的情况是，我们在

---

① 参考第三章"家庭氛围"。

没有斗争或让步的情况下与孩子达成共识，最终解决问题。妥协可能达成共识，也可能不会，因为双方都可能感到失败，心存不满。只有当找到双方都能接受的共同点时，妥协才能达成共识。否则，共识就是彼此强加给对方的。

3. 鼓励是最具积极影响的教育方法之一。孩子需要鼓励，就像植物需要水一样。孩子在生命起始之时茫然无助，而后在整个成长过程中又会遇到一连串令人沮丧的经历，所以孩子需要有意识的、刻意的和持续的鼓励，以发展其自信、力量、社会兴趣、自力更生的能力，以及其他任何能使他成功适应生活的技能和能力。

我们无法将某个特定的教育方法归类于这3条基本原则中的某一种，因为这3条基本原则是一个整体。社会适应是教养孩子的目标，平静温和是教育的技术，而鼓励是教育的实质。事实上，大多数的教育过程都涉及以上3条基本原则。即使是最简单的教育方法也是如此，例如下达命令式的教育方法，更不用说冠以"权威"之名的各种教育方法。毫无疑问，孩子需要指导，而我们作为教育者必须获得孩子的尊重，必须能够在不受不当干扰的情况下贯彻执行我们的教育理念，特别是当孩子还小、理解能力有限的时候。人们赢得和维护权威的手段多种多样，可以通过理解和善意赢得，也可以通过蛮力夺得。权威可能建立在我们的个人优势之上，也可能体现在对群体所有成员有约束力的规则中，而我们也是群体的一员，受相应规则的约束。

因此，影响孩子教养效果的因素纷繁复杂，接下来，我们将讨论一些最基本、最简单的因素。

维持秩序

家庭氛围。每个家庭本身就是一个共同体，而每个共同体都有自己的习俗和惯例。如果任由吵架、混乱、邋遢、猜疑和利己主义等为家庭生活定下基调，那么无论孩子的性格和遗传因素有多好，他们都会慢慢变得喜欢吵架、混乱等。因此，教育的结果主要取决于家庭氛围。如果家庭中盛行的行为准则不符合一般社会准则，那么孩子在学校、工作，以及生活中遇到问题时就会不知所措，不知如何正确处理。

父母的榜样作用至关重要。如果父母粗心大意，怎么能指望孩子具有细心的品质呢？如果家中没有人勤勉克己地开展日常工作，怎么能指望孩子会努力勤奋呢？如果粗俗的争吵和辱骂在家里每天都发生，孩子怎么会有端庄优雅的举止呢？只有在一种情况下，孩子的发展方向才会与父母所树立的形象完全相反，即孩子对父母充满敌意。在这种情况下，父母所树立的糟糕的形象可能会刺激孩子形成恰当的行为模式。一个堕落的家庭中出现诚信、有能力的孩子的情况并不少见，特别当孩子发现有人支持他反对自己父母的立场时，这种有利的结果就更可能出现。但是，我们不应该寄希望于通过树立糟糕的形象来带来好的影响。家庭氛围越好，孩子的发展越有可能令我们满意。

家庭氛围一方面由社会和经济因素决定，一方面由父母的人生观决定，另一方面由父母的性格、教育和修养水平、智力和精神兴趣以及他们的婚姻质量决定。要改变整个家庭背景是不可能的，但我们可以通过自身的洞察力和理解力来改变和调整一些影响家庭氛围的重要因素。足智多谋的父母甚至有可能利用一些无法避免的不利条件，如疾病、社会困境等，激发孩子积极向上的态度和强烈的奋进动机。

父母甚至应该在孩子出生前就要为养育之道做足功课。如果父母争吵不休，不和谐的氛围将笼罩整个家庭。仁慈、相互尊重和忍耐是成功合作的必要前提。孩子将从父母那里获得对人类的第一印象。因此，父母必须密切关注自己的行为，并竭尽所能地改善自己的行为。

作为父母，我们也将为孩子提供他们对家庭以外的广阔世界的最初概念，而且我们展示给孩子的这个外部世界至关重要：我们如何谈论其他人；我们是带着友好的关切和理解来讨论我们的邻居，还是居高临下地对他们评头论足；我们是否努力做到公平，还是过于挑剔，吹毛求疵，倾向于把所有人往坏处想。事实上，孩子的大多数偏见都是父母灌输给他们的。

孩子通过父母的眼睛看世界。因此，作为父母，我们对世界的看法对我们的孩子来说至关重要。如果我们有一些清晰、明确的人生观，这对教养孩子将非常有利。任何明确的信仰，都可以作为一种积极的力量发挥作用。我们对世界的看法越清晰、越充分，我们就越能坚持遵守道德秩序，我们的孩子也就越容易遵守社会秩序。

我们对生活的态度往往在我们的日常谈话中表露无遗。孩子在家里听到的内容对他们的发展至关重要。我们必须小心地在孩子面前表达言论，永远不要低估孩子的理解力。孩子能够理解的内容比我们想象的要多得多。孩子可能无法从逻辑和理性上掌握一些词语，但即使在很小的时候，他们也能推断出成年人之间谈话的基本含义。我们应该以能够激发孩子的心智和精神成长的方式向他们展示这个世界。如果我们和周围的人不断地表达悲观的观点，那么孩子就不会感到快乐和满足。如果我们不断地谈论人类和世界的堕落，那么我们就无法激励孩子成为对社会有用的一员。

我们要向孩子展示世界的美丽、艺术的崇高，传递给孩子对自然的喜悦之情以及对思想和知识的追求之乐。如果我们在饭桌上和与孩子一起散步时谈论这些话题，孩子就会早早地对这些话题产生兴趣。除了特定的教育措施外，家庭氛围本身也有助于引导孩子的精神、智力和情感发展，将对孩子的性格、气质和心态的发展产生持久的影响。如果我们对孩子的教养方式从一开始就是平和、积极的，那么我们在教养孩子的后续过程中就会省去很多艰辛的工作。

我们必须认识到，在这个缺乏安全感、充满纷争和竞争激烈的时代，很难有完美的家庭氛围。然而，父母必须警告自己，不要把家庭缺乏和谐氛围的责任推给外界，推给自己的父母或推给另一半，这只会使已经很紧张的形势更加恶化，并引起进一步的冲突。我们只能通过观察自己的行为，以各种方式努力提升自己来改善当前的境况。如果存在经济困难、父母的性格有缺陷、有不受欢迎的邻居或亲戚、疾病等任何对家庭秩序、家庭和谐有干扰的因素，我们更加需要关注教养孩子的方法。即使我们感觉自己当下的怨恨和气馁合情合理，或者对他人怀恨在心是可以理解的，但这都只会雪上加霜，使原本不利的情况恶化，进而更容易影响孩子的健康成长。

拥有权利和承担义务。社会生活中的一些行为规则很宽泛，适用于群体的所有成员；另一些规则则用于确定各个成员各自的权利和义务。没有哪个家庭会特意编纂家庭规则，但这些规则还是通过默契和习惯牢固地确立了。

我们往往认为已经给孩子制定好了具有约束力的规则，能使孩子保持爱干净、有序、诚实、温和以及勤奋等，但是只有当作为父母的我们遵守这些规则时，孩子才会认识到这些规则对所有人都有效，并理所当然地接受它们。贯彻规则的基本前提是，这些规则必须对所有人适用，没有特例。否则，在孩子看来，这些规则不是一般社会秩序的必要形式，而是一种不公平的强制性要求。

当然，家庭的每个成员都发挥着不同的作用，这意味着每个成员都拥有不同的权利和应承担不同的义务。不论是成年人还是孩子都对不平等很敏感，总是怀疑有人似乎比自己享有更多权利。他们常常以自己的正义感来证明他们有理由对自己的角色不满，实际上，他们的动机仅仅是一种竞争意识和对整个现有秩序的反叛。这种反叛表明孩子还没有认识并接受这样一个事实：父亲和母亲，长辈和晚辈，理所当然不可避免地发挥着不同的作用，因此，他们承担着不同的责任并拥有相应的权利。没有一个社会团体的所有成员在任何时候都拥有相同的职能和权利。至关重要的一点是，职能上的差异并不意味着社会地位不平等（这一点必须得到家庭所有成员的认可，才能给孩子留下正确的印象）。我们应该而且必须充分认可家庭中的每一个成员的独特作用，并且承认其在家庭中的重要作用和意义，并给予其赞赏和充分的重视。这是每个家庭成员的社会权利：因为自身的身份和行为而受到赞赏、承认和尊重，而无须和其他人的身份、行为做对比。

在家庭中，每个成员都理应因其发挥的作用而受到尊重，但人们很容易无视这一必要的权利。如果父亲是家庭中养家糊口的顶梁柱，那么他自然享有某些权利。他的工作安排必然会影响到家庭的日常事务，但这并不意味着其他成员是次要的，甚至是没有价值的。作为妻子、作为母亲的女性不应该被降到次要地位。母亲的许多职责应使她享有某些权利。她在孩子的教育、管教方面上有着决定性的作用，并对孩子的日常生活有管辖权。当然，母亲的职责并没有赋予她像女王或统治者一样俯视丈夫的权利。任何对他人社会地位的侵犯都会削弱对方的作用。如果某个家庭成员的作用没有得到足够的承认和尊重，他就不能充分地履行其职能。这是一个不言而喻的真理，在任何社会群体中，特别是在家庭生活中可以得到证实，并会对养育孩子产生深远的影响。

孩子拥有什么样的权利？我们应该非常认真地考虑这个问题。由于孩子的生命和生计通常完全依赖父母，我们可能觉得孩子只应该承担义务，没有权利，或者我们可能倾向于认为自己应该承担所有的责任，因为孩子是按我们的意志而不是按他们的意志来到这个世界上的。这两种态度都不利于孩子适应社会。孩子是家庭的正式成员，理应有明确的权利和义务，甚至从他们出生的第一天起，他们的权利和义务就应该得到明确。如果孩子被剥夺了应有的权利，或者拥有太多的权利，那么他们就会要求更多不属于他们的其他权利。

婴儿有休息、睡眠和被定期喂养的权利。[①] 随着孩子活动范围的扩大，他们的权利也在增加。孩子有权享受越来越多的独立和自由空间，发展自己的主动性，体验自己的力量，并有适当的机会与同龄人一起玩耍。即使在很小的时候，孩子也需要有机会做出有益的贡献，如在家里帮忙、为他人服务。孩子有自己做出决定的权利，并能够以较自由的方式选择和获得必要的实际能力。

此外，孩子需要得到一定的认可。当我们轻视孩子的活动时，我们就是在遏制孩子的成长。我们必须认识到，孩子玩耍与成年人工作一样严肃和重要，对他们的成长至关重要，因为玩耍能丰富孩子的经验，就像有意识的学习能拓展学生的思维一样。通过玩耍，孩子能获得以后生活所需的技能，学会如何使用自己的身体，了解周围物体的形式和意义，发展身体和精神上的灵活性，并发展与其他人一起生活和工作的能力。认为孩子玩耍就像成年人玩游戏一样无关紧要，这是一个错误的观点。孩子所做的一切都是在为生活做认真的准备。

同样，我们必须认可孩子在独立行动方面进行的最初尝试，也就是孩子刚开始自己洗漱和穿衣，以及为保持自己的衣服和玩具整齐所做的努力。特别重要的一个原则是，我们必须一视同仁地对待家庭中的每一个孩子，不论年龄或性别。

---

① 参考第五章"喂养"。

每个孩子的义务都与他的权利直接相关。孩子的权利和义务都是他们自身所固有的。例如，睡眠和休息不仅是孩子的义务，而且更是他们的权利。年幼的孩子不仅有"义务"，而且有"权利"比哥哥姐姐们更早睡觉。孩子必须让自己适应家庭模式，不能扰乱家庭秩序。孩子必须学会尊重他人的权利，就像他人尊重自己的权利一样。互惠是合作的基础，家庭中所有人的权利和义务都要达到动态平衡。

一致性。孩子必须清楚地意识到我们期望他们做什么，他们才能恰当地调整自己的行为。普遍适用的规则越多，孩子就越能迅速掌握其含义。孩子只能通过重复类似的经验来学习，因此，只有当这些规则在任何时候和任何情况下都完全适用时，孩子才能理解这些明确的规则。我们制定的每一个不普遍适用的规则都会影响孩子理解指导其行为的原则。

例如，我们要尽早让孩子养成饭前洗手的习惯，然后坚定地执行下去，不允许有任何例外，否则将很难教导孩子养成这个习惯。在其适用的所有情况下，命令必须得到执行。一旦孩子意识到一项规则具有永久的约束力和恒定性，他们就会自动接受并遵守它。因此，当孩子要完成一项新的任务时，我们必须特别小心谨慎。孩子对新情况的第一印象将极大地影响随后的行为。我们不能一开始就对孩子放任自流，错误地认为随着时间的推移，孩子自然会达到必要的要求，这是在向孩子传达这项任务不重要的信号。孩子只有通过既定规则的一致性才能养成有序和爱干净的习惯。如果我们不要求孩子一定要在学习后把书本和文具整理好，孩子就会觉得他们不需要遵守这方面的命令。如果在时间紧迫的情况下，偶尔允许孩子敷衍地洗完澡就去上学，他就会有充分的理由认为认真洗澡是不必要的。某天我们坚持要求孩子对我们的任何建议都要即刻做出反应，而第二天，孩子无视我们的反复要求，我们却毫不在乎，甚至当孩子通过诡计和聪明而逃避责任时，我们还感到好笑。如果这是我们发布命令的方式，我们怎么能指望孩子听我们的话呢？

我们鄙视撒谎行为，并让孩子谨记"撒谎可耻"。然而第二天早上，我们却让孩子去门口告诉收账员父母不在家。孩子会对诚实这一道德观得出什么样的普遍结论呢？或者，我们让孩子在客人面前表演，客人被孩子逗得开怀大笑，我们感到很有面子。几天后，当我们要和一个朋友进行严肃的谈话时，孩子又开始了同样的滑稽表演。但是这一次，让孩子奇怪的是，我们变得很生气，让孩子回房间去。孩子就会很困惑，同样的行为为什么在一个场合可以取悦父母，而在另一个场合会惹恼父母？如果我们不能学会在下达的命令中保持一致性，就很难指望孩子会遵守我们的命令。

坚定性。在向孩子提出任何要求之前，我们必须确切地知道哪些指令是必要的。如果我们尚不能确定应该做什么，可以和孩子商量，如"你觉得明天去看望奶奶怎么样？还是你有太多的作业要做？"在这种情况下，应避免提出明确的要求，因为我们很有可能要收回我们的话。这一点对于在与大孩子打交道时尤其重要。在所有情况下，我们必须仔细确定命令是否需要明确发出。

当我们下定决心之后，必须坚定地执行命令。我们说话的语气会告诉孩子我们有多大的决心。孩子的观察力非常敏锐，我们的表情、我们的声音的细微变化在很大程度上会出卖我们的想法和目的。

然而，坚定性不能用音量高低来衡量。许多父母认为，他们必须大喊大叫，才能让孩子产生恰当的反应。但事实恰恰相反，大嗓门通常表明内心的某些不确定性，孩子会立即意识到这一点并将其转化为自己的优势。诚然，命令必须是坚决的，但如果用低沉的语调来表达，效果会好得多。

但如果我们想要确保对孩子的指令或直接命令有效，平时就应该尽量少用，只有在真正的紧急情况下，比如当危险来临，孩子必须立即做出反应的时候才使用。在大多数情况下，最好避免使用直接命令。因为除非对孩子下达命令的次数少，否则我们无法总是对其执行情况进行适当的监督。如果孩子意识到他们根本不需要立即执行我们下达的命令，那么以后我们的命令就几乎没有任何意义。

大多数命令可以用友好的建议代替，如"如果……那不是很好吗？""我喜欢让你做……"。

自然后果。让孩子体验他们的不当行为的自然后果是维持秩序的最重要的方法之一。任何直接的干预——命令、劝告或责骂——只能从外部发挥作用。孩子或多或少会觉得自己被逼着采用了某种行为模式。然而，正确的行为是从内部产生的，孩子应该自愿和自发地调整自己以适应某种情况，并自行发展适当的行为动机。如果孩子内心没有准备好遵守秩序，那么所有的教育努力都将效果甚微，并且只是暂时起作用。只有孩子在意识到遵守秩序比违反秩序更令人满意时，他们才能在内心接受秩序。这个过程中没有服从或羞辱，孩子心甘情愿地承担令人不愉快或愉快的责任，以及在需要的时候改变自己的欲望。

我们必须让孩子在事件的自然发展过程中感受到不当行为带来的令人不愉快的后果，并且我们不能因为溺爱、怜悯孩子而让他们免于承担这样的后果。我们常常因为骄傲或不当的羞耻感而误导孩子。孩子没有在规定的时间内起床，在穿衣方面耽误了时间，最后上学迟到了。我们往往会主动给老师解释，使孩子不用承担浪费时间带来的后果。或者，为了不让孩子迟到，我们会主动帮助孩子完成他们的分内之事。

不当行为的自然后果会自然而然地在孩子的头脑中留下对违反行为规则的印象。这个过程在日常生活中经常出现，我们没必要特别努力去制造这样的机会。如果我们放开手脚，不让错误的判断误导我们，让孩子去体验不适，孩子就会拥有这些宝贵的机会，可以从经验中学习。如果孩子不注意脚下，他就会跌倒。（两个房间之间的门槛为这种经验提供了一个自然的机会）。如果左右脚的鞋穿反了，孩子就会感觉到挤脚。如果孩子行动迟缓，他就会错过一些乐趣或活动。只有在家中成年人不加干涉的情况下，不当行为的自然后果才能发挥其应有的作用。克制自己不加干涉会让我们和孩子都省去许多烦恼。

然而，在某些情况下，我们有必要特意制造一些体验。我们可以通过一些无害的方法，让孩子知道炉子是烫的、针会扎人，或者椅子可能会向后倒，这些是非常重要的经历。用一种随意的方法引起孩子的注意，要比用貌似明智、可怕的警告来吓唬孩子更令孩子印象深刻。同样，我们要让孩子知道某些后果是不可避免的。如果孩子吃饭不守时，下次他会发现他来吃饭的时候，饭菜已经被吃完了。如果孩子没有收拾好他的玩具，第二天他找不到这些玩具时，他不应该感到惊讶。如果孩子在散步和远足时准备得太慢，他就应该清楚他不能一起去了。

但是，孩子绝不能把这些令人不愉快的影响看作我们对他的惩罚^①或敌对行为。在这种情况下，我们要保持一种完全被动但仁慈的态度。我们可以对孩子不得不经历这些痛苦表示遗憾，但无论如何我们都不应该为孩子开脱。如果孩子能够认识到秩序既规范他们的行为也规范我们的行为，其不当行为的自然后果不是由成年人任意施加的，前后的因果关系是明确的，他们就不会认为这种秩序是恶意的或敌对的。

体验自然后果的影响是教育孩子的最有效方法之一。这种方法教导人们尊重秩序，并培养孩子的遵从性。然而，这也是最难掌握的技巧之一，因为父母没有接受过这种思考和行动方式的训练。许多人发现很难理解自然后果和惩罚之间的细微区别。从比较肤浅的角度看，寻找两者的区别听起来似乎有点吹毛求疵，这两种情况一样让孩子感到不舒服。那么，为什么要进行区分并强调这种区别的重要性呢？从心理学的角度来看，两者的差异是巨大的。孩子对心理因素的反应比对理性的表述更敏感。孩子可能会对自然后果和惩罚同样反感，也可能会努力地逃避其中任何一个。但这只是暂时的反应，很快孩子会意识到，我们是对的。自然后果对孩子来说是可以接受的，惩罚

---

① 卢梭和赫伯特·斯宾塞等人将不当行为的自然后果描述为"自然惩罚"。当后果是失误所致的不可避免的结果时，这个术语是不合理的。在这种情况下，其效果与成年人必须接受令人不愉快的后果类似，因为这是不当行为的结果。如果一个人拒绝工作，因此无法谋生，或者如果他脾气暴躁，人们避开他，这些结果不是惩罚，也从未被视为惩罚。它们只是合乎逻辑的结果，我们应该教育孩子从这个角度考虑他们的不当行为的自然后果。

对孩子来说充其量只是可以容忍。

我们必须努力学习使用这种教育方法，它的应用需要深思熟虑以及想象力。我们在发生冲突的情况下冲动行事，结果可能是和孩子继续战斗，并试图使用我们的权力，这样我们就无法利用扰乱秩序需要承担的自然后果来教育孩子了。

有几条原则可以帮助理解自然后果和惩罚之间细微而重要的区别。其中一个已经讨论过了，即自然后果必须有一个孩子可以理解的内在逻辑。告诉孩子如果不吃晚餐就不能去看电影是没有逻辑的；但如果他看完电影没有按时回家，告诉他下周不能去看电影则是合理的。

还有一个极为重要的区别非常难以把握。自然后果是不当行为的自然结果，但它们不是父母实施的报复。如果父母对孩子说："你行为不端，现在你必须……"这就是惩罚。自然后果则是一种自然结果，如"只要你行为不端，你就不可能……"。自然后果强调的不是已经发生的事情，而是未来将要发生的事情。它不是用来结束矛盾的，而是为未来的调整打开了大门。下面这个简单的情况是一个很好的例子，它展现了这种结构性差异。孩子很吵闹，不守规矩。当我们说："我再也不能忍受你的吵闹了，现在回你的房间去，待在那里！"这就是惩罚。而当我们说："很抱歉，你打扰了我们，你现在不能和我们待在一起。你最好去你的房间，直到你觉得你可以表现得很好。"这就是自然结果。在这两种情况下，我们都必须坚持让孩子离开房间，但在第一种情况下，隔离是最终效果，并结束了这个事件；而在第二种情况下，孩子可以在他觉得自己准备好了之后尽快回来。这取决于他是否能改变这种情况。

给孩子选择的机会是非常重要的，尤其是在他拒绝服从的紧张情况下。从逻辑上而不是从心理上行事的成年人会发现很难理解这样做的意义，因为对他们来说，既然都必须忍受可怕的后果，那这两者就没有什么区别。但对孩子来说，做到这一点非常重要，如果我们告诉他："你想自己离开房间，还是我把你抱出去？"在我们成年人看来，离开房间这一令人不快的后果在任何一种情况下都是同样不愉快的，但对孩子来说却不是这样。如果孩子能自己决定，他就会觉得自己很重要，就不会那么不情愿了。即使孩子不回答，我们也可以说："如果你不想自己出去，那我就抱你出去。"在大多数情况下，当孩子还不是太顽固和有敌意时，这样的做法会挽救局面。如果孩子长大了，我们就不能再抱他出去了。在这种情况下，可以让他选择是他离开房间还是我们离开房间。如果孩子跟着我们，我们就离开房间。如果他依然跟着我们，我们就不理会他，这样可能还有救，但这是一个极端的例子。大多数孩子固执的魔咒在更早的阶段就被打破了。总而言之，如果孩子觉得我们是认真的，特别是如果他从以前的经验中知道我们是严肃的，孩子就会对我们期望他做出的选择做出反应。

区分自然后果和惩罚的另一个因素是我们说话的语气。如果我们用严厉的、愤怒的语气说话，那就是惩罚。如果我们保持友好的态度，强调必须遵守的命令，而不是我们的个人愿望或权力，那就是自然后果。在第一种情况下，我们站在了孩子的对立面，因此孩子有种被拒绝的感觉。在第二种情况下，我们只是反对孩子的行为，孩子的个人价值没有受到威胁。语气上的区别表达了关系上的不同。在惩罚中，我们的愤怒会破坏关系，而在自然后果中，我们则保持了对孩子的同情和友好。

虽然我们可以在应用自然后果时对孩子表示同情，但我们必须注意夸张和过度的同情会削弱我们的权威，并且不只是在这一时刻起削弱作用，还会持续很长一段时间。不恰当的同情心可能会使我们屈服于孩子用以摆脱困境的小心机。如果此时我们做出承诺，不管是孩子索取的还是我们自愿做出的，都埋下了隐患。在这个关键时刻，孩子不应该有"另一个机会"（否则孩子每次都想着可能还有另一个机会）。我们应明确现在不是讨论的时候，而是采取行动的时候。

我将用一个简短的例子来结束这个重要的部分。

一个 11 岁的男孩被他的父母带到了我这里。权力的争夺是他们之间的基本矛盾，主要体现在孩子的一种行为上，这种行为在家庭中造成了无休止的摩擦：这个男孩从不按时回家吃晚饭。无论父母采取什么惩罚或奖励措施，都没有效果，他总是在吃晚饭时迟到。我提出了一个简单的解决方案，即如果他迟到，就不让他吃晚饭。但是他的爸爸不懂这种"惩罚"的内在逻辑，毕竟孩子的成长需要营养。我花了半个多小时才说服这位爸爸有必要尝试这种方法，至少坚持一周。第二周复诊时这位爸爸告诉我这个方法并不奏效。我感到非常惊讶，并询问了细节。这位爸爸向我保证，儿子在第一天、第二天和第三天晚归时都没有吃到晚饭。我很清楚，通常情况下，孩子如果真的错过了晚饭，是不会还这么固执的。在进一步询问实际情况时，我问这孩子是否真的什么都没有吃，这位爸爸说："我们总不能让他饿着肚子去睡觉！"

原来如此。看到儿子饿着肚子上床睡觉，这位爸爸的心都碎了。但怀着这样一颗柔软的心的爸爸在孩子违抗他时却会表现出完全不同的一面。

避免冲突

观察与反思。我们必须对在指导孩子发展方面具有重要意义的情况进行深入思考，才能充分利用该情况。不经过仔细思考，我们是不可能培养好孩子的。如果我们一味盲目、冲动地行事，允许自己被一时的奇思妙想和观念左右，那么在与孩子打交道时，我们将总会感到无所适从。因为孩子为了达到争取父母的关心和逃避令人不愉快的责任这两个目的，会绞尽脑汁且坚持不懈地设计新的和有效的手段。在这里，我们再次看到孩子的观察力是多么敏锐。孩子总能迅速发现父母、老师或其他成年人最微小的弱点，并加以利用。孩子善于利用一个成年人来对付另一个成年人。孩子清楚地知道如何改变自己的策略以应对母亲或父亲，并在两者那里都得偿所愿。在一种情况下，孩子通过顽强地反抗可能会得逞；在另一种情况下，孩子则需要讲甜言蜜语和乞求；而在其他情况下，孩子还需要含泪自怜。他们能随时调整自己以应对每个情况和每个人。

在这方面，我们可以在孩子身上学到很多东西。为了确定适合某种特定情况的教育方法，我们必须仔细观察孩子，然后决定在特定情况下应遵循的最佳程序。我们要想成功地改变孩子的一个坏习惯，就必须清楚认识到其产生的自然后果，并让它自然而然地产生。但我们需要思考，如何让孩子明白其中的因果关系。我们应该事先考虑孩子的反应会是什么。孩子可能不会平静地接受令人不愉快的后果，而是与之抗争，哀求和哭泣，也许还会以一些恶作剧来回应。我们要遵守的一个重要原则是，一次只能在孩子行为的一个方面下功夫。如果试图一次达到多个目的，我们将无法完成任何事情。列如，我们可以通过拒绝接触孩子的手来让他感受到抠鼻子的后果。不管孩子的反应如何，我们必须完全不为所动，否则就会破坏效果。要纠正一个坏习惯，同时又想避免孩子做出各种反抗是不可能的，这些反抗是孩子对压力的自然回应。

所有教育孩子的方法，如果我们能谨慎而持之以恒地使用，都是有效的。我们应该理智地决定干预的动机和手段，而不能凭一时冲动。在教育过程中，至关重要的一点是我们要尽可能控制自己的情绪，否则一些负面情绪会对孩子的教育产生极大的不利影响。我们表现出的忧虑、烦躁和愤怒，无论在当时的情景下看起来多么合情合理，都是一种软弱和无用的表现。这些情绪只会出现在我们一筹莫展的时候，或者当我们觉得自己已经做出过多的让步，必须以某种方式坚定立场的时候。但正是由于这种软弱感的存在，我们采取的任何行动都必然是错误的。我们可能会对孩子表现出的恶意或敌意感到愤慨，这是可以理解的。一个普通人发泄这些情绪是可以的，但一个教育者不能随意发泄这些情绪。如果一个人看到一个男孩在折磨一只动物，他可能会被激怒，给这个男孩一巴掌。但人们必须认识到，这一巴掌绝不是一个教育者应该采取的行动，这个行为能否改变这个男孩的残忍习惯很值得怀疑。

如果教育者对自己的能力和效率没有信心，教育是不可能发生的。"人如果失去了对自己的控制，就表明失去了自信心。"因此，如果我们有一天被孩子激怒了，或者由于任何其他原因，有失去自我控制的风险，不如暂时放下一切，离开房间，慢慢恢复状态，直到重新冷静下来，那时我们才有能力反思并决定到底应该做什么。

不要抱怨没有时间思考，也不要说自己被工作和烦恼压得喘不过气来。当然，我们需要时间来思考，但这个时间远不及不断地训诫和惩罚孩子所需要的时间多，而训诫和惩罚对教育孩子都是基本无效且不利的。花点时间思考就会让我们远离过于激动和不安，从长远来看，这么做实际上还能节省时间[①]。当孩子淘气时，使用暴力似乎更简单、更快捷。然而，克制和深思熟虑会让我们的行动更加理性、有效。

上面这一建议自然不适用于真正的紧急情况。在这种时候，我们不需要行使教育职能，而是要通过立即采取行动来避免孩子发生严重的危险。这里必须谨记，危险时刻过去后，我们才有机会对孩子进行教育和管教。在危险时刻，我们做什么都没有教育价值。在危险情况下，斥责孩子只是我们释放自己紧张的情绪的方式，而不是预防此类事件再次发生的手段。事实上，孩子遇到的真正危险的情况远没有那么多，更多的时候是我们在为孩子过度焦虑。

克制。对孩子的教育会产生极大影响，但是很难实现的一个基础要素是尽可能地克制。不仅仅是在上述的危险时刻，而

---

① 父母如果焦虑不安，以至于他们的情绪干扰了他们发挥父母职能，就需要接受心理治疗，以便对他们自己进行再教育，并重新确定生活方向。

且是在任何日常情况下，我们只需要对孩子的行为进行观察，保证进行最低限度的干预，这将对孩子的教育非常有利。如果我们能够彻底地贯彻、遵循最低限度干预这一原则，那么当我们不得不干预孩子时就会十分有效果，而且不会妨碍孩子自主成长。最好的教育方法是尽快使自己成为"多余"的人，其目的是将孩子从一个自由散漫的管教对象转变为一个具有强烈个人责任感的独立的人。

在很小的时候，孩子就可以承担自己的职责，并主动履行这些职责。当然，这并不是说我们应该忽视孩子的基本需求，孩子时时都需要父母的爱和温柔，需要父母的鼓舞和激励。

对孩子，我们永远不应冷漠旁观，但作为教育者，我们的干预不应超过孩子的实际需要。有时我们必须采取积极行动，但这种情况应该很少。只要有可能，我们必须让孩子从经验中学习。我们只有在学会克制的情况下才能做到这一点。我们没有义务为孩子做一切事情，特别是这么做只是源于自身不适当的恐惧，或源于想证明自己的重要性和威信时。

灵活性。我们如果在教育孩子之前进行审慎的观察和思考，就不会采用任何教条式的方法，而是会测试和验证所采用的方法的效果。不善于反思的父母总是会遵循一个固定的套路，这个套路可能是从他们自己的父母那里继承的，也可能是在某个特定场合使用过的，只是出于习惯而继续使用。这样的父母对任何不当行为的反应都是哄骗、咆哮和责骂，甚至是威胁、使用暴力。通常情况下，孩子事先就知道我们会对某种特定的举动做出怎样的反应。孩子认识到在这些情况下父母的态度是理所当然的，并使自己适应这种态度，结果就是父母所有的告诫和努力都不会有任何效果。

在教育孩子的过程中我们需要经常改变教育方法，并且这一建议并不与我们之前的建议——教育孩子要保持一致性相矛盾。我们必须牢固确立对孩子提出的社会要求和标准，并且务必保持要求和标准恒定不变和清晰明确，但为使孩子认识并遵守这些要求和标准，我们可以使用不同的方法。

一成不变的方法经常会失败的一个原因是我们忽略了每个孩子的具体要求和需要。即使面对同一个孩子，我们也不能总是以同样的方式教育他。通过改变和调整方法，在过程中不断地观察采用相应方法产生的效果，不断地尝试新的方法，我们可以找到合适的教育方法。

不论是从教育的具体方面来说，还是从客观方面来说，变换教育方法都是必要的。所以我们必须根据孩子发展的不同阶段调整自己的教育方法。而且孩子所需要的关注也不是一成不变的。在出生后的最初的几个月里，孩子在休息时应该尽可能少被打扰。此后，孩子需要越来越多的关注。几年后，我们必须再次调整，适度减少对孩子的关注，因为那时孩子应该要更多的时间与同龄的孩子在一起。在孩子生命中的某些时期，他们会非常乐意接受指导；而在某些时候，孩子将断然拒绝听从任何建议。在某些情况下，孩子会自愿寻求指导；而在某些情况下，他们将坚持自己做决定。我们一成不变的态度无法适应孩子不同时期的需求。教育者要根据具体情况和成长变化而不断调整教育方法。

兴趣激发。如果我们能引起孩子的兴趣，他们会更乐于对我们施加的影响做出回应。这本身就足以激励我们改变教育方法。父母经常抱怨孩子对我们的话左耳进，右耳出。确实，枯燥、单调的重复命令、责备和解释肯定会让孩子听而不闻。

孩子能听进去我们的话在很大程度上取决于我们对孩子说话时的语气。我们的表达方式越活泼、越自然，孩子就会越愿意倾听。孩子不乐于接受他人冷漠的态度。许多父母在与孩子交谈时，采用沉闷的、毫无生气的，甚至是严厉的语气，这类语气会让孩子对我们的话无动于衷，或者孩子会直截了当地表示不想听，宁愿自己待着。还有父母常进行哄孩子式的谈话，这除了让孩子感到厌烦之外，没有任何作用；孩子只会认为父母的言谈很可笑，事实也的确如此。

每个与孩子打交道的人都会遇到各种各样的情况，在有些情况下，我们似乎很难与孩子建立良好的关系。孩子表现得特别顽固，我们无论进行怎样的劝说或提出任何建议似乎都对他们无效。在这种情况下，我们往往会情绪失控，因为我们无法忍受自己的无助感。在我们完全不知所措时，以下方法可解燃眉之急，可以挽救许多似乎完全无法控制的局面。具体做法：首先弄清楚孩子期待我们接下来采取什么样的行动，然后做刚好与他们的期待相反的事情！特别是在孩子完全不知所措的情况下，这样做更加有效果。事实上，很多时候即使孩子表面上完全无视我们，在心里却希望我们做出反应。孩子可能期待我们威胁他、大发脾气或实行体罚，或者只是责骂或说教。对于这些手段，孩子早已经做好了准备，并下定决心不为所动。

我们也可以自己先感觉、体会一下自己接下来准备采取什么行动，以觉察孩子的期待。我们计划采取的行动通常与孩子的期待是一样的，而这正是孩子想要的，甚至是孩子故意挑起的。而我们做相反的事情，会让孩子措手不及，让他们感到困惑。如此一来，我们不仅引起了孩子的兴趣，还会迫使他们反思自己的态度。这至少让我们获得了一个喘息的机会。我们可以思考，采用什么新的方法应对孩子，处理当下的情况。当孩子以为我们要责骂他们时，我们就表扬他们；当孩子以为我们要压制他们时，我们就承认他们的优越性；当孩子以为我们要大发脾气或恼怒时，我们就淡然处之；当孩子以为我们要制止他们时，我们就放手让他们去做。这些策略可以缓解紧张情绪，使孩子愿意接受下一步的行动。很多时候，我们可以利用这种让双方都放松的方式来进行友好的交谈，这样孩子就会更加愿意倾听。

下面这则轶事表明，引起孩子的兴趣并引导他们做出特定的反应是多么容易。一个人被村子里的孩子烦透了，孩子到处追着他，取笑他的红头发。最后，他把这些孩子聚集在一起，并承诺如果他们能花样百出地嘲笑他，就每天给他们每个人一便士。孩子们大吃一惊，但还是欣然地接受了这个提议。第二天，他们每个人都按约定收到了一便士。但到了第五天，这个人不再给他们钱了。这些孩子愤愤不平。"如果红头发的人不给钱"他们喊道，"我们才不会费力气嘲笑他呢"，然后他们就各自散去了。

赢得孩子的信任。如果我们能够成功地赢得孩子的信任，我们对孩子的影响会更大，但仅靠爱和温柔无法达到这一目的。孩子非常依恋我们的同时，仍可能对我们保持敌意。当孩子不再与我们作对，自愿接受指导，心甘情愿地顺从我们的期待时，我们才算成功赢得了孩子的信任。孩子是否服从不仅取决于孩子对我们行为公平性和一致性的看法，也取决于孩子对我们的善意和实际可靠性的信心。我们有任何争夺权力的意图都会使孩子失去对我们的信任，使得相互合作变得不可能。

知道如何在令人不安的情况下赢得孩子的信任尤为重要。我们可以通过上面讨论的"惊喜战术"引起孩子的注意，但要赢得孩子的信任还需要更多的方法。实现这一目的的最佳手段是表现得友善和仁慈。孩子有极强的洞察力，他们很容易区分出空洞的赞美和真正的善意，并且很快就能发现谁是他们真正的朋友，谁不是。（这句话永远是正确的，即使表面上看，并不总是如此。我们可能一直认为自己是孩子的朋友，而实际上我们对孩子的态度经常充满无意识的恶意和敌意。）

我们必须谨记对孩子使用友好的语气，特别是在关键时刻，在这一时刻使用友好的语气比任何时刻都更有必要。如果我们在这些时刻不能保持友好的态度，就无法期待能够促进孩子的发展。语气不友善，无论我们做什么，只会使孩子的对抗加剧，所以务必避免对孩子的训斥或惩罚，要让孩子从不当行为的自然后果中吸取教训。遵循这个原则，我们完全没必要对孩子使用不友好的语气。严厉的语气不可避免地会让孩子排斥我们。

单纯的放纵也不会获得孩子的信任。放纵、要求松懈给孩子的印象不是善意，而是父母软弱。我们要对孩子和孩子做的事情表现出真正的兴趣，与孩子一起玩耍，带他们散步，与他们交谈，或给他们讲故事，这样更容易赢得孩子的信任。但是，我们必须全心全意地参与孩子的活动，否则就是无效参与。漫不经心地参与孩子的活动造成的危害远大于和孩子的冲突。陪伴比奉承有效得多，因为陪伴很少带有令人不快的占有欲和居高临下的感觉。只要我们对孩子的活动表现出积极、友好的兴趣，就可以获得他们持续的注意，并使他们在需要时回应我们。

缓解敌意。有很多情况会激起孩子的敌意和对抗。因此，我们应该知道如何在不引起冲突的情况下缓解孩子的敌意。最可靠的方法是，特别是对年幼的孩子，转移他们对争议点的注意力。如果孩子很顽固，或者生闷气，拒绝服从，那么快速找到引起他们的兴趣的方法就很有必要了。但如果孩子极度叛逆和难以驾驭，这种简单的权宜之计可能就不起作用了。特别是对于年龄较大的孩子，我们可能无法迅速、轻松地打破僵局。在这个时候，我们就不一定要立即采取行动了，因为大一点儿的孩子更加理性，在发生实际危险的情况下，他们能照顾好自己；而在其他不危险的情况下，我们可以等待，直到有机会让孩子体验不当行为的自然后果。

当小玛丽坚持去深水区、非要握住一个尖锐的物体、从敞开的窗户里探出头来，或者爬到椅子上时，我们一定会马上叫停她。如果她没有回应，我们会试着转移她的注意力。我们可以说"看看我有什么"，或大声吹口哨，或突然拍拍手——以任何能引起孩子兴趣的方式来激起她的好奇心。在大多数情况下，这样的方法足以避免危险，而且不至于激怒孩子。但如果孩子习惯性地固执己见，这些方法很可能无法解决问题。在危险的时刻，我们绝不能妥协，但即使在紧急情况下，我们也可以设法保持友好的态度。如果孩子小，就把他抱起来，或者拉着他的手，带他离开危险源。

遗憾的是，缓解紧张局势有一种有效的手段，我们却用得太少，那就是表现幽默感。许多人往往忽视自己的幽默感，他们觉得自己有必要保持严肃和沉稳，偶尔的笑声会让自己失去威信。然而，在与孩子打交道的过程中，我们永远不应该缺少幽默感。拥有这种品质，生活就会轻松许多，因为这不仅可以减轻别人的压力，还可以减轻我们自己的压力。我们让别人笑了，他就不可能对我们怀恨在心。但我们不要把幽默和搞怪混为一谈。幽默通常体现在说话的方式上，而且往往更多体现在语气上，而不是体现在表达的意思上。另外，幽默的语言不应该是难听刺耳、尖酸刻薄的，否则就会失去调和的效果，只会加剧对立情绪。表现幽默感的目的是要让孩子和我们一起笑，并且调侃的对象不应该是孩子。

在这里举例说明并不容易，因为这在很大程度上取决于当时的情况、说话的语气和措辞的变化。通常情况下，调侃下某一情况有趣的一面或者自娱自乐就足够了。即使没有直接的场合可发挥，我们可以讲一个有趣的故事。孩子往往会被最简单的诙谐所打动，比如一根挂着东西的绳子、一个幽默的手势，或者一个滑稽的表情，都会让他们笑得很开心。

无论孩子如何生闷气、如何固执、如何叛逆，我们都要始终保持冷静和友好，这是所有父母必须遵守的原则。一句温暖的话语，一次表示同情和理解的表达，往往会创造奇迹，将孩子压抑的反抗和愤怒变成啜泣和泪水。因为在许多情况下，无礼、粗鲁、不服从和顽固都是孩子为了掩盖受伤害、被忽视和被孤立的感觉。我们做出愿意帮助孩子的举动往往会立即缓解敌对的紧张关系！但前提是孩子必须相信父母真心要提供帮助，遗憾的是，孩子往往对自己的父母缺乏这种信心。

鼓励

赞扬。正如前一章中提到的，孩子面临困境总是由于遭遇了挫折。也许是父母或周围的其他人让他们心灰意冷，也许是为掌握某种技能或获得某种能力反复遭遇失败，使他们对自己的能力失去信心。但不论是什么原因造成了孩子的困境，不论造成的困境是什么，父母都有责任提振孩子的信心。鼓励对孩子的作用就像水对植物的作用一样：没有水，植物不能生长，没有鼓励，孩子则无法成长。我们必须让孩子知道，他并不像他所认为的那样软弱无能。孩子需要赞美，尽管他还不够完美。赞美应该做到不带个人色彩、保证客观。"你做得很好……""这就对了……""我很高兴你能做到这一点……"，我们应该赞扬孩子所做的事情，而不是笼统地赞扬孩子本身，比如赞扬孩子很棒、善良、帅气、漂亮、可爱等。

如果孩子不能完全自己独立穿衣服，我们可以赞扬他袜子穿得真好，然后孩子就会继续尝试自己穿鞋。我们应该赞扬孩子做出的任何努力，不管成功与否。也许孩子的写作能力很差，但我们可以在他的作文中寻找亮点，找到写得好的一页或一行，或许只有几个独立的字母，真诚地表扬一下。无论孩子遭遇什么失败，我们都可以通过鼓励使其得到改善。对于孩子性格和道德品质的发展，我们也需要如此对待。即使孩子没有主动采取正确的方法，他们也需要得到认可。

一个孩子要得到应有的发展，必须勇敢。我们要尽量避免做任何可能打击孩子自信的事情。我们应该尽可能多地使用以下措辞[①]。

· 如果别人能做到，你也一定可以。

· 没有冒险，就没有收获。

· 每个人都会犯错。

· 没有人天生完美。

· 我们都是从错误中学习的。

· 熟能生巧。

· 事情并没有看起来那么难。

---

① 引自艾丽斯·弗里德曼（Alice Friedmaun）博士的《养育指南》（*Erziehung smerkblätter*）。

- 万事不能一蹴而就。

- 罗马不是在一天之内建成的。

- 万事开头难。

- 不要放弃。

- 不要让自己丧失信心。

- 好的开始是成功的一半。

- 所有人都会有失误的时候。

- 无论如何都要多试几次，然后你会做得更好。

- 有志者事竟成。

- 困难是用来克服的。

- 任务越难，你可能从中获得的就越多。

有时我们提及孩子的年龄可能会产生良好的效果，但这一方法应谨慎使用。否则，孩子可能会觉得自己无法完成他们本该掌握的事情。我们在措辞时应该谨慎，如"不再需要我帮你穿衣服了"等。我们必须始终密切注意我们的言辞，仔细观察孩子的反应：我们的话是起了鼓励的作用还是起了相反的作用。

引领和指导。我们想让孩子接受一项新的任务或承担新的责任时需要特别注意，避免让孩子产生挫败感，最好是可以让他们通过自己的努力来学习，这样每一个新的成就都是孩子的一个具体的进步。我们对孩子的指导如果过于刻意，孩子很容易产生这样的印象：这项任务对我来说太难了，而且父母怀疑我完成任务的能力。最好是只在一开始帮助孩子，然后让他们自己去尝试，直到产生预期的结果。

我们必须注意与孩子谈话的时机。只有当孩子处于倾听的状态时，谈话才有效。在孩子做错事后，立即批评他们是没有效果的，因为这时孩子不是表现出叛逆，就是处于沮丧之中。谈论的最佳时机是我们和孩子一起聊天或散步时，这些都是比较安静、适合思考的时刻。睡前半小时也是进行亲密谈话的好时机。我们可以很好地利用这些时机。请谨记我们务必表现出友好和善意，否则引领和指导完全没有效果。

在谈话中，我们必须避免表现出自己的优势地位。无论何时，无论我们教孩子什么，我们都必须明确指出孩子必须遵循的行为准则始终适用于每个人。孩子应该把我们视为同伴，视为平等的人，非常愿意帮助他们解决问题的人。当我们说："来吧，让我们一起做吧！"任何建议都会被很好地接受。但这种合作精神绝不是让我们去分担孩子应该独自承担的责任，而只是为了帮助消除孩子不愉快的、不可避免的境况下的畏难情绪。因此，在孩子觉得某项任务执行得不顺心时，我们可以使用这个有效的方法。

我们可能经常会想，为什么孩子更愿意听外人的话，而不是听我们的话。原因是其他人往往是在完全平等的基础上与孩子交谈的。父母倾向于强调他们对孩子的优势地位。父母越是这样做，孩子就越不愿意接受他们的建议。然而，真正的优势不需要通过威望和权力来表达。尽管我们在知识、经验和判断力方面有优势，但我们可以平等地对待孩子；我们越是不要求孩子关注并承认我们的优势，孩子反而越愿意承认。

如果我们无论如何都要显示自己的优势地位，那么当我们无法回答孩子的某个问题时，场面就会很尴尬。因此，我们完全可以坦率地承认自己并非无所不知、无所不能。（我们必须严格避免故意给孩子错误的答案，否则我们会彻底失去孩子的尊重。）承认个人的失败和弱点并无大碍，因为孩子早晚都会发现这一点，孩子敏锐的洞察力远超过父母的想象。孩子将认为，父母掩盖自己某个弱点的努力恰恰揭示了父母的另一个弱点。

相互信任。坦白地承认自己的不完美，我们就能与孩子建立更紧密的关系。这种坦诚会激发孩子更强的信任感。如果我们承认在和他们一样大时，表现和他们差不多，既不比他们差，也不比他们好，是不会让孩子小看我们的。我们做到以诚相待，孩子就会相信我们对他们的情况有充分的了解，我们不能试图让孩子相信我们在小时候都是"别人家的孩子"。建立完全的"战友关系"是赢得孩子信任的最好手段。

让孩子把我们看作和他们平等的人还远远不够，我们也要把孩子当作与我们平等的人。但事实上，许多父母甚至无视孩子基本的社会权利。这些做父母的不尊重孩子的权利,毫无顾忌地违背对孩子许下的诺言或背叛孩子的信任。在某些情况下,孩子即便面对父母,也有保持沉默的权利,并可以按自己的意愿选择透露或保守秘密。但有些父母窥探孩子的信件,并忽视孩子的情绪和意见,以此来让孩子难堪。然而,当孩子拒绝向他们倾诉时,他们却感到非常惊讶,并感觉自己受到了冒犯。我们大概也不会相信会有人以这种方式对待自己。孩子也是人,孩子的情感与成年人无异。作为父母,我们不能命令孩子信任自己,也不能强行夺取孩子的信任,孩子的信任必须靠我们自己争取。孩子如果不把父母当作朋友,该受到责备的是父母。父母发现自己对孩子的影响只是流于表面时,丝毫不应该感到惊讶,而这时,孩子往往会向那些能够平等对待他们的人寻求帮助。

也许我们怀有这样的想法,即我们是为了孩子好而去了解孩子的一切想法和行为的。但我们往往越是坚信自己的"坦诚",就越不可能做到这一点。我们越是不断刨根问底地询问孩子,孩子的内心就越不会向我们敞开。如果我们继续逼迫孩子,孩子最终会被迫说谎,变得虚伪。能对人倾诉个人感情和思想是一种非常亲密的信任行为。如果我们以适当的策略和谨慎的态度对待孩子,他们一定会愿意坦诚相告。由于经常使用错误的态度和方法,很少有父母能够真正了解孩子的真实想法。

　　请记住，所有的信任都必须是相互的。孩子需要我们对他们表示信任。我们要表现对孩子的信任，最有意义的做法就是承认孩子作为人的价值和重要性。我们有很多机会来表达这种信任，甚至在孩子学龄前就能做到。我们可以委托孩子做事，而不是命令孩子！孩子可以在家里做许多有用的工作，并以各种方式协助家庭中的其他成员。我们可以让孩子跑跑腿，给我们的朋友带带话，并参加一些购物活动。随着孩子年龄的增长，我们表现对孩子的信任的机会更是会逐渐增多。我们可以和孩子探讨事情，在一些事情上征求他们的意见和建议。这样一来，我们就成了孩子的"战友"，双方都会从彼此的信任中受益。

　　我们每天都有机会表现对孩子的信任，让孩子感觉自己做的事情是合理的，自己是可信赖的。这就是我们之前建议的对孩子坦诚的目的。一方面，我们可以毫不犹豫地向孩子透露我们的一些忧虑和问题；但另一方面，我们不能把我们的信任作为负担强加给孩子。信任孩子并不意味着对孩子有完全的信心。孩子如果不断接收我们倾吐的不满情绪，其发展将受到严重影响。孩子将因接触成年人的经验、家庭争吵以及他们无法理解或领悟的婚姻困境，而失去天生的单纯和率直。为人父母者不可以因为自己无法管理自己的生活，也没有结交到可以坦诚相待的朋友，而利用自己的孩子，让孩子成为自己倾诉的对象，这不是对孩子信任的表现，而是受挫的父母感到困惑和孤独的表现。他们抓住任何机会说出自己的烦恼，而不考虑可能对孩子及其发展造成的伤害。

"可以"而不是"必须"。在过去，人们普遍认为奖励和惩罚是训练孩子的标准方法，没有这些方法，父母就无法管理孩子。今天，我们充分认识到这些方法的谬误。不合理的奖励或惩罚都是有害的，因为它们只是父母权威的任意表达。孩子最终可能会屈服于压迫，但同时孩子的对立情绪也会被激起。孩子理应学会服从，这是事实，但不是服从于任何个人的专制权力。我们要期待的是，孩子服从于对每个人都有约束力的社会准则，这是孩子唯一需要服从的权威。自然和社会秩序的一般法则足够强大和明确，足以让孩子对其行为的令人愉快和不愉快的后果有深刻的印象。只有在父母不过度保护孩子，对孩子进行干预时，以上准则才得以发挥作用。这并不意味着我们应该对孩子的各种行为保持完全被动和无动于衷，抱着"我不在乎"的态度，特别是在遇到危险的时候。我们可以而且应该协助孩子努力了解任何特定情况下的特定要求，并让孩子适应这种情况。

在这个过程中，我们不能忘了"你可以"这个神奇的句式，但"必须"这个词应该从我们的词汇库中删除，因为"必须"这个词剥夺了孩子作为自由人的意识，剥夺了孩子自愿行动和决定自己命运的意识。"可以"是自然秩序的声音，"必须"是个人权威的武断指令。区别这两个词绝不是诡辩和吹毛求疵。我曾经看过的两幅画可以清楚地说明两者在本质上的区别。两幅画中都画着森林边缘的一座房子，有一条小路通向门口。第一幅画里有一群孩子，他们垂头丧气，愁眉苦脸，背上背着一捆捆木柴。在第二幅画中，同样的孩子背着两倍多的木柴，但却高兴地蹦蹦跳跳。是什么导致了这个奇迹？第一幅画的下方写着"你们必须去森林里砍柴"，第二幅画的下方写着"你们可以去……"。

我们可以在自己的孩子身上试试这个机制。如果我们想让孩子摆放餐具，当我们说"你必须摆放餐具"与"如果你愿意，你可以摆放餐具"时，注意孩子的反应，两种话语产生的效果差异将是显而易见的。

最好不要使用消极的命令，我们应该强调正确的做法，而不是禁止不正确的做法。一点儿友好的鼓励就会产生令人期待的反应，特别是当我们指出孩子的成就和他们的实际能力之间的差距时，并说"我相信你可以做得更好！"，以此激发孩子的自尊心和尊重孩子对获得认可的期待，往往能更有效地引导孩子达到预期的目标。

努力。"如果你愿意尝试，我相信你能做到"——当有必要纠正孩子的行为，改变孩子的坏习惯，或者让孩子开展一项新的任务时，我们可以采用这种方式让孩子能够达成我们期待的教育目标。这是另一个神奇的句式。它是对孩子主动性的尊重，使孩子感到自己长大了，从而鼓励孩子向一个明确的方向努力。事实上，每一个错误或缺陷，任何可以受到教育影响的东西，都会因此变成一个具体的、可以解决的问题。通过不插手、不干预，但保持友好、仁慈的态度，并在必要时愿意合作，我们可以避免和孩子的所有冲突。尽管这可能不会立即产生预期的结果，但我们没有必要采取更严厉的措施。就目前的情况来看，我们完全有机会鼓励孩子，从而巩固我们作为孩子的好朋友的地位。孩子遇到的困境的性质并不重要，也许它涉及简单技能的发展，也许涉及克服性格中的缺陷和改正可能导致严重后果的不良习惯。但是，不管这个过程有多冗长乏味，我们总是能够通过承认和强调孩子每一点儿进步的迹象——无论这个迹象多么微小——来体现我们的友好态度。友好的态度能切切实实地避免充满冲突的氛围和产生冲突的可能。"敌人"变成了我们"为可实现的目标而共同努力"的盟友。

开诚布公。到目前为止，我们主要研究了教养孩子的技巧，但也应该重视意义更深远的心理学方法。为人父母者都需要掌握一些实用的心理学知识，才能真正理解孩子并正确对待孩子。因此，我们在第二章和第五章中详细讨论了心理学问题。现在的问题是，我们应该在多大程度上告诉孩子我们对他们的了解？

孩子不清楚自己为什么会有某种行为和举动。一般来说，我们问孩子"你为什么这样做"是毫无意义的。当孩子回答"我不知道"时，父母往往会被激怒。但在大多数情况下，这的确是事实，孩子真的不知道为什么。孩子冲动行事，根本不清楚自己的动机。如果孩子对自己的行为做出了解释，这些解释大多是掩饰和借口，而不是其行为真正的原因。与其问孩子原因，不如告诉他们原因。告诉孩子他们的目的，将会对他们有很大的帮助。孩子首先必须了解自己，然后才能改变自己的态度。任何与孩子打交道的人，都应该具备一些理解孩子面临的问题和解释他们的行为动机的知识和经验。

我们要采取一些预防措施，确保与孩子进行的心理谈话有效，避免可能造成的巨大伤害。首先，要考虑的是谈话的时间和场合。其次，这些谈话应始终不带感情色彩、实事求是。即使只是带有最轻微的批评和指责意味，这些谈话也会引起孩子的抗议，继而导致他们充耳不闻。我们要始终谨记，心理学是一个有力的协助工具，但也是一个具有巨大破坏力的武器。为了惩罚和羞辱而运用心理学，比任何身体上的虐待都更能造成伤害。为了探讨心理学层面的阐释，我们必须保持冷静和友好，在双方都能接受的情况下，利用私下亲近的时间来交换意见。无论心理阐释多么正确，如果是在充满敌意的时刻或在错误的时间谈话，还不如不谈话。

心理阐释不应该与试图分析他人、窥探潜意识、挖掘深层动机来源的行为相混淆。我们不建议任何没有经过全面培训、没有资格进行心理治疗的人进行心理分析。但我们必须区分心理治疗和心理阐释，前者是精神病学家和受过训练的心理治疗师的工具，后者是每个与孩子打交道的人都能够进行的。两者之间的主要区别在于检查和分析的心理机制及问题的种类。心理治疗可以揭示孩子或成年人生活方式、以往的发展，以及根深蒂固的概念的形成；而心理阐释只关注目前的态度和直接目的。

每位家长和教育者都应该具备一些心理学知识，并对孩子个性的特点有一些了解。遇到困难时，我们可以求助于精神病学家或有经验的儿童心理医生获得相关知识。但是，我们绝不能将分析性的知识用于和孩子的谈话，它只能作为我们对孩子进行一般管理的指南。我们要甄别孩子的行动并尝试施加影响。改变孩子的行为，最成功的方法之一就是和孩子讨论它。要实现有效的讨论，我们不应追究孩子为什么要这么做，而只应解释孩子这样做的直接目的。从表面上看，"为什么"和"目的是什么"之间的区别可能是微不足道的。但是，两者分别强调过去和现在的目标，因此两者完全不同。导致孩子现在的态度的原因可能有 1000 个，但孩子的行为可能只有一个目的。对没有受过训练的人来说，寻找"为什么"只是猜测原因，而对目的的认识则是在表示理解。

　　孩子在听到对自己的行为原因和目的的解释时，反应是完全不同的。嫉妒、缺乏自信、感觉被忽视、被支配或被拒绝、内疚或自怜等对原因的解释不管有多准确，孩子最多只会友好地、不痛不痒地表示接受，因为这只是告诉他们是怎么回事。当被告知行为的目的是什么时，孩子的反应则完全不同。孩子的行为的目的通常是获得关注、显示优越性、成为大人物、展示权力、报复或惩罚他人。对孩子的真实目的的解释如果是正确的，会立即唤起一种非常明确和特有的反应。这种反应是即刻和自动进行"识别反射"，表明我们说中了。这种反应可能是一个顽皮的微笑和一个奇特的眨眼，这是自鸣得意的表现。孩子不需要说一个字，甚至他们说"不"，但面部表情会暴露他们的真实想法。这种对孩子心理态度的正确辨别通常会导致特定行为的即刻改变，尤其是对年幼的孩子。即使是非常年幼的孩子，只要他们明白字词的意思，大约是在两岁的时候，就能够有意识地理解其含义。当孩子的意图被识破时，他们就会倾向于改变自己的行为。这并不意味着孩子会完全改变自己的生活方式，但可能改变他们对与他人关系的基本认识。

　　心理阐释也要谨慎使用。如果重复或过度使用心理阐释，它们就难以起到启示作用了。心理阐释绝不应该有羞辱或贬低的效果，也不应该被孩子认为是父母在找碴儿和批评。一般来说，最好不要做出这样明确的阐释："你这样做是因为你想……"模糊猜测的说法要好得多，"我想知道你是不是不想……""……会不会是这样？"，这样的讨论不会造成任何伤害。如果我们阐释得不对，只是可能得不到任何反应。然后我们可以再做另一个猜想，孩子的反应会表明哪个猜想是正确的。

一个 5 岁的男孩反复威胁要打或咬其他孩子。我们的第一反应是，这个孩子觉得自己被忽视了，想要伤害他人，以进行报复。对我们的解释，男孩一脸茫然。我们继续追问，也许他想显示自己有多强壮，男孩同样没有反应。"会不会是你妈妈对这种威胁非常不满，你想让她对你大发牢骚，跟你谈一谈，告诉你不应该这样做？"男孩的脸上露出了笑容，得意扬扬。同样的行为在另一个孩子身上会有不同的意义，但对这个 5 岁男孩来说，这只是一个让妈妈关注他的方式。

一个 9 岁的男孩总用头发遮住右眼。我接待了他和他的妈妈。我当着孩子的面问妈妈，在她看来孩子为什么把头发盖在眼睛上。妈妈不知道，孩子也不知道。我的揣测是，孩子可能希望他妈妈不断提醒他把头发往上撩。妈妈表示很诧异："你怎么知道我一直提醒孩子这件事呢？"

原因非常简单：如果孩子不是想以这种方式获得她的注意，他就不会一直让头发挡着眼睛了。孩子笑了。这就是当时谈话的所有内容。第二天，这位妈妈相当兴奋地给我打电话：孩子跟她要钱要去剪头发了。

两个男孩，年龄分别为9岁和10岁，总是睡前在床上打架，这惹恼了他们的妈妈。妈妈阻止不了他们，也不知道该怎么做。我与这两个男孩进行了交谈，我问他们为什么要在睡觉前打架。我没期待他们给出正确的答案，但我想听听他们怎么说。他们都解释说，在床上打架很有趣，因为被枕头砸到也不疼。这就是孩子在为自己的行为找理由。

我问他们，如果我告诉他们打架的真正目的，他们是否会介意，他们表示不会介意。然后我大胆地说："也许你们这样做只是为了让妈妈多次提醒你们要安静。"年纪小的孩子无所谓地说："可能是这样。"年纪大的孩子什么也没说，只是笑了笑。我们知道年纪大的孩子是妈妈的最爱，十分依赖妈妈，而年纪小的孩子则感到被排斥，得靠自己争得地位。一般来说，通常都是年纪小的孩子挑起的打架，但在这种特殊情况下，显然是年纪大的孩子为了引起妈妈的注意而挑起的打架，这样每隔一段时间他就可以把妈妈吸引到卧室。我们没有再说什么，也没有做什么。但是在我们简短的讨论之后，两个孩子就停止在睡前打架了，而且再也没有出现这种行为。这并不意味着这个年纪大的孩子突然独立于他的妈妈了，而是一旦他认识到自己行为的目的，这种特殊的方法就不再有用了。

揭露个人的态度和目的，也是影响整个儿童群体的一个非常有效的手段。小组讨论对改变个人和小组整体的态度有很大帮助，可以在班级和其他集体工作环境中经常使用。再次重申，这样做的目的是揭示态度和目的，以及所有人类行为的意义。

集体环境中的孩子。孩子在很小的时候就需要同龄的伙伴。伙伴对孩子的发展至关重要，因为只有和其他孩子在一起，他才能感到自己是其中平等的一员，并学会适当地调整自己，以适应社会。在成年人的独有陪伴下，孩子的地位不高或过高；在这两种情况下，孩子的地位都是不正常的，而且他很可能发展出古怪的性情。仅仅与一个兄弟或姐妹持续交往是不够的，因为这种同伴关系往往会变成上级对下级的关系，并引起强势或弱势的感觉。孩子在街上或公园里与偶然遇到的伙伴玩耍也是不够的。进入一个有组织的儿童团体是实现孩子自由和自然地适应社会秩序的良好方法。因此，在现行的核心小家庭制度下，建议父母让孩子在 3 岁时就进入一个好的幼儿园；在孩子 6 岁之后，让他们参加夏令营也是很好的选择。

我们在本书中没有探讨这类活动团体的问题，只讨论与父母直接相关的问题。我们在选择幼儿园或夏令营之前，要进行必要的调查，了解我们要把孩子交给谁照顾。一旦做出决定，我们就没有权利插手该团体的内部事务。如果我们把不满和忧虑传达给孩子，很容易降低孩子的适应水平，从而阻碍孩子的发展。任何一个幼儿园或夏令营都有其缺点，但很有可能得到改善。我们要知道，孩子在一生中都不太可能遇到一个十全十美的群体，因此孩子应该尽早学会忍受现有的不完美。最重要的是，我们不应该以焦虑为借口，为孩子争取特权，因为这将妨碍我们的目的的实现。

一般来说，当孩子和其他孩子在一起时，我们要尽可能少地干预。孩子必须自己探索如何与他们相处，如何将自己的兴趣与他们的兴趣相结合。孩子能够从自然后果中意识到自己错误的举动，老师或夏令营辅导员会知道正确的方法，并告诉孩子下次如何做得更好。孩子在没人监督的情况下，我们要时刻留意他们，但不能对他们指手画脚。每当我们和孩子讨论他们的行为时，要注意不能向孩子灌输以下任何想法：自负、愤世嫉俗、对他人缺乏信任、虚荣、胆怯。这些品质都不会改善孩子的性格。我们必须教会孩子不要把其他孩子当作敌人，而是当作可以尽情玩耍的伙伴。

我们对打架的态度该是什么？这是一个争论不休的问题。没有人会否认应该尽可能地避免打架，也不应该允许孩子之间出现这种严重的不良情况，但是打架的问题难以避免。孩子总是会有与他人的力量相抗衡的冲动，他们需要准备好在受到攻击时保护自己。如果禁止孩子打架，每当一个孩子被其他孩子攻击时，他就会哭。在孩子还小的时候，我们可以威胁并赶走他的对手；但当孩子长大了，我们不能总是在他身边保护他，这时孩子应该怎么做？孩子必须能够照顾自己，这似乎是事情的本质，因此孩子必须学会像其他人一样战斗。当然，我们应该让孩子远离暴力，要阻止孩子的任何暴力倾向。然而，和平的性格并不表现在对打架的恐惧上，而是表现在能够找到其他更和平的方式来消除分歧。

我们不应该因为害怕孩子染上疾病而不把他们送到幼儿园。孩子在家里并不比在幼儿园里更安全，我们无法完全消除孩子被传染疾病的风险。在街上，在公共交通工具里，在参观时，孩子都会面临危险。我们不应该高估这些危险。我们做任何事情都要冒一定的风险。没有冒险，就没有收获。

对许多父母来说，将孩子单独送去参加夏令营是一件困难的事情。如今这种有价值的做法变得越来越普遍。送孩子去夏令营的必要性会激励一个好的夏令营机构的发展。父母往往无法为他们自己放一个长假，但很高兴有机会为他们的孩子提供几个星期的娱乐生活。夏令营的数量在不断增加，因为越来越多的父母开始接受与孩子暂时分离的做法。这种变化对双方都有好处，它缓解了父母和孩子之间普遍存在的紧张关系。到了秋季开学，父母和孩子都会感到彼此间团结意识的加强，相互支持，并愿意满足对方的要求。双方都勇气倍增，敌意减少。如果在此期间，孩子的境况有所好转，我们需要花时间进行一点儿思考和学习，因为夏令营可能成为家庭关系改善的转折点。

第四章　教养过程中的常见错误

在教养孩子方面，父母不可能一点儿错误都不犯。但是如果有人指出，我们在教养孩子过程中的许多做法不合适，甚至会影响孩子的发展，我们可能在感觉不安的同时还有点儿气恼。下面列出的几个理由也许会缓解大家的不安和气恼。

首先，人无完人，无论在哪一方面都是如此。如果我们对自己和孩子苛求完美，最终的结果很容易让我们灰心、失望，甚至让我们无法更好地履行父母的职责。如果我们想和孩子愉快相处并改正孩子的缺点，首先必须接纳孩子，尽管他们有不完美之处。其实和周围的所有人相处也是同样的道理，并且对我们自己来说也是如此，我们只有先接受自己的缺点，与自己和平相处，然后再自问我们将何去何从，这样才能不断地提升自我。

其次，我们在第一章中讨论了目前父母面临的种种难题，看起来当代的很多父母都愁于教养子女的问题，并迫切想找到适当的解决方案。有人指出我们的教养方式的错误之处，并不是为了指责、批评我们，而是为了给我们提供有用的信息。有助于我们采取正确行动的最好方法是避免采取不正确的行动。

109

如果我们正在试图解决一个教育方面的难题，首先想想我们不应该做什么，是大有裨益的。我们随后采取的行动才会是正确的。指出和定义错误是非常容易的，因为错误总是很具体的。我们可以通过许多不同的方式找到问题的正确答案。因此，明确的、有建设性的建议反而会限制我们去寻求其他的，也许是更好的解决方案。我们很有可能听从别人的建议不去做某些事情，但我们很难听从别人的建议采取积极的行动。因为积极的行动在很大程度上取决于很多不可估量的因素，比如想象力、敏感性、情感态度、面部表情、说话的语气等。如果我们了解到打孩子是不好的，可以很容易地接纳这个建议并按字面意思去执行，不再打孩子。但是，如果我们对所有正确处理与孩子相关的问题的具体建议都按字面意思去做，是有害无益的，解决不了任何问题。

出于这个原因，我们似乎应该彻底了解所有错误的教养方式的细节。我们明确地知道应该避免做什么，这样会很有帮助。但注意不要轻易灰心丧气，沮丧的时候我们容易犯严重的错误。无论我们多么努力地想正确行事，但在感到气馁、挫败、内疚和沮丧的时候，我们做的往往都是错的。"为打翻的牛奶哭泣"是没有意义的，特别是当我们非常确定地知道在教养孩子的过程中肯定会"很多次打翻牛奶"。我们长期以来一直承受着错误教养方式带来的伤害，如果人性不是如此强大，我们会变成什么样子？诚然，我们本可以做得更好，我们应该努力帮助我们的孩子成为更好、更幸福的人。但是，帮助孩子的一个基本前提是认识到孩子有能力抵御我们施加的不良影响，而这些影响往往是我们被动、无意识地施加的。

在本章中，我们将讨论教养过程中的常见错误。所有的错误都源自以下 3 个方面：不要求孩子遵守秩序、父母不自觉地与孩子发生冲突、不鼓励孩子。

有些父母试图对孩子做出让步来避免与孩子发生冲突，从而忽略了对孩子进行遵守秩序的教育。而另一些父母则一心想要强迫孩子在任何情况下都要遵守秩序，与孩子进行斗争。这两种方式都会以教育失败和父母失望告终。如果我们与孩子发生冲突，我们就无法让他们严格地遵守秩序；如果我们对孩子妥协，不坚持让孩子遵守秩序，我们将被迫与孩子发生冲突。现实中只有两种选择：无冲突、有秩序，有冲突、无秩序。

维持和谐人际关系的一个基本原则是尊重对方。我们在教育中所犯的错误基本都是由于违反了这一基本原则。不尊重孩子的父母会羞辱或奴役孩子，使孩子受挫。另一种情况是父母过度保护孩子。有一些父母允许孩子发号施令、放纵孩子、让孩子对他人颐指气使，这样孩子就会无视父母的尊严，失去对他们的尊重。表现形式多样的教养错误基本可以归结为父母对孩子尊严的漠视或父母对自己尊严的忽视。父母在强迫孩子和对孩子让步之间摇摆不定，就是无视双方尊严造成的结果。

溺爱

有一种情况会对孩子的发展造成严重障碍，就是父母采用溺爱的态度和方法。我们在这里面临着一个很奇特、难以捉摸的问题：人们屡屡使用"溺爱"这个词，但却很少有人清楚这个词的确切含义。许多人在小时候都被宠坏了，甚至那些强烈抗议这种宠爱的人现在也经常言不由衷地渴望得到更多的宠爱。事实上只有被宠坏的孩子才会渴望继续被宠爱。

要对我们经常挂在嘴边的"溺爱"下一个准确的定义并不容易。这个词包含了形式多样的行为和态度。这个词代表父母采用了错误的教养方式来让孩子适应生活。我们不去教育孩子履行应履行的职责，而是放纵孩子，不让孩子履行这些职责。

在大多数情况下，这一过程的根源在于，父母善意地希望让孩子避免某些不愉快的经历。这种愿望在焦虑的父母中很常见，他们对自己的孩子过度关心或极度依恋。独生子女或最小的孩子最容易被溺爱。尤其是那些特别脆弱或多病的孩子，或者其他由于某种原因易引起同情和怜悯的孩子——他们可能在很小的时候就失去了父亲或母亲，或者在某些方面有缺陷。一个引人注目的漂亮的孩子很可能会受到大家的宠爱，还有那些在成长过程中受到（外）祖父母相当大影响的孩子也会被宠坏。曾经给父母带来焦虑的事情会加剧他们对孩子的溺爱，比如前一个孩子夭折、期盼已久才怀上孩子、孕期艰难等。

父母试图保护孩子避免不愉快的经历，通常会破坏秩序和规律，而遵守秩序和规律对实现和谐生活至关重要。父母对孩子的这种保护可能在孩子一出生时就开始了，从而将孩子引至错误的方向。即使是刚出生的婴儿，我们也可以引导他们遵守秩序和规律。明确的喂养时间表不仅符合孩子的生理需要，而且可以让孩子很早就认识到遵守秩序和规律带来的好处。这是早期培养孩子遵守秩序和规律的重要手段。婴儿可能会对这种手段产生抵触情绪：婴儿一饿就会哭（孩子的哭声会被焦虑的父母误解为表示饥饿或痛苦，而这有时只意味着孩子想要得到关注）。如果父母理智一些、保持冷静，他们就不会打破成熟的喂养规律（除非孩子生病了，需要刻意改变喂养时间表）。这样一来，孩子很快就会意识到，他们不能通过哭闹来催促大人喂他们，几天后他们可能就会习惯于规定的喂食时间。然而，过度保护的父母急于让他们"无助的孩子"摆脱这些烦恼，他们不忍心让孩子"挨饿"，特别是在开始。孩子在出生后的头几天，喂养可能很艰难，而且容易出现体重减轻的情况。在这些父母看来，"等到孩子更强壮时，他们就会遵守秩序"。[1] 但实际上孩子越大，过去的放纵带来的后果就越难弥补，孩子已然习惯不规律的节奏，任何改变都会遭到他们的强烈反对。此外，如果孩子的健康因这种不规律的节奏而受到影响，母亲的焦虑也会相应加剧。她们可能会漫不经心地试图强制执行某种秩序，但孩子只会变本加厉地叫嚷，因为现在孩子已经确信自己一定会达到目的。最后，母亲只得放弃挣扎，尤其是在孩子的发声能力不断发展，嗓门越来越大的情况下。

每一种溺爱行为都遵循同样的模式，即让孩子成功地逃避了一个又一个必须承担的责任。为了让孩子安静下来，父母越

---

[1] 当前儿科医生建议婴儿饿了，就给他们喂食，这种建议支持了父母采取这种有害的教育方式。儿科医生的建议可能基于某些精神病学的理念，该理念认为"情感挫折"是人类适应不良的主要原因。毫无疑问，有些孩子自己就会发展出对遵守规律的渴望。许多孩子会令人满意地成长，而不管是否遵循了喂养时间表。当然，过于严格的喂养时间表也有其危害，它经常会引发母亲的焦虑，她们忧心忡忡地盯着时钟，成了喂养时间表的奴隶，而不是让自己轻松地遵守这种规律。我建议父母不能从一开始就刻意放纵孩子，因为这必然会产生深远的不利影响。将这种刻意的不规律行为与原始人或过去几个世纪的情况相比较是不合适的，因为当时人们还不知道孩子的正常需求的科学事实。那时，孩子对食物的需求是母亲的唯一指南。在这种时候，过度溺爱孩子的危害并不严重。如果我们仍然生活在原始社会，秩序和规律是严格的，是维持社会生活所必需的；或者如果我们仍然生活在大家庭中，孩子们彼此陪伴，父母过于忙碌，没有时间干涉孩子的适应过程，那么这种倒退式的喂养不规律现象就不会造成太大的危害。就目前的情况来看，在生命之初对孩子的这种放纵与过度焦虑的父母过度宠爱孩子的总体趋势不谋而合。毫无疑问，"按需喂养"也会产生一些有益的影响，因为它消除了孩子和父母之间的争斗的根源。但是，如果父母能够避免过度关注孩子的食物摄入量，不让自己压力重重和焦虑不安，也可以获得同样的效果。紊乱的关系和随之而来的敌意不是从"受挫"的婴儿开始的，而是从焦虑和困惑的父母开始的。平静友好的父母养育的孩子不会抗拒任何合理的喂养时间表。幸福不是建立在对"情感需求"的模糊满足上，而是建立在对秩序的欣然接受上。（参考第五章"护理"）

来越忽视对秩序的要求，规则接二连三地被违反。当孩子在两餐之间因为想吃东西而哭闹时，母亲就会把他们抱起来，轻轻摇晃着哄他们。孩子喜欢这样的感觉，所以当孩子本应该安静地躺着时，他们却开始哭，直到有人再次抱起他们。并且，如果没有人在抱着他们时轻轻摇晃，他们就不能安然休息，而充分的休息对孩子的成长和发展是必要的。

溺爱可以有数千种不同的表现形式。许多孩子在温室中长大，而在这种环境中，原本用于规范人类行为的自然秩序毫无作用。用以约束家庭所有其他成员的规则无法约束孩子，孩子被小心翼翼地包裹在温柔和爱意的保护层中，也就无法通过自己的成就来证明自己的存在，但成就感对孩子的成长来说是必要的。家人的同情和纵容使孩子不用承担自己的行为带来的所有令人不愉快的后果。过度保护的父母不断为孩子提供各种帮助，使他们免于任何劳累。孩子也无须忍受任何不适。父母夸张的焦虑感使孩子远离任何可能涉及危险和需要展示勇气的事情。当孩子还是个婴儿时，他们被抱着走、被摇着睡，而当孩子长大后，他们被免除了许多必要的职责，不用自己穿衣洗漱，也不用独自做作业。孩子在各个方面被照顾得无微不至，不管是否合理，父母会满足他们的所有愿望。孩子发现自己可以随心所欲，甚至可以肆意破坏家庭秩序。

这些都会给孩子将来适应社会带来严重障碍：当孩子发现

自己的意愿必须服从于他人的意愿时，他们会难以接受。与父母所期待的相反，大多数被宠坏的孩子其实并不是很快乐，甚至恰恰相反！ 生活就是这样，没有人可以满足孩子的所有愿望。所有人都要努力，即使是做着糟糕的工作，也要力争做出最好的成绩。但是，当其他人把被人回绝当作再正常不过的事情去接受时，被宠坏的孩子可能会把被人回绝看作环境或命运的不公平。许多被宠坏的孩子常常心怀不满，这足以说明溺爱根本不会让孩子的生活变得更容易。在内心深处，这些孩子会觉得自己与生活脱节，而且他们缺乏自立能力，常常会在面对轻微的责任或微小的困难时瞬间崩溃。

任何形式的溺爱在逻辑上都会导致父母与孩子的冲突。孩子越大，他们必须承担的责任就越多，父母想继续溺爱他们也就越困难。但是，如果父母不再对孩子妥协，孩子可能会认为这种转变是因为父母不再关注和爱护自己。孩子会很难理解为什么他们必须突然改变已然习惯的做法，为什么父母不再对自己包容，并时时为自己提供帮助。孩子会因为父母要他们自食其力而退缩，因为没人满足他们心血来潮的想法而不快。自然，在这样的情形下，父母会对孩子的行为会感到十分不满意。父母因此而异常苦恼，并很有可能因为自己教养上的不当而惩罚孩子，其结果是严厉和松懈、希望和绝望交织着接踵而来，扰乱整个教养过程。

这些可能是溺爱的极端情况。但即使是程度轻微的溺爱也是有害的，虽然这很难完全避免，尤其是在教养独生子女和最小的孩子的过程中。我们必须小心翼翼地观察孩子是否有违抗命令的迹象、是否有无理要求，以及是否会为了诱使我们溺爱他们而玩弄花招。遗憾的是，这些情况通常看起来微不足道，以至于我们要么没有意识到这些小小的放纵如何扰乱了我们与孩子的关系，要么我们可能觉得不值得做出一些特别的努力来阻止孩子要求不适当的关注、让别人为他们服务、逃避责任、扰乱家庭秩序等。此外，我们都喜欢宠爱孩子，对孩子倾注感情，保护孩子，给予孩子关爱，帮孩子一些小忙，在孩子完全可以自己做的事情上帮他们一把。正是父母的情感纵容使孩子对有序的人际关系的需求不敏感。父母的焦虑让他们对孩子过度保护，对个人优越感的渴望促使他们承担起不该承担的责任。我们可以对这些父母表示理解和同情，但他们必须为自己犯的错误付出巨大的代价，当令人不愉快的后果出现时，他们不得不努力纠正和孩子的关系。

爱的缺失

真正不喜欢自己的孩子的父母很少见。然而，在这少见的情况下，孩子的命运往往是悲惨的，甚至成为官方关注调查的对象。不受父母欢迎的孩子往往是在没有爱的情况下成长起来的。① 有时，普普通通的小事就足以引起父母的憎恨——也许是孩子与某位他们不喜欢的亲戚长得很像，或者是父母期待已久想要个男孩却生了个女孩。

缺少被爱的感觉可能会彻底阻碍孩子适应社会的过程，剥夺孩子的权利，并激起孩子内心极端的敌意和反抗。没有爱，没有哪个孩子愿意去适应环境，接受环境要求的行为准则。表面上孩子可能会顺从，但在内心深处孩子仍然是一个旁观者，他们的社会意识是淡薄的。

尽管大多数父母喜欢他们的孩子，但仍有为数众多的孩子感到自己被拒绝和不被父母喜爱。我们可以理解产生这种悖论的原因。如果父母没有继续纵容孩子，被宠坏的孩子可能会感到父母不喜欢自己了。一个 7 岁的小男孩公开说："你不喜欢我，因为你不按我的要求做。"同样，对许多被宠坏的孩子来说，如果不能按自己的意愿行事，没有得到过分体贴或欣赏，没有得到礼物，他们就有足够的理由认为父母不再喜欢或爱他们了。在随之而来的与被宠坏的孩子的冲突中，父母往往不再能"忍受"孩子不合理的要求，并不断地以责骂、唠叨和惩罚来回应孩子。即使父母表示出爱意，终止了这些冲突，但孩子

---

① 在以往，继子女往往与不受父母欢迎的孩子命运相同。如今，对孩子的爱和同情，能让有爱心的父母与所有孩子建立友好和温暖的关系，无论他们是继子女还是被收养的儿童。

对父母表现出的敌意往往很深刻，他们开始不信任父母。随着争吵变得越来越激烈，特别是弟弟妹妹的到来并获得了父母更多的关注，孩子就只有通过不当行为来获得父母的关注。如果孩子表现得安静和友好，母亲就会理所当然地休息一会儿，不过度关注他们。因此，孩子只能体会到父母对自己的不满，承受父母的批评和责备，认为父母彻底不爱自己了。我们必须记住的是，无论是孩子真的被讨厌，还是只是孩子认为自己被讨厌，其结果都是一样的。许多罪犯在童年时期都真正缺乏或自以为缺乏父母的爱，由此产生被虐待的感觉。

过度爱护

孩子的成长需要爱和温暖，但过度的爱护可能过犹不及。家庭中过度爱护的氛围会让孩子无法对大千世界的正常生活做好应有的准备。许多人一生都在追求他们曾经从母亲那里得到的爱和温柔，却不得不面对现实生活中残酷的人际关系，并往往大失所望。孩子与父母过度亲密的情感会让孩子无法适应将来在爱情和婚姻中的角色，削弱孩子表现其他形式的爱的能力。

父母的过度爱护甚至可能导致孩子性早熟。因此，过多地亲吻孩子（尤其是嘴部）或让他们与父母同床，即使只是在早晨或周末，也是有害的。然而，不幸的是，有些父母允许孩子与自己同床共枕到孩子 10 岁或更大年龄，并且不是居住环境拥挤的缘故。

诚然，尽情地展现对孩子的爱能促进父母和孩子之间的亲密依恋感。但是，如果完全通过这种方式获得孩子的信任和亲近，其价值就令人怀疑了。孩子可能会因此变得相当依赖父母，而且这种依赖并不能消除孩子与父母之间的冲突。过度爱护带来的骄纵和宠爱会自然而然地激发和加剧冲突，在这种情况下，冲突会呈现出某些独特的形式。公开的叛逆可能不会发生，甚至恰恰相反，孩子在表面上可能处处表现出善意，但是孩子内心的反抗则表现为明显的无助和各种不适应。神经紊乱就是孩子内心的反抗的常见表现形式。

感受到孩子深深的依恋，珍惜孩子对我们真心实意的爱，无疑是令人愉快的；但这种对亲情的过分强调可能会让孩子对自己在生活中的地位产生错觉。孩子可能会得出这样的结论：我的生活目标是仅仅通过他的存在来赢得爱和感情，而不需要通过取得成就来获得他人的认可。当我们把对亲情的所有渴望集中在孩子身上时，我们应该反思一下：我们是否在生活的某个阶段一直缺失这种亲情。

迪克对他的妈妈非常忠诚，他深爱着妈妈。迪克总是与其他人针锋相对，但为了妈妈，迪克则努力地 控制自己，改善自己的行为。学习对他来说是非常困难的，他一再努力也没有什么用。迪克很不愿意学习，在课堂上表现得慌乱、紧张。在这个案例中，迪克的表现是他的妈妈过度疼爱他的结果。随着迪克变得越来越难缠，妈妈在某些方面的要求变得越发严厉。在他7岁之前，迪克经常与妈妈同床共枕。之后，只有在迪克被噩梦困扰的时候，妈妈才允许他和自己一起睡；但在后来的许多年里，迪克有时也会和他妈妈一起睡。迪克对妈妈的依恋是如此之深，以至于几乎没有什么办法能够让他离开妈妈。

迪克4岁时开始上幼儿园，但他总是激烈地抗议上幼儿园。当迪克去参加夏令营时，他的抗议更激烈。迪克总是感到自己被敌人包围着，不去尝试交朋友。在幼儿园，迪克唯一的想法就是尽快回家。他极其虚荣，只关心如何给别人留下好印象，但对自己的能力却没有信心，尽管迪克的智力和身体发育水平其实高于同龄孩子的平均水平，但他只会通过捣乱和不良行为（烦躁不安、傻笑、喋喋不休等）来引起他人的注意。

克制情感

我们当然不想被别人指责自己铁石心肠。然而，奇怪的是，我们有时就会给人这种印象。当孩子恶作剧时，我们会很"生气"。这往往只是一种虚张声势，但有时是真的。我们可能认为（像大多数父母一样）这是管教孩子的最佳手段——通过威吓让孩子守规矩，压制孩子的反抗。当前，一个广泛传播的心理学流派，甚至称赞和鼓励这种所谓的克制情感的做法，认为它是教养孩子唯一有效的方法。

毋庸置疑，这种做法有时可以达到某些目的。孩子依恋我们和其他照顾他们的人，因此被这些人拒绝、失去这些人的爱和关心，对孩子来说肯定是痛苦的，足以使孩子抑制自己的不羁倾向。然而，如果就此认为这些倾向会消失，那是不可能的。孩子不想失去我们的爱，会小心翼翼地抑制那些遭到我们反对的冲动之举。但采取这种做法，这些倾向只会被压制，不会被消除。我们必须使用其他方法来消除这些倾向。

采取克制情感的做法更糟糕的结果是孩子的勇气会因我们的疏远而不断丧失，因为父母收回爱意会使孩子强烈地意识到自己对父母的依赖和自身的渺小。很多时候，我们试图克制对孩子的爱，此时孩子往往会反击，迫使我们表现出爱意。比如这个目的可以通过孩子表示害怕一个人睡觉来实现：我们必须在孩子的床边坐上几个小时，甚至握住他的手，否则孩子就会哭泣，一直不会入睡。

但是，"生气"最危险的后果是孩子因此怀疑我们的绝对可靠性。如果孩子心目中最好的朋友一次又一次地突然责备他，孩子怎么能获得对人性的信任并发展社会意识呢？我们有更合适的方法来纠正孩子的错误，让孩子感受到不良行为所带来的后果。我们根本没有必要为了教育孩子而掩饰我们与孩子的友好关系。相反，如果我们突然改变和孩子之间的友好关系，会在孩子的头脑中埋下分歧和冲突的种子。父母和孩子之间的友好关系是经不起折腾的。孩子很快就会原谅父母一不留神脱口而出的尖锐话语，但不会忘记父母冷漠地故意"收回"亲情的情形——"我不再喜欢你了"。如果孩子没有认识到父母这么说是骗人的，是虚张声势，一场斗争就开始了。如果孩子斗争只是为了得到爱还好办，如果是真的对孩子不友好、冷漠、苛刻，或拒绝交谈，这些全面打击的措施会迫使孩子进入敌对的状态。在现实中，我们在任何情况下都深爱着孩子，并认为孩子应该知道这一点，然而许多孩子并不了解这一点。前面已经说过，我们的许多孩子感到被父母拒绝，认为没有人喜欢他们，他们只有在捣乱的时候才会得到父母的关注，而在表现良好的时候很少得到关注。这样的孩子大多经历过责骂和惩罚，并就此得出了错误的结论。注意，父母围着弟弟或妹妹转也可能导致孩子误以为自己不再被父母喜欢。

那么，有人可能会问，我们是否不应该对孩子表现出否定的态度。事实上我们不能回避这种态度，有时甚至有必要表现出来。绝对客观和实事求是不仅是不可能的，也是不自然的，甚至是有害的。但我们务必注意强调我们所责备的是什么：孩子本身还是孩子的行为。我们必须清楚地表明自己并不讨厌孩子本身，但可以表达对孩子某种行为的厌恶。很多人尚未学会区分行为和做出行为的人，这带来了不小的问题。我们倾向于把一个人的价值，包括我们自己的价值与行为的价值混为一谈；如果我们的一个行为没有达到我们为自己设定的标准，我们就会倾向于怀疑自己在社会中的价值。父母和老师如果根据几次失败或成功对孩子进行分类，会荼毒孩子的思想，甚至会持续影响孩子的一生。没有坏孩子，只有灰心丧气和不快乐的孩子，他们还没有找到合适的方法融入社会。

焦虑

强烈的对立情绪往往是由恐惧或焦虑引起的。如果处于焦虑状态，我们可能只会看到孩子面临的危险，希望孩子远离危险。我们可能一想到"孩子可能会出事"就瑟瑟发抖，而没有考虑到孩子必须学会自己照顾自己——孩子必须获得识别危险和主动应对危险的能力，"吃一堑，长一智"。胆小焦虑的父母会使他们的孩子失去宝贵的成长经验。他们的孩子不会进行预判，更容易受到伤害。这些孩子随意地玩火柴、打开煤气灶的开关、爬到架子上。与此同时，父母的焦虑在不断增加，他们担心一旦放松了监管，可怕的事故就会发生。

5岁的汤米上街时经常从妈妈身边跑开，让妈妈到处追他，他不断让妈妈感到焦虑。当妈妈向我寻求建议时，我解释说，一个5岁的男孩应该意识到，如果他跑开，他可能会迷路。我告诉她，必须让孩子亲身体验这一后果。她可以选择适当的环境允许他跑开，或者是在公园里，或者是在一些没有车辆的安静街道上。这位妈妈吓坏了：这是个什么建议啊？你一个大男人，怎么会知道做妈妈的感受？

在这次谈话后差不多两个周，这位妈妈又来找我，情绪非常激动。"医生，你能想得到汤米最近做了什么吗？昨天我进了他的房间，他不在屋里。然后我听到汤米在叫：'妈妈，妈妈。'我的心差点儿蹦出来了。医生，你能想象吗，我们住在3楼，窗户通向露台的陡峭屋顶。而汤米就在那屋顶上呢，坐在那儿大喊大叫！我无法说服他进来，当我想跟着他爬出去时，汤米却在屋顶上走得更远了。我不得不用承诺和糖果来引诱他，最后我才抓住他。"在这次经历后，我才成功说服了这位妈妈，汤米只是在玩他的老把戏，他无法判断风险，因此汤米利用风险来吓唬他的妈妈。这位妈妈终于意识到，她的焦虑只会让孩子陷入新的危险。

在成长过程中，具有一定自立能力的孩子，绝非像他们的父母所认为的那样冒失莽撞。在这方面，正如其他许多方面一样，父母大大低估了孩子的智力。尽管有大量的孩子在城市街道和乡村公路上自由自在地玩耍，但统计数字表明，被汽车撞倒或碾压的成年人比孩子多得多。若在繁忙的十字路口观察行人，我们可以轻易地看到，在实际发生危险的时刻，成年人比孩子要粗心和轻率得多。受教育得当的孩子在面对其他危险时也会表现出类似的谨慎。只有在生命中的头两年，当孩子还在熟悉不同物体的性质和功能时，他们才有可能把自己暴露在危险之中。但是，与其在危险来临时，用言语来吓唬孩子，同时引起他们的反抗，不如简单地指出存在的危险，并适当地安排一些没有大的危险但不愉快的经历，孩子很快就会学会正确地评估自己所面临的风险。

事实上，确实有些孩子在 8 岁甚至更大的时候不能自己过马路。在这种情况下，责任总是在于过度焦虑的父母，他们没有给孩子机会让孩子自己照顾自己，学会适当地保护自己。孩子必须学会自立，而且他们越早学会这一点，父母就会越轻松。

吓唬孩子

焦虑的父母往往会对孩子夸大生活中存在的各种危险，他们认为这样做是在培养孩子的谨慎态度。他们不时地和孩子谈论街上频发的各种事故、世上人心的险恶，特别是诱拐者的恶毒，以及无处不在的细菌，还有孩子因衣着单薄挨冻的后果，等等。如果孩子从父母那里接受了这种胆怯的观念，就无法为将来的生活做好准备，只会变得焦虑不安。有一个事实很不可思议却千真万确，就是人们过度的谨慎会带来与轻率相同的结果。实际上过度预测危险不仅会导致人们犹豫不决，而且会促使人们一头扎进他们所希望避免的危险中。躲避危险需要冷静的心态和对形势的清晰评估。因此，过度评价危险就等于增加危险。

因此，那些过度焦虑而导致动作笨拙的人，反而是最有可能在离开公交车时摔倒的人。为了预防危险，勇气的作用远远胜过事前的焦虑，那些用危险来恐吓孩子的父母正在故意将孩子置于危险之中。有些父母努力保护孩子，想让孩子远离疾病，也是如出一辙。如果我们总是把孩子包得严严实实，不让他们受一点风，孩子反而更容易感冒。

看着奶奶监督 8 岁的杰瑞玩耍，真让人揪心。"别跑那么快，你会把肺撑破的！""不要那么用力拉，你会把自己拉断的！""不要从楼梯上跳下来，你会摔断腿的！" 如果一个孩子听话，遵从所有这些告诫，他将不得不在玻璃柜中用棉絮包裹着自己度过一生。但是，令监护人非常恼火的是，孩子"明智"的固执通常使他不理会他们的唠叨。

另一种情况下，我们也会经常吓唬孩子，就是试图强制孩子养成良好的行为习惯的时候，但这么做通常也不会达到目的。我们会吓唬孩子，"'妖怪'来了，它会抓走坏孩子"；或者让孩子看看街角的警察，吓唬孩子如果他们捣蛋，警察就会来抓走他们。有人认为这么吓唬孩子会让孩子更听话。这种权宜之计有时可能会奏效，但随后孩子的表现将证明这完全是错误的。孩子可能会因为这些吓唬他们的话变得越来越胆小，并且以后孩子会用他们的恐惧作为武器，想出无数的方法来对付父母。我们永远不会从吓唬孩子中获利，播种恐惧的人只会收获忧虑。

过度监督

忧心忡忡的父母不相信自己，不相信孩子，也不相信未来，他们只考虑该如何防御和预防危险。这种担忧导致了他们过度活跃，采取过多的行动和方法来监督孩子。每一个行动和方法单独使用可能是有效的，但过度夸张地应用就会失效，并且具有破坏性。父母焦虑过度，对孩子进行过度监督，从来不让孩子独立行动，规定孩子行为的每一个细节。对自己没有信心的父母同样怀疑孩子的能力；一个人越是觉得自身管理自己事务的能力差，就越是想管理别人，不断地插手和提建议。这样的父母总是焦灼不安，对他们的孩子喋喋不休。"你最好坐在这把椅子上""把书放在这里""拿着这支笔""戴上这顶帽子""不要吃得那么快""坐直了"。父母的命令滔滔不绝、连绵不断！当孩子在附近时，父母就对他们的一举一动发号施令。他们不会耐心地等着看孩子能否自己把事情做好。孩子的每项活动都受到监督，并收到父母一连串不间断的评论或禁令；孩子的每一个行动都会引发赞美或批评，但更多的是批评。孩子每天都在无尽的劝告和训诫中度过。

我的一个朋友就是这样一位非常"忙碌"的母亲。有一次，我们谈论起她对孩子的过度焦虑和频繁的管教。她并没有意识到自己的做法有什么问题。我问她，在一天中，她用批评、挑剔或命令的方式指导孩子的频率高低。她说："哦，不是很频繁。"我让她估计一下，她回答不上来。然后我又大胆地问："也许一天有一两百次？""哦，不。"她愤愤不平地回答，"也许一天最多 10 次。"于是我提议到她家待一小时，观察一下。我问她，她认为在我在场的这一小时里，她会指导孩子多少次？"哦，也许 2~3 次。""我估计在我拜访期间会有30 次。"她笑着说："肯定不会有那么多。"于是我就去了她家。我只是坐在那里看着发生的一切，在她每次告诉孩子该做什么或不该做什么的时候大声地数着。尽管她意识到我的存在并被我大声数数提醒着，但在不到半小时的时间里，她对孩子的指导就超过了 30 次。她根本没法阻止自己。

为了充分理解如此"监督"孩子的荒谬性，我们要谨记，只有能给孩子留下深刻印象，教育才能发挥影响力，并具有持久价值。一次独立但印象深刻的经历，虽然不能改变孩子的性格和品质，却可以激发全新的态度和做事的方法。教育的价值就在于此：给孩子提供一个思考的机会，孩子必须采取明确的立场并得出结论。一系列不同寻常的经历会影响孩子的个性的发展，这些经历往往具有同样的影响力。

因此，我们试图不断地影响孩子，是不会有效果的。因为不间断地指导没有给孩子思考的时间，只会引起孩子的抗议。孩子对父母的指导会变得越来越迟钝，不加理会，因为父母反反复复的指导常常自相矛盾。在不断地指导下，孩子要么放弃所有自立的努力，要么变得闷闷不乐、反应迟钝。只有适度施加的教育影响，才能让孩子印象深刻，达到预期效果。

说个不停

教养孩子中的"多管闲事"倾向往往在言语中得到体现。大多数父母不采取实际行动，不去思考，而只是唠叨个没完。无论孩子做什么，这些父母都有话可说。如果他们不知道该怎么做，就用言语来表达。确定无疑的是，唠叨肯定是没有用的，因为父母没有提出任何建设性的意见。

诚然，在教育孩子的过程中，进行沟通是必要的。孩子需要父母的解释和指导，就像他们需要娱乐一样，而且父母说的话可以给孩子留下深刻而持久的印象。但是，说过多的话往往没有任何意义。我们必须提防这样的行为。没有实际意义的话都是多余的，甚至是有害的。这些话不能代表一个人的交流能力，却会扰乱人际关系。语言可以是一种沟通手段，也可能成为一种"战争"工具。每当与孩子交谈时，我们首先得清楚自己到底是想通过交谈来释放自己的紧张、烦恼或愤怒，还是想给孩子留下深刻的印象。在后一种情况下，我们事先要确认孩子已经准备好倾听了，然后才能开始这次谈话，并且必须时时注意自己的情绪。只有当我们完全平静时，才适合与孩子进行有意义的谈话。否则，我们的话就会产生负面的效果：话语具有攻击性，会挑起孩子的对立情绪。如果我们想进行有建设性的谈话，在谈话过程中就要不断地观察我们的话语的效果，如果看到孩子此刻根本不愿意听，我们就应该停止谈话。如果我们在和孩子的谈话中感到自己越来越激动，那就是该停下来的时候了。

在后一种情况下，我们可以用行动代替语言。这时候最好停下来想一想，再多说一句都不行，我们不会得到孩子更多的回应。最重要的是，我们不应该重复曾经说过的话，也不应该反复告诉孩子他们已经知道的事情。（把孩子的错误指出来就属于无用之言，因为大多数时候孩子知道他们犯了错误）。如果我们的话在第一次说时是无用的，那么在第二次说时就会是有害的——即使它达到了目的。重复说过的话会使人恼怒，而恼怒则是产生不愉快的争吵的前奏。我们应该少说话、多思考，并采取相应的行动，也就是说，让自然后果生效。有时，当孩子做错事时，完全的沉默会比激烈的话语更能给孩子留下深刻的印象，因为沉默可以强有力地表达出我们的不满。

我们可以从以下各种情况判断出话语和某些常见的说话方式的荒谬性和潜在危害。[1]

当孩子开始做某事时：

· 如果你完成不了，就别做了。

· 还是做自己分内的事吧！

· 即使你的确完成了，你还能做些什么？

· 你不过是想炫耀一下！

· 最好还是去做功课吧，那至少还有点儿意义。

· 事情并不会像你想的那么简单。

· 在你看来，所有事都是轻而易举的。

· 贪多嚼不烂。

· 我认为你没有这个能力。

· 你肯定不能坚持到底。

· 你就对这种愚蠢的事情感兴趣！

· 如果能做到，别人早就做到了。

---

[1]　摘自艾丽斯·弗里德曼（Alice Friedmaun）博士的《养育指南》（*Erziehung smerkblätter*）。

当孩子取得成功时：

· 这只是个小成就，离成功差得远呢。

· 你离成为一个好学生还有很长的路。

· 你以为自己飞得很高，但会有退步的时候。

· 那只是初学者的运气。

· 你只不过是靠运气，而不是头脑！

· 瞎猫还能碰上死耗子呢。

当孩子失败时：

· 看看这些钱是不是浪费了！

· 你看，我事先警告过你吧！

· 我早就告诉过你了！

· 在你这个年龄，我什么都会做了。

· 我比你聪明多了。

· 怎么这么笨手笨脚的！

· 你所做的这些就不对。

· 光是看着你，就让我气不打一处来！

这些话语会深深打击孩子的自信心，损害孩子的实际能力，但在日常生活中人们却经常不经意地使用。我们必须谨慎考虑对孩子说的话。我们与孩子沟通的目的是鼓励和帮助孩子，而不是让孩子心生厌恶或抑制孩子的成长。

忽 视

到目前为止，我们所讨论的许多错误都是采用的教育措施过多造成的。合理的原则是，作为父母应该尽少干预，让孩子积累自己的经验。但是，如果将这一原则扩大到其合理的限度之外，就可能意味着严重的危害。我们必须关心孩子，必须全身心地爱护他们。孩子不仅需要身体上的照顾，还需要父母的同情、理解和激励。如果孩子缺乏这些情感上的关注，就会因感到被忽视而受到伤害，进而导致发展迟缓，孩子与他人合作的能力以及融入整个社会的能力，甚至可能停止发展。

我们应该把握好对教养方法的运用。如果运用得好，只在适当的时候使用某种教育方法，就足以维持秩序。在我们与孩子纯粹的人际关系中，在陪伴孩子的过程中，我们不应该限制孩子的行动和兴趣。随着年龄的增长，孩子越来越需要共情和共同活动的经验。从我们对他们的关注中，孩子可以获得持续发展的动力，但是要记得我们关注孩子时不能采取压迫性或攻击性的方式。如果我们很少关注孩子的身体发育、外表、道德和智力，孩子的成长就会因为我们的忽视而受到影响。但如果我们过度关注孩子以致引起孩子的对抗，从而把孩子推向相反的方向，和忽视孩子是一样的效果。

催促

有些情况下，我们可能需要适当地催促一下孩子。但如果孩子经常需要催促才行动，我们就得想办法来鼓励孩子，并友好地提醒他们配合。如果孩子有抵触情绪，那我们任何劝说他们的尝试通常都不会有效果。有些事情的推动，需要孩子发自内心地接受，否则我们的催促就会起反作用。孩子在出去玩之前应该多穿点儿衣服以免冻着，我们适当催促是可以的。我们可以施加一点儿友好的压力来让孩子履行这种纯粹的外在职责，但千万不要试图劝说孩子吃饭、睡觉，或让孩子安静地表达情绪（而不是哭泣、生闷气等），或执行任何只能由内在动机驱动的任务。通过外部诱导，我们可以让孩子把一口食物放进嘴里咀嚼，但是否吞咽和消化由孩子的实际意愿决定。睡觉也是如此，我们可以违背孩子的意愿让他们上床睡觉，但任何进一步的干涉都会干扰孩子入睡的过程。同样，孩子的情绪往往也会因为感受到压力而进一步恶化。孩子不会停止哭泣或撅嘴，直到他们真正愿意这么做。压力只会增加孩子内心的抗拒。因此，在这些情况下，语言是无用的，甚至是有害的，劝说往往事与愿违，达不到预期的效果。

当然，在这些情况下我们还是可以影响孩子的。成功地影响孩子在于我们用正确的态度赢得孩子的信任——使孩子在内心深处准备好做他们应该做的事。孩子必须感到自己内心有动力才会去做看起来有必要的事情。孩子内心意愿的改变可以通过体验自然后果的方式相对容易地实现，即使孩子起初在内心强烈反对。

当小伊芙明白了她必须在饭后有足够的睡眠，晚上才能听室内乐时，她立即接受了饭后小睡的建议。有一次，小伊芙拒绝吃麦片，但当她发现没有其他东西可以吃时，她说："爸爸，你知道吗，麦片的味道其实也不是那么糟糕。"小伊芙内心的抗拒已经消失了。这样的结果不可能通过劝说来实现；相反，施压只会妨碍孩子的睡眠和饮食。

因此，即使是喜欢挑衅的孩子，如果不对他们反复劝说和唠叨，而是放手让他们自己去做，孩子也会很容易地控制自己。当孩子的兴趣被转移到其他事情上时，他们会立即停止哭泣，而劝说肯定不会产生这种效果。

索取承诺

我们迫使孩子做出承诺，让孩子承诺一定会如何表现，这样做完全是徒劳的，甚至会产生不利的后果。比如你要求孩子"答应我再也不说那个词了""……下次你会表现得更好""……你不会再对我撒谎"…… 一般来说，孩子都是心不在焉地做出承诺，他们只是想安抚父母或避免受到惩罚，没有别的想法。即使孩子真的打算遵守承诺，这么做也不会有什么益处，因为孩子并没有改变他们的个性，依然我行我素。如果孩子看似不经意地重蹈覆辙，那我们往往会在他们的错误清单上又加上一笔，给孩子打上不守信用和不可靠的烙印。为了逃避这些指控，孩子很可能宁愿被父母认为自己粗心和健忘。因此，首先，索取承诺不能纠正孩子已经犯下的错误；其次，索取承诺会在原有的"罪行"上增加新的一笔（不可靠）；最后，索取承诺反而会把孩子的缺点变得根深蒂固。

为了防止孩子重蹈覆辙，我们应该让孩子体会其不当行为带来的不愉快后果。如果一个不当行为带来的后果只是做出承诺，那么孩子就会欣然接受这个后果，并且在下一次犯错时，会完全平静地再次对我们向他们提出的任何要求做出承诺。因此，索取承诺成为一种仪式，通过这种仪式，孩子可以逃避其行为带来的后果。我们替孩子感到不安，不想让他们承担不当行为所带来的不舒服的后果；我们这样做会使事情偏离本来的发展逻辑。为了给我们自己找个原谅孩子的理由，我们就要求孩子保证他们会改正错误。因此，如果孩子学会了通过轻率地做出承诺来逃避责任，我们对此不应该有丝毫意外。

接下来，孩子也会利用承诺来谋取好处。如果孩子想获得爱，或者想去看电影，或者想获得某种待遇，他们就会做出某种承诺。或者当有什么令人愉快的事情等着他们时，我们可能

137

会事先言明："除非你怎么样……要不我不会做什么。"这就会产生与前面相同的后果，孩子利用承诺来达到目的。我们为了让孩子开心而做的事情不应该附加任何条件。如果我们确实想用奖励来让孩子完成某种任务，那么我们的奖励与这项任务必须有直接的因果关系，否则承诺就会变成空话，从而产生比前面提到的愈加不利的状况。

如果我们纵容孩子不采取行动而凭空许诺，只会"成功地"培养孩子不靠谱和夸夸其谈的性格。我们必须对孩子的承诺多加注意。如果孩子能主动做出友好的承诺，我们可能会非常高兴。但必须注意，孩子不能将承诺作为一种手段，使自己摆脱一些不愉快的事情或获得某种不适宜的好处。在任何情况下，任何人都不应该强制孩子做出承诺，因为结果往往是自找麻烦。

"控制好自己"

还有一种父母频繁使用引导孩子服从的方式，要求孩子"控制好自己"，这种方式与索取承诺的使用频率差不多，这样做同样有害无益。我们习惯于在各种场合敦促孩子"控制好自己"，但我们往往没有向孩子传达"你一定能渡过难关"的鼓励性信息。我们向孩子传达的意思是"你应该意志坚定，不应该如此软弱"，这就是孩子所能理解到的。孩子得出的结论与我们希望他们得出的结论不同，我们的话并没有让孩子感受到自己的力量，而只是更加觉得自己软弱。因为我们所说的话，孩子可能试图采取各种行动"控制好自己"，但这只有在极少数情况下才有可能成功。孩子不断努力，促孩子的内心动机并没有改变，孩子只是在尝试"控制好自己"，结果往往是孩子的无助感不断增长，孩子会更加确信自己缺乏意志力，无法改善自己的行为。

激发孩子自身的意志力的做法源于一个错误的心理学假设。自觉意志并不总与孩子行为实际的、更深层的意图一致。即使孩子犯错误，他们可能也是有目的而为之。自然，孩子采取行动的目的并不正当，因为他们想表达的是与特定情况的对抗，其他人可能可以认识到这种对立冲突的趋势，但孩子自己却无法意识到这一点。我们告诉孩子要"控制好自己"，会强迫孩子采取一种可能对他们以后的生活产生深远的不利影响的态度，由此形成的心理机制就奠定了所谓的神经症发展的重要基础。

当一个孩子"控制好自己"时，到底发生了什么？事实上这个时候孩子的真实态度丝毫没有改变。他的违抗、他的抗议、他为争取认可所做的努力，以及他逃避责任的愿望仍在继续，"控制好自己"的建议丝毫没有触动他。但是，我们根本没有认识到孩子的对立情绪，不去试图缓解充满冲突的氛围，反而要求孩子做出在这种情况下不可能做出的表现。孩子可能会"尝试"着努力做到勤奋或整洁，不再咄咄逼人或无精打采。由于孩子内在的目的没有改变，这种表面努力不会改善孩子的"缺点"，反而会加剧孩子的软弱感，使孩子变得越发意志不坚定。孩子会面带歉意地表示他们已经努力过了；他们会为自己找无数个借口，变得健忘，什么都不关心，并与自己开展思想斗争，但这实际上只是一个佯装的斗争过程而已，不会有任何结果。我们以批评和指责的方式介入这场斗争，责备孩子缺乏意志力，只会加速孩子向危险的方向发展。看似意志薄弱的人，在无法"控制好自己"的情况下，会屈服于所有恶意冲动。由于"软弱"和"缺乏能量"，孩子会迫使父母或周围的其他人为他们做出所有必要的决定，并让亲戚和朋友对自己的行为承担全部责任。然而，没有人可以指责孩子，因为他们显然已经在"努力"履行自己的义务。

如果我们不想让孩子走上这条通往神经症的道路，我们就应避免使用"控制好自己"这样的话语来给孩子提建议。我们注意到孩子的一个弱点时，最好寻找其根源，帮助孩子消除其行为发生的诱因。我们不能让孩子有机会认定他们自己假定的"弱点"。孩子不受控制、不思进取或缺乏主动性，绝不是因为缺乏力量或能量。我们要认清孩子的动机，并帮助孩子解决实际困难。

报 复

许多教养方式都基于这样的假设：孩子的每一种行为都应该得到奖励或惩罚。大多数父母都很难想象如果不使用奖励或惩罚该如何教育孩子。这些方法古往今来一直被采用，并深深地根植于以旧时人际关系为特色的社会环境中。

在我们的文化中，人与人之间的关系已经发生了根本性的变化。人人平等不仅体现在一般的政治和社会关系中，而且存在于在父母和子女之间。在相互"打击报复"的过程中，父母不再占据有强烈优越感的有利地位。父母可能试图维持自己的优势地位，但是，不知不觉间他们还是受到变化中的社会观念的影响。父母尊重孩子作为一个平等的人的权利，但在此过程中，却不知不觉成了孩子的"仆人"，让孩子成了自己的"主人"。此外，公认的人类行为标准剥夺了父母按自己的意愿对待孩子的权利。结果是，孩子的报复能力超过了他们的父母。报复的方法已经不再有效，但人们依然在使用这些方法。

这种奖励和惩罚理论背后的谬误是显而易见的。这两种方法都是基于父母的权力和优越感的假设。如果我们让孩子接触这些方法，只会给孩子灌输这样的想法：只有在父母施加的压力下自己才会表现良好，而不是出于自己的意愿。毫无疑问，我们可以利用施加令孩子愉快或不愉快的压力来让孩子守

141

规矩，但由此产生的良好行为只是表面现象而已。任何在压力之下实现的合作都不是基于社会兴趣和内心真正的顺从；在这种表面合作之下隐藏的是孩子的叛逆，这会不可避免地导致孩子反社会态度的形成：破坏合作，违反法律和秩序。我们这代人的一个普遍特点就是虚假的表面无法掩盖内在的反叛，这也是许多人存在社交缺陷的原因。许多人只有在能获得好处或逃避困难时才愿意遵守社会秩序，所以他们的顺从不是真心实意的，他们的配合也不是基于他们对社会秩序的认可和接受。他们认为社会是他们不得不服从的"暴君"，而不是由他们自己创造出来、自己是其中平等一员的领域。我们无法通过奖励和惩罚来教导孩子合作以及遵守社会秩序的意义。报复的方法掩盖了真正的问题所在，把秩序说成强加给个人的，把适应社会说成对社会的服从。对孩子来说，看清混乱的秩序所导致的自然后果才能让他们真正懂得如何适应社会。只有意识到这些后果才能激发他们去认识和接受秩序，明白这种秩序无论在有利还是不利的条件下都是不受他人掌控的。

习惯于报复这一方式的父母可能会滥用逻辑后果。他们可能会威胁孩子："如果你这样做，就会发生那样的事。"如此，这些父母再次将自己的力量注入社会秩序中。他们像警察一样监视着孩子，但如果孩子以牙还牙，对父母的作为采取行动进行报复，父母又感到非常惊讶。结果就会造成一场持续的拉锯战，每一方都要为另一方之前的所作所为付出代价——这是一场无休止的战争。

如今，很多父母已经意识到自己被孩子打败和压制，他们采用的许多方法都带有挑起斗争的趋势。他们也不知道为什么还要继续使用那些自己也认为徒劳无益的方法。几乎所有父母在教育孩子时都喜欢采用奖励或惩罚的方法。我们必须警惕这些方法，了解它们的意义，并不断提升自身的教养水平，用更有效的方法来取代它们。

强制盲目服从

如果认为孩子不听从指令就是严重降低了我们的威信（意味着我们在家庭内部权力争夺中的失败），我们就会感到有必要使用武力。这种想法有道理吗？

可以肯定的是，有些情况下我们发出的指令，确实需要孩子立即做出反应。当孩子处于迫在眉睫的危险中时，或者当孩子必须遵守必要的秩序时，情况确实如此。然而，这样的紧急情况并不经常发生。如果要求孩子立即做出反应仅限于这些少数情况，那么在大多数情况下仅靠我们坚定的态度就足够了。但是，在各种情况下都要求孩子绝对服从则是一个严重的错误。孩子有自己的想法和主张，如果想让孩子在以后的生活中获得成功，我们就应该允许孩子表达自己的想法和意见。如果我们阻碍了孩子个性的自由发展，同时也就阻碍了孩子自我意志和判断力的发展。

当然这也绝不是说，我们一看到孩子表现出了自我意志就欣喜若狂，处处向孩子让步。我们要明确孩子什么时候需要服从以维护总体秩序，什么时候可以在不损害他人利益的情况下做出自己的决定，这需要我们全面而认真地考虑。

但是，即使在某些情况下孩子必须放弃他们的想法，我们也不是一定要让他们马上就服从。如果父母认为孩子的每一次抵抗都是对他们个人威信的威胁，他们肯定会发现很难等待孩子做出反应。如果父母无法等待孩子做出反应，那一场本应该可以避免的冲突就上演了。父母变得烦躁、愤怒，甚至使用暴力。如果这些父母不是如此害怕失去威信，而多一点儿耐心，他们很快就能明白，做一点点思考比施加多少暴力都有意义。他们可以使用自然后果法则，引导孩子自愿放弃不良的愿望和意图；或者他们可以设计一些其他合适的手段来引导孩子走向正确的方向。

10岁的哈利有一个朋友，但他父母不喜欢他的这个朋友。他们禁止哈利与这个男孩交往，但父母的命令就像许多其他类似的禁令一样，根本不起作用。然后有一天，当哈利的妈妈问他和谁一起散步时，哈利撒了谎。当谎言被发现时，一场好戏就上演了——像说谎这样的行为必须受到惩罚！而只要稍加思考，大吵大闹、大打出手根本没有效果。父母可以扪心自问：我们的孩子是否有权利拥有志同道合的伙伴，并选择自己的朋友？如果孩子的某个朋友不符合他们的喜好，他们唯一正确的做法是找到适当的方法和手段，让他们的孩子远离这种友谊。

哈利的父母可以向哈利展示他的这个朋友的缺点，并冷静地与孩子谈论这种关系会带来的影响。但即便如此，我仍然不赞同父母采取严厉的措施。对他们来说，最好的办法是让他们的孩子与其他孩子接触：他们可以邀请其他男孩来家里，让哈利有机会与他们中的一个交朋友。哈里说谎是因为他想逃避和父母的辩论、争吵。这个谎言本身就足以让父母审视他们以前的态度，并质疑他们处理问题的方法是否正确。但是，他们却认为哈利撒谎违反了他们的命令，是对他们权威的赤裸裸的挑战。那么，在这场大混战之后，父母的地位会有任何提升吗？哈利会更认真地尊重他们的想法吗？

我们必须认识到，在与孩子打交道时，不可能要求孩子立即完成所有事情。当孩子由于以前的摩擦或者问题，以及责任突然增加而处于某种反叛状态时，拥有这种认识尤其重要。例如，当家里有更小的孩子出生时，当孩子开始上学时，或当孩子生病时，他们容易有叛逆倾向。在其他时候，孩子也可能倾向于表现出叛逆，如在三四岁时，以及在青春期时。在这种危急情况下，父母为维持自己威信而进行的斗争具有破坏性。父母越是不自信，这种斗争的趋势就越明显，他们越害怕自己做得不够，害怕如果他们不立即完成他们认为重要的事情，就会出现灾难性的后果。

唠叨

极度的不耐烦很容易演变为唠叨。在父母的所有行为中，这是父母最易引起孩子的烦恼和抗议的行为之一。从早到晚，唠叨不停！ 更要命的是，父母在这么做时，加上缺乏创造性的想象力，导致他们总是单调地重复同样的话语。孩子就会觉得做什么都要受到批评，到处都有问题，没有什么是好的。孩子最微小的失误都被说成令人发指的过错。

唠叨对教育孩子的益处是零。事实上唠叨只会加剧孩子的抵抗和叛逆，加速孩子的失败。父母如果能观察到他们的唠叨所产生的直接后果，可能会被吓到，从而改变他们的策略。但是这些父母从来没有停下来思考过，其实他们的态度的形成基于自己的需要而不是孩子的需要，他们的行为也出于自己内心的需要。尽管这些父母为自己的不满提出了上千个理由，但从根本上说，他们并不清楚自己不满的根源，也就是他们对自己的生活感到失望和沮丧。唠叨是旨在轻视和贬低孩子的措施之一，往往只是为了保证父母的优越感。下面将结合一个相关的教养行为，即"挑毛病"，来讨论唠叨的意义，这种行为也有看似合理的解释。

挑毛病

我们能想象在教养孩子的过程中从来不挑孩子的毛病吗？也许不能。自古以来，挑毛病就是教育者的基本教育方法之一（但可以肯定的是，在我们的文化群体之外，无论过去，还是现在，都有一些文化群体没有利用这种教育方法）。 我们发现孩子的错误，是为了让孩子知道他们的行为不正确。但为什么要用挑毛病这种手段来达到这个目的呢？我们已经看到人们可以通过强调正确的做法来激发孩子辨别是非的能力。通常情况下，孩子在被他人指出错误之前就已经知道自己犯错误了。只要稍做尝试，我们就可以发现，当孩子受到鼓励和友好的指导时，他们是多么易于管教；将这样的结果与挑孩子毛病的效果相比较，我们会发现，后一种手段的效果是多么的不理想。[①]

然而，在这一点上，我们必须做出两点解释。第一，我们所说的挑毛病只是针对（正如这个词本身所暗示的）贬低性的评论和行动。我们对孩子说："你做得不对，你应该这样做……"这不是挑孩子毛病，而是在给予孩子指导。父母挑毛病时会使用一种特有的、责备的语气，只有这种形式的干预才是挑毛病。

---

① 参考第三章"赞扬"。

第二，毫无疑问，责骂对有些孩子效果不错。某些孩子在受到严厉批评时反应良好，但这些孩子对其他手段没有反应，友好的劝说和鼓励对他们来说似乎完全不起作用。换句话说，能给大多数孩子带来良好效果的手段对他们来说完全没用。为什么会这样呢？在这种情况下，我们面对的通常是顽固执拗的青少年，即那些面对冲突态度强硬、只对暴力屈服的孩子。我们将在讨论体罚问题时更详细地讨论这些孩子的心理，在那一部分我们可以更清楚地了解这些孩子特有的态度。

在其他情况下，特别是对有雄心壮志的孩子，父母挑毛病偶尔也会显示出良好的效果，这可能是事实。但即使如此，挑毛病同样有可能产生不利的影响。如果父母谨慎地、有节制地挑毛病，可能会激发孩子的雄心壮志；但频繁而激烈地挑毛病会使有雄心壮志的孩子感到气馁，以至于他们有时会立即放弃努力。我们可以再次发现，父母的相同态度在不同的孩子身上产生了不同的结果。

除了上面提到的例外情况，一般来说，挑毛病带来的后果相当一致。它使大多数孩子气馁，阻碍孩子的行为发展并取得成就。因此，如果孩子只是对父母的批评习以为常，不再注意这些批评，这几乎算是好的结果。但无论如何，一个不愉快的恶性循环已经形成：父母发现孩子的错误——孩子没有改善——父母发现孩子的错误的次数增加——孩子变得更糟，甚至变得顽固不化。在众所周知的亲子模式中，心怀不满的父母和他们的孩子的关系往往就是这样的。有多少家庭悲剧起源于这种错误的亲子关系呢？

特别危险的做法是不断指责孩子有某个缺点。我们不断地提醒孩子注意他们的笨拙，是否应该考虑一下这样做的影响？我们希望孩子是完美的，但却总被孩子的各种毛病所激怒，这种态度是可以理解的。我们一直不断地对孩子说："你笨死了""没有人像你这么笨""你走过的地方，草都不长""你怎么总是这么笨手笨脚的""你碰到什么，什么就坏"……这样的话至少有一个确定的效果——发泄了我们的烦躁感。但是这些话会影响孩子吗？它们会刺激孩子，让孩子变得更加灵巧吗？恰恰相反，因为可以肯定的是，孩子的笨拙在很大程度上是源于气馁。孩子认为自己是笨拙的，然后就会有相应的行为。我们到处挑毛病没有给孩子任何新的启迪，只是证实了孩子对自己的过低评价。

父母反复斥责孩子的愚蠢、懒惰、邋遢或其他缺点，也会产生类似的效果。如果孩子还不确信自己有这些缺点，我们所说的话肯定会让孩子相信他们确实如此。然后，这种缺点自然会牢牢扎根，因为这种言辞完全剥夺了孩子试图改善自己的勇气。孩子就想："如果我注定要犯傻（或笨拙、懒惰等），那我努力有什么用呢？"于是，孩子就会认为自己的缺点是理所当然的。更糟糕的是，孩子看到别人为自己的缺点而烦恼，会感到满足。

因此，我们打击孩子的做法可能反而是让孩子染上坏习惯的直接原因。我们可以观察孩子不诚实的行为，努力弄清楚孩子说谎的前因后果。如果我们不清楚孩子有丰富的想象力，而且孩子容易混淆幻想和现实，就指责孩子撒谎，孩子可能真的就认为他们天生就不诚实，然后真的开始撒谎。

俗话说怕什么，来什么。我们可能出于自己的烦恼，发泄对孩子的不满。我们在烦恼时，往往倾向于夸大孩子的缺点，并且我们的言辞往往听起来比实际要表达的意思激烈得多。为了缓解烦恼，反而制造许多新的烦恼源，这值得吗？

贬低

在教养孩子的过程当中我们不停地挑毛病，采用这种教育养方法只会贬低孩子，制造冲突，在实际应用中产生的效果往往事与愿违。

对孩子的各种坏习惯，如咬指甲、挖鼻孔、邋遢等，大多数父母往往表现为不断地训斥和指责孩子，索取孩子的承诺或者威胁孩子，然而采用这些手段恰恰是在强化孩子的坏习惯。假设有人问，让孩子养成挖鼻孔的习惯最好的方法是什么？仅仅示范挖鼻孔的坏处是不够的，劝说也不一定有效。但有一种方法肯定能奏效，且屡试不爽：等孩子把手指伸进鼻孔里时，给他一巴掌；过一会儿他的手指又会伸进鼻孔里，这时我们只需对孩子大吼一声，严厉禁止他挖鼻孔。重复这个过程，并用威胁和打耳光来增加我们的命令的威力，不久之后，孩子就会养成挖鼻孔的习惯。这不正是如今许多父母正在采用的方法吗？唯一的区别是，这些父母认为这样做有助于改掉孩子的坏习惯。他们完全不知道他们的做法会不可避免地导致相反的结果。这些父母的父母曾经如此对待他们，因此他们也就不假思索地对自己的孩子采用同样的方法。

当一个孩子的不满情绪被激起时，他就会反抗。其实这种情况下每个人的反应都是一样的。人们可能会认为，随着时间的推移，父母和老师会观察到这个事实，并放弃这些有害的教养方法。但我们惊奇地注意到，情况并非如此。

原因可能在于我们对于不同的教养方法对孩子有着不同的影响缺乏洞察力。直接的、表面的结果是我们清楚看到的唯一后果。现在的父母与100年前的医生一样，尽管他们有良好的愿望，但由于不知道所使用的治疗措施的效果，反而对病人造成了严重的伤害。几百年前，在事故中或战场上受伤的人的伤口都是用旧亚麻布制成的布包来包扎的。没有人怀疑这种治疗方法会引起严重的。甚至往往是致命的感染。维也纳医生伊格纳茨·泽梅尔魏斯（Ignaz Semmelweiss）是第一个发现无菌治疗的必要性的人，这种治疗方法可以有效地防止伤口的人为感染。

就像以前的医生不知道应该对伤口进行消毒处理一样，今天绝大多数的父母也不知道孩子的心理创伤——这些创伤导致了孩子的顽皮和桀骜不驯，使孩子不能完成既定任务，以及形成了层出不穷的错误——也必须谨慎处理，以免这些创伤变得更加严重。今天，现代深度心理学使我们有可能理性地认识整个人类的内心世界，而且我们有可能观察和跟踪各种教养方法所产生的结果。现代教育学试图让父母和老师醒悟，了解孩子的本性及其缺点的本质，并制止他们使用错误的和有害的教养方法。

教育学方面的创新比医学方面的创新要难得多。诚然，泽梅尔魏斯证明了他同时代人的顽固，但他对人类做出贡献的回报却是他人对他的成果的蔑视，泽梅尔魏斯最终一贫如洗，英年早逝；但随着时间的推移，泽梅尔魏斯的发现赢得了全世界的认可。然而，心理学领域的发现不可能有如此清晰和有力的证据来证明具科学性，但任何客观的观察者都能认识到某些教养方法的效果。主要的困难在于，我们对待孩子的态度并不客观。大多数医生拒绝治疗自己的家人，但没有人能够逃避教养自己孩子的职责。

在第一章中，我一再提醒大家留心对自己的孩子采取客观态度会遇到的困难，还提到了许多父母对其些对孩子没有好处的教养方法表现出自私的个人兴趣。如果一个人出于内心的需要，把好的方法拒之门外，即使道理再清晰又有什么用？对于一个视而不见的人来说，再完美的证据又有什么用呢？如果我们仔细审视自己，就会发现我们经常感到有必要适当地贬低孩子。许多父母都害怕全心全意地认可孩子的成就。这就是为什么他们不愿意赞美孩子，而且如果他们突然慷慨地表示赞美，多半会附加一些贬低的言辞，如"你今天表现得真的很好。为什么你不能一直都表现这么好？"。孩子良好的行为被认为是理所当然的，只有孩子开小差或者犯错才会引起父母的注意。父母拒绝承认自己是这样做的，因为其背后有着他们非常自私的意图，他们会声称不这样做的话，孩子就会变得自负，以此来为自己开脱。

每当孩子开始调皮捣蛋时，父母这种自私的个人兴趣就会愈加明显地表现出来。如果父母在与孩子的关系中感到自信，就会在孩子遇到问题时，冷静地引导孩子渡过难关。但是，那些不自信的父母就不一样了。他们也许根本不知道如何正确地解决这个问题，或者在当时没有时间管教孩子。通常情况下，这些父母对孩子以后的发展充满了恐惧，担心会有令人不快的后果。这时，他们就会开始贬低孩子，一般是猛烈地批评。在这种情况下，所有的贬低方法都被会派上用场——责骂、训斥、嘲笑等。这种冲动的、情绪化的贬低行为是许多父母的日常举动的一部分，表现为各种形式的过度监督、唠叨、持续的严厉和烦躁。

有些父母经常使用轻视、贬低的手段来教养孩子，虽然看起来不那么明显。这些父母认为，只有通过严厉的措施、刻意的羞辱或特意的责罚，才有可能培养好孩子。他们没有意识到，这些手段表明他们想利用孩子来维护自己的优越感，而且他们通常会使用最极端的强制措施。归根结底，父母贬低孩子的目的是维护自己的权威。

这种方式会不可避免地导致反抗。父母的权威是为了教导孩子遵守秩序，但滥用权威，则会引起孩子的反抗。无论孩子表面看起来多么顺从，但孩子内心深处一直在抗议。需要武力来维持的权威也暴露了其脆弱性。

过度严厉

拉里是独生子。他的妈妈在他3岁时就去世了。他的继母是一个能干的女人，但她和拉里的爸爸都无法理解这个孩子有所保留和沉默不语的对抗。因此，他们试图"驯服"他，拉里在每一次犯错后都会受到严厉的惩罚。拉里所做的每一件事，继母都要从中找出一些错误。晚上，继母给拉里的爸爸絮叨拉里的各种行为。如果拉里表现不好，行为不当，他的爸爸就连续几天拒绝和他说话。拉里很少听到一句令人愉快、友好的话——因为他脾气暴躁，不"值得"被父母善待。

拉里表面上是个听话的孩子。尽管如此，他也没有让他的父母满意，因为拉里并没有真正参与到家庭生活中来。拉里不仅不善于沟通，而且他固执的个性一次又一次地表现出来。拉里时不时地说出一句挑衅的话；有时他没有按时回家，或者拒绝完成分配给他的任务；并且即使拉里服从时，他也明显是不情愿的。

父母通过一些方法也许可以在表面上"驯服"孩子，但不加节制地表现出严厉，会严重阻碍孩子社会兴趣的发展，妨碍其归属感的增强。父母每一次的严厉对待，都会加重孩子业已存在的无助感，并使孩子痛苦地意识到自己的弱点和依赖性。此时，孩子不会把父母看作自己的朋友，孩子也不是父母的朋友。孩子在内心深处反抗父母，并且不放过任何机会来显示他的冷漠和恶意。如果父母有计划地实施严厉的措施，他们就不允许孩子做出任何公开的反抗，但双方都可以感受到对方隐藏的敌意。

羞辱

许多父母认为，他们可以通过羞辱孩子来削弱孩子的抵抗，从而使孩子改掉某些缺点和坏习惯。他们可能会要求孩子站在角落里或跪在地上，但是这些手段有时也不能满足父母那些在施虐欲刺激下形成的"创造性的想象力"。

每当8岁的艾伦"做坏事"时，她就得跪在爸爸面前，大声清楚地说出她所犯的错误，并不断地进行自我批评，最后请求受到惩罚。不难想象，这样的规则在现实中很难执行；孩子在忏悔之前，总是有父母长时间的大喊大叫、威胁和打击作为序幕。

这种羞辱的效果很容易预测。在最好的情况下，孩子会使自己习惯于这样的羞辱，机械地做着父母期望他做的事情。但是，父母以这种方式对待孩子，孩子的内心世界与他的外在表现是迥然不同的。孩子表面温顺的话语和谦卑的行动常常伴随着内心深处的讥讽和咒骂。这样，我们就一手把孩子培养成了道貌岸然和虚伪的人，并且孩子因此而表现出来的良好行为就乏善可陈了。

这种孩子的心理状态会受到严重影响，很容易导致神经症。这种经历往往会引起孩子情感生活的紊乱，并使孩子向受虐狂的方向发展。孩子可能会发现他们可以将所谓的惩罚转化为自己"快乐"的来源。父母可能认为他们给孩子带来了不适，但他们反而给孩子带来了感官上的"愉悦"。这样，孩子就在表面上最卑微的时候取得了内心的胜利。

体 罚

我很欣慰地注意到这一事实：人们渐渐放弃了将体罚作为一种教养孩子的常见方法。但仍有许多人在为体罚孩子辩护，声称通过体罚，孩子就能认可父母的权威和优越性。他们认为，孩子是不懂道理的，特别是在孩子生命的最初几年，因此体罚孩子是说服孩子服从的唯一手段。根据这些父母的理论，即使孩子长大了，也必须通过体罚来让孩子直接远离危险，在某些情况下，其他方法完全没有效果。这里我们所谈论的是习惯性地体罚孩子。

在此，首先我们必须考虑的是，真的存在不体罚就无法处理的情况吗？就拿婴儿来说，婴儿还不能理解我们的话语是我们打他们屁股的理由吗？毕竟话语在教养中并非必不可少；相反，它们往往是多余的。因此，在对待婴儿时，话语言的无效性无关紧要，更有效的教养方法是，让孩子体验父母提出的要求和规定的逻辑，这适用于婴儿早期和孩子长大以后。当孩子想抓住可能对他们造成伤害的东西时，父母可以简单地把这个东西移开，放在孩子够不到的地方，而不管孩子是否哭闹。在其他情况下，事情可以这样处理：在没有实际危险的情况下，让孩子体验到某些物体可能会带来的痛苦。假设孩子坚持要在玩具车里站起来，而且身体向前倾斜得厉害，以至于他有可能会翻出去。这种情况下打骂顶多在短时间内有效。也许在这个时候，有人会认为及时打孩子一巴掌是必不可少的。但是，如果在采取了所有适当的预防措施的情况下，轻轻推动他的玩具车，这不是一个更有效的手段吗？因此而引起的危险感会让孩子主动坐下来。如果一次这样的经历不够，可以让孩子体验几次类似的经历，这样孩子很快就会放弃这些没有必要且会让自己摔倒的念头。

对大一点儿的孩子也是如此。有一次，在讨论体罚的不可取性时，一位妈妈提出了以下的案例作为反驳。

她有两个儿子，她的大儿子曾多次打开厨房的煤气阀。父母反复向孩子解释了这种做法的危险性，但无济于事。她给孩子读了一篇报道，让他了解到这种做法可能会导致可怕的爆炸，但孩子仍然不以为然。后来，当孩子又一次打开煤气阀时，妈妈狠狠地打了他的屁股，从此以后这个孩子再也没有这样做。几年后，孩子告诉妈妈，每当他经过煤气阀时，他就会想起这个惩罚，并抑制住自己打开煤气阀的欲望。（注意这种持续性的欲望！）

在这种情况下，打屁股真的是唯一有效的措施吗？当然不是！　只要稍加训练，人们就可以设想出男孩鲁莽行为的一系列自然后果。例如，母亲可以向两个孩子宣布，只有清楚不能随意打开煤气阀的孩子才可以随时进入厨房玩耍；而不清楚这一点的孩子必须待在外面，直到他能做到经过煤气阀而不去触碰它。如果能坚持执行这样的措施，这位母亲很可能不费吹灰之力就能平息这场骚乱。总之，有许多类似的方法可以教育孩子不要去捣鼓煤气阀。

从婴儿期开始，孩子就必须尊重和遵守秩序，并且必须使自己的欲望服从于这一规则。但是，为了达到这个目的，体罚从来都不是必要的手段，即使孩子认为自己罪有应得。如果父母知道他们的孩子在被体罚时的感受和想法，他们就会惊恐地退缩、住手，不再对孩子动手（这对正常健康的孩子来说也是事实）。在被责罚的时刻，经常被打的孩子会产生可怕的仇恨和愤怒情绪。难道有人真的相信孩子被体罚之后，就会产生向好的想法，从而表现良好吗？恰恰相反，我们完全有理由相信被体罚之后孩子的行为只能进一步恶化，即使是最野蛮的体罚方式也不会对孩子的态度产生有益的影响。孩子内心的反抗非但没有被瓦解，反而通过体罚得以加强。

我们需要区分那些偶尔被体罚的孩子和那些经常被体罚的孩子。很少被体罚的孩子很可能会被这种经历吓呆，会留下非常深刻的印象，因此他们以后可能会竭力避免重蹈覆辙。这样的孩子通常是各方面已经发展得非常令人满意的孩子，以至于体罚即使完全不合时宜，特别是哪怕只受到一次体罚，孩子也会受到深刻的心理冲击和持久的不利影响，即孩子学会了害怕和屈服于野蛮的力量，他们的尊严、勇气和自立的精神在每一次责打中被逐渐摧毁。

然而，有些孩子只有在被体罚时才会听话。有时，这些孩子似乎是故意招来体罚。他们用任性和无礼的行为激怒他们的父母，而且几乎是有计划地激起父母的愤怒。劝说、警告和威胁对他们完全无效。最后，心烦意乱的父母通过体罚孩子来发泄他们的愤怒。之后，孩子就像变了一个人——亲切、顺从，而且表现良好。这样的例子屡见不鲜，而这些孩子明显表现好了的结果就被认为是体罚有效的充分证明。但是，孩子真的像他们看起来那样变好了吗？为什么孩子在受到如此恶劣的对待后还有如此积极的回应？

一些理论家提出了一个相当大胆的解释，他们谈到了所谓的"对惩罚的渴望"，即一种渴望受到惩罚的内疚感。在我看来，事情其实要简单得多。父母体罚的通常是那些感到被忽视和被拒绝的孩子。很多时候，孩子往往会在弟弟或妹妹出生后变得特别淘气，试图把父母的注意力转移到自己身上。如果父母没有因为孩子的所作所为产生足够的烦恼，孩子就会觉得自己被轻视了；直到父母开始心烦意乱，无视所有其他事情，孩子才会感到满足。如果父母在发完脾气后，对自己的行为感到后悔，并试图通过爱抚和亲吻孩子来弥补，那么在孩子看来，他们完全可以挑衅父母，以吸引注意，而后甚至可能得到父母的补偿，这不是很正常的过程吗？孩子的行为就像农夫的妻子的故事，农夫的妻子含泪跑到牧师那里，抱怨她的丈夫不再爱她，因为他已经整整两周没有打她了。殴打表明殴打者高度关注被打者，正是这一事实促使许多孩子采取了他们独有的态度。有时，他们甚至乐在其中，享受自己的力量，因为他们能够刺激父母，让父母情绪爆发。

然而，这并不是父母责打孩子的初衷。父母认为自己是在教育孩子；但是，他们没有想到的是，不知不觉间，他们成为了孩子满足自己的欲望的工具。孩子在被责打后的良好表现是孩子愿意为满足自己欲望而付出的代价；孩子的挑衅、孩子的调皮捣蛋是孩子潜意识里计划的一部分，他们要么是为了获得关注，要么是为了惩罚和刺激父母。

不同的孩子可能对体罚有不同的反应。父母的体罚导致孩子反抗父母的同时，偶尔也会导致一种看似完全相反的反应。暴行通常会激起恐惧和憎恶，但有时也会引起被施暴者对施暴者明显的依恋甚至崇拜。在某种程度上，我们在这里处理的是上一节中提到的情感困扰。孩子让父母的暴行成为自己获取愉快的感官体验的来源，从而使父母的暴行毫无教育效果。这样的孩子，会经常激怒父母，寻求父母的体罚。

通常，体罚孩子的父母在晚年时特别受孩子的爱戴和崇敬。成年人不再记得他小时候每次被体罚时的不愉快感觉，他

161

经常会宣称对自己曾经挨过的打心存感激。我们清楚认识到孩子会对每一个行使其权力的人表示尊重。因此，挥舞棍棒的父亲可能很容易成为权力的象征；而当他不再被认为是一种威胁时，但也只有在那个时候，他或许能够得到孩子的爱。他的孩子可能爱他，甚至可能会模仿他，因为在棍棒之下长大的孩子在成年人之后，会认为体罚孩子是天经地义的，甚至高度赞扬这种方式。我们经常听到他们说："我小时候没少挨打，但我现在过得挺好的，所以体罚也应该对我的孩子有好处。"然而，这些小时候挨过的打会给他们留下深远的影响，这一点与其他不当的教养方法的后果一样，只是他们没有认识到这一点。每个小时候被体罚过的人，在他的性格中都会残留被体罚过的痕迹。

童年时经常被体罚的孩子长大后，通常有两种典型类型，一种是奴颜婢膝、胆小怕事，同时阿谀奉承和狡猾奸诈的人，另一种是傲慢自大、令人反感的极度自负的人。几乎每一个在童年时被体罚的人都有一种残暴的倾向。他可能会成为一个非常有能力的人，他的强硬和冷酷无情可能使他特别容易在商业领域中或某些职业上取得成功。但他缺乏真正的温柔、体贴和与人亲密接触的能力。这并不是说他不能有深切的情感，他只是无法摆脱对他人的不信任感。从根本上说，他可能总是担心小时候不愉快的经历会再次发生，因此他总是冷酷无情。

例如，F 先生小时候经常被体罚。其实他的父母非常爱他，在许多方面对他很宽容；但每当他们手足无措时——并且他们经常如此——就会给 F 先生一顿痛打。F 先生是一个异常成功的商人，以他的风度和自持而闻名。他有一个迷人的妻子，还有漂亮可爱的孩子，妻子非常爱他。但事实上，F 先生没有一个关系要好或亲密的朋友。人们对他的恐惧多于爱戴，因为他盛气凌人，高高在上。除了他自己，F 先生不信任任何人，没有人理解他所做的事情。由于他缺乏对他人的体谅，往往达到没分寸的地步，他得罪了许多人，而这些人本来是可以与他建立密切关系的。

F 先生对他的家人施以无情的暴虐。他很艰难地控制着自己，让自己不像小时候父母对他那样去毒打自己的孩子。但是，尽管他在这一点上忍耐了，他还是刻意强调在各方面自己都要被视为主宰。当他发号施令时，所有人都得马上行动。F 先生不给他妻子任何自由，而且嫉妒心极强，规定她何时可以去哪里，可以与谁交往。F 先生经常以让妻子在陌生人面前出丑为乐。任何人表达不同意见或有反对他的迹象都会使他大发脾气。他常暴跳如雷，大喊大叫，说脏话，尖酸刻薄。

我们可以清楚地认识到，在 F 先生看似强势的背后其实更多表现为恐惧。他怕自己被反驳，怕受到与他打交道的人象征性的打击而不断进行自我防御。因此，F 先生树立了许多敌人，

163

疏远了他的妻子和孩子。F 先生既不明白也不想弄明白，那些表面上屈服于他的人，实际上一有可能就会欺骗他。他感觉到了，但不想承认这些事实；当他不得不面对这些事实时，觉醒将是可怕的。同样令 F 先生害怕的是生意失败，他经常从睡梦中惊醒，他害怕自己赖以建立威信和权力的物质优势将会消失。

尽管我们都能清清楚楚地看到体罚的无用性、荒谬性和彻头彻尾的有害性，然而体罚仍然在被广泛采用。这个谜团在以下事实中得到了解释：大多数在棍棒之下长大的孩子往往在成为父母之后鼓吹体罚是必不可少的教养方法。他们认为，自己体罚孩子出于自己的理智，而实际上他们只是在遵循一种奇怪的内心冲动：他们想要给孩子一个生动而激烈的示范，以显示他们自己的优越性，否则他们担心自己将无法制服孩子的反抗。这些父母没有意识到，对孩子使用暴力显然暴露了自己的一个基本的弱点，即他们没有其他手段可以采用，而且他们也不承认这样的手段隐含着懦弱的成分。如果一个孩子打了另一个比他小得多、弱得多的孩子，大家肯定会认为这不公平、恃强凌弱。而一个成年人鞭打一个弱小的、毫无防备的孩子，这与上述情形有什么不同吗，就公平了吗？体罚孩子既不必要，也不会产生预期的效果。如果我们感到自己有这种强迫症，就应该在自己的性格中寻找产生打孩子的冲动的根源，进而我们就会意识到，自己有某种暴力倾向，喜欢展示权力和优势。而且，最糟糕的是，我们不愿意承认自己的权力受限。然后，我们也许就会认识到，在我们举起手要打人的那一刻，对面的孩子是软弱和无助的，而这种无能为力的感觉正是我们冲动的诱因，刺激着我们不择手段地去显示自己更强大，甚至不惜发挥我们的身体优势，实施暴力。这种欲望是如此强烈，以至于我们根本不会停下来思考一下我们要做的事情是否有益于孩子成长，甚至是否公平。

在试图反驳这些事实时，有人可能认为孩子"需要"体罚，或者可能又为自己找"神经紧张"的借口，说自己"失去了对自己的控制"。但此时的情况也是一样的。我们知道不应该体罚孩子，但是，在无助的情况下，我们可能会不顾错误行为的后果而诉诸暴力，事后用"神经紧张"的哀叹来安抚自己的良心。

完善、发展社会团结意识，这一点对孩子的成长至关重要，而这与孩子对所处环境的社会秩序的内在认可密不可分。我们无法积极推进这种社会团结意识，但会因贬低孩子的这种意识而延缓其发展。在孩童时期受到羞辱和被压抑的人，永远不会成为真正的社会人；他们仍然是被半驯服的动物。因此，为了使孩子成为社会的积极成员，父母必须避免采取任何压制和羞辱的教养方法，而要积极寻求更好的解决方式。

第五章　特定教养情形

孩子在整个生命过程当中，会遇到各种不同的情况，由此面临一些具体的问题。如果父母对这些问题处理不当，可能会对孩子的成长、发展产生深远的、有害的影响，并为以后的教养带来各种困难。在这些情况下，孩子隐藏起来的内在冲突往往会以令人困惑的方式突然暴露出来。

如果我们对教养孩子持正确的态度，并遵守基本的行为原则，就很容易确定在出现各种新情况的时候该怎么做。但是，我们最好还是能够掌握更多有关孩子成长各阶段的知识，确切了解孩子在各阶段的不同需求。现代社会的母亲会通过课程学习和实践练习为照顾孩子做好准备，特别是在身体护理方面。但除了身体护理之外，照顾孩子还需要了解孩子其他方面的各种需求，而且这些需求会随着孩子的年龄增长而不断变化。本书无法一一描述上述的各种需求。在本节中，我们将在心理学层面探讨某些重要情形下产生的一些问题。

产前调整

我们在期待孩子出生时就开始面对教育任务。我们对即将到来的孩子抱着什么样的态度和期待，就反映出我们期望和孩子建立一种什么样的关系。在这时候我们可能就会犯前一章中所讨论过的父母在教养过程中可能会犯的典型错误。我们会恐惧、过度焦虑、过度期望或过度兴奋，这些都是准爸爸、准妈妈经常会掉进的情绪陷阱。我们要注意避开这些情绪陷阱！我们应该有意识地在怀孕期间培养自己的斗志、勇气和自信。我们可以阅读书籍或参加各种课程学习婴儿护理知识和儿童心理学，这些都是明智的选择，但要我们注意学习的最终效果。我们如果因学习而获得了大量的信息和建议，变得越来越气馁和忧心忡忡，那就根本无法从学习中获益。我们如果对自己抚养孩子信心不足，感到恐惧，就会削弱自己的力量和才智，但我们必须依靠这些力量和才智才能更好地履行父母的职责。

人之初

婴儿与周围人的最初接触体验至关重要。一旦婴儿形成错误的印象，就会因此产生错误的答案，形成错误的行为模式，我们就需要付出大量的心血来纠正他们的错误行为模式。早在孩子能够理解语言之前，他们就能对自己周围的环境做出反应，并感知周围的人际关系。婴儿能够强烈地感知并回应他人的情绪。[①] 父母的焦虑和关心会引起婴儿的胆怯和紧张。相反，

① 参考第七章"哭泣"。

167

如果父母平静、镇定，婴儿也会变得安静、平和。出现破坏这种和谐关系的恶性循环，或许都是由孩子触发的。早产、患有疾病或存在发育障碍都会使母亲焦虑不安，这是可以理解的。但母亲的心态反过来又会影响孩子，抑制孩子的适应能力，进而不断地在母亲身上引发新的焦虑。或者，恶性循环可能从与孩子不相关的麻烦状况开始，这些麻烦状况会干扰母亲，从而影响孩子。即使消除了产生最初的麻烦的原因，母亲和孩子之间的关系也已经被扰乱，这将使双方继续感到焦虑不安。因此，我们必须加倍小心地保持自己的情绪稳定，这很重要，尤其是在婴儿出生后的头几周或几个月里。

可以理解我们都想要竭尽全力地保护和帮助看起来脆弱无助的小婴儿。然而，如果孩子从一开始就体验到无助感会给他们带来有利的局面，那他们就不太可能主动地发展出足够的勇气和自立能力来克服自己的无助感。我们恨不得帮孩子解决掉他们遇到的每一个小问题，但请谨记，这时候我们需要极大的自制力。克制自我的回报是巨大的：首先，我们不事无巨细地帮助孩子，孩子将越来越努力地去掌控自己的身体，克服自己遇到的困难，继而将获得面对一切困难的勇气和自立能力。我们对孩子的怜悯和担忧促使我们采取错误的行为，这样不仅会干扰孩子的发展，更重要的是会干扰孩子与他人的关系。父母的雄心和虚荣心是导致他们无法正确教养孩子，甚至阻碍孩子成长的另一个原因。

从出生的第一天起，一个婴儿就是一个独立的人，他必须适应他周围的社会秩序。尽管婴儿在某些方面还需要大人的帮助，但他完全有能力靠自身来适应生活，并且他有权获得这种经验。

喂养

婴儿吃奶是他们与他人合作的第一次探险，用奶瓶喂养时也是如此。因此，从孩子出生的第一天起，父母就可以开始对他们进行必要的规律性训练。一旦孩子习惯了，秩序就会成为一种愉快的体验。从一开始就规律地喂养有两个好处：首先，婴儿会体验到秩序和规律，这是社会生活的必要组成部分；其次，规律性地摄取食物也符合生物规律，因为所有的生理功能，特别是自主神经功能都有明确的节律。孩子越早在自身生理机能中建立起自然的节律，孩子的身体成长和社会发展就会越好。遵循食物摄取的节律，周期性排泄训练也可以很早开始；但周期性排泄训练必须等到孩子能够有意识地控制他们的器官时再开始。从另一个角度讲，食物的摄取不需要控制某个器官。孩子规律性进食时，他们的胃会自行调整，不需要任何特别的控制。[1]

---

[1]　参考第四章"溺爱"。

建立喂养时间表需要考虑每个孩子的需求。我们应该咨询儿科医生以制定一个适当的喂养时间表。一般而言4小时的间隔对大部分孩子来说是最好的。然而，当孩子特别虚弱或生病之时，我们需要调整喂养时间表。随着孩子的成长，喂养时间表可以随之变化，但在任何时候我们都应该有一个明确的计划喂养时间表。

大部分的喂养错误都是父母毫无来由的焦虑造成的。过度焦虑的父母会担心孩子吃不饱。其实，我们都低估了生物体自身的力量，只要我们不干扰孩子的正常食欲，孩子就会自己照顾自己。如果孩子这次吃得少，下次他们就会补回来。即使孩子在进食时睡着了，也不必担心。我们也不必因孩子饿醒时的呜咽声而动摇，从而打乱规律，提前喂食。如果我们真的让步了，孩子就无法享受到规律性训练带来的益处了。

然而，我们要特别注意的是不能让喂养时间表成为我们新的焦虑来源。我们不应该把喂养时间表看作一直悬在我们头上的一把剑，早几分钟或晚几分钟没有太大区别。最重要的是，在给孩子喂食时，我们要保持安静和镇定。孩子对紧张和焦虑的反应非常强烈，因为这会干扰他们的自主神经功能。无论我们焦虑的原因是奶瓶的温度、孩子摄入食物的数量或质量，还是喂食的确切时间，对他们来说都没有区别。我们的焦虑所带来的危害远大于任何喂养行为的轻微偏差。

断奶

断奶是父母在教养孩子的过程中会遇到的另一个难题。如果到了孩子该断奶的时间，我们应该按照计划进行，不能因为孩子拒绝戒掉吃奶这个舒适的习惯，而偏离原本的断奶计划。这时我们要做的非常简单而纯粹，就是不要让步。孩子的饥饿感会自然解决我们遇到的问题，我们不需诉诸任何胁迫或压力。如果我们能控制好自己对孩子的过度关切、焦虑和同情，就能保持平静和友好，但我们的态度必须坚定。这样孩子就不会产生这样的想法：父母比我自己都关注我是否会吃饱的问题。由于孩子已经习惯了纯粹的液体饮食，他们可能会厌恶地推开我们提供的固体食物。如果孩子被迫吃这些食物，他们的厌恶感只会增强。如果孩子拒吃某种食物，这时我们不要给他们换另一种食物。只有这样，孩子最终才会接受起初不喜欢吃的食物。

早期运动

孩子天生就具有让自己站立起来的欲望。当孩子足够强壮时，他们就会自己站起来，然后逐渐学会用脚走路。我们不需要不断驱动孩子去发展，特别是超出孩子的能力范围的发展，我们也绝不应该表现出这一方面的焦虑。在站立和行走的过程中，孩子不仅学会了使用他们的腿并四处移动；更重要的是，通过这种锻炼，孩子有了最早的自力更生的经验。我们给予孩子太多的帮助只会妨碍他们学习走路，并阻碍孩子自立能力的发展。

孩子也必须学会跌倒后站起来。如果我们一看到孩子跌倒就安慰他们或把他们抱在怀里，孩子就会更加关注自己的哭泣，产生自怜感。但是，如果我们对孩子的哭喊不以为然——毕竟孩子很少会严重伤害到自己——我们就能逐渐让孩子坚强起来，孩子也就能够应对更严重的伤痛。焦虑的父母养育的孩子很喜欢哭泣，并且经常哭泣，孩子试图通过这种方式来确保自己受到的伤害立即得到补偿。

让孩子完全自由地在游戏围栏中探索，给予孩子尊重和信任，他们就会站起来并迈出人生第一步，展现出自立能力。如果孩子老是被人牵着手，拉着走，自主站立行走就会变得很困难。孩子学走路时，不应依赖他人，否则，以后每当他们陷入困境，他们就会立即寻求他人的帮助，对自己没有信心。

如厕训练

孩子两岁半左右就可以开始进行如厕训练，当然，这个时间也取决于每个孩子的发展情况。可以开始进行如厕训练的一个很好的标志是孩子能够每两小时小便一次。同样，秩序感是在守时和遵守规律中培养起来的。如果定期让孩子如厕，无论他们是否需要小便，孩子都会了解到如厕的好处。我们在训练过程中越平心静气越好，无论孩子做了什么，我们都不应该责骂孩子和对孩子发火。在如厕训练过程中，冲突和愤怒是完全没有必要的。在夜间叫醒孩子让他们上厕所的方式不可取，因为这会让孩子习惯在半梦半醒之间大小便。孩子可能看起来是完全清醒的，但通常不是如此。

如厕训练应持续到孩子会主动要求大人带着自己去上厕所或孩子自己能去上厕所为止。如果孩子在以后的大小便问题上发生偶尔的"意外"，可以忽略不计，我们可以再次恢复这个训练。这是孩子无视自己责任的自然后果。但我们应该去调查孩子不能正常如厕的原因，并努力改善局面。也许孩子是嫉妒家里新生的婴儿，所以试图让自己重新成为一个婴儿。无论我们采取什么行动，是再次让孩子定期上厕所，还是给他们使用纸尿裤，我们只执行一天，第二天再给孩子一个自己上厕所的机会。在这种情况下，如果孩子还不能照顾好自己，我们可以给他们穿上纸尿裤。但如果孩子又开始尿裤子了，就必须让他白天每隔两小时去上厕所。如果他们还是尿裤子，则需把间隔缩知短到每小时一次，尤其是在他们还很小的时候。无论孩子是否小便，我们都不应该让他们在逗留过长时间。我们必须保持这个训练流程，并尽可能少说话，不要满足孩子吸引我们注意力的企图。请不要说我们没有时间做这样的例行工作！ 对孩子的训练肯定需要时间的投入。如果我们不抽出必要的时间来完成这项任务，以后就会需要投入更多的时间，并且以一种更令人不快和不安的方式来完成这项任务。

初次独立

我们要注意避开孩子早期教养过程中可能出现的陷阱：过度焦虑和对孩子过度纵。我们从一开始就要特别小心，不要让自己溺爱孩子，进而深受其累。我们要留意和察觉孩子行为的企图，孩子会试图获得我们的过度关注，并让我们为他们服务。我们必须不断强化自己的能力来抵制孩子的不当意图。孩子的哭声和夸张的无助感是他们强大的武器。我们可以学会区分不同形式的哭闹和呜咽：孩子是在表示他们的实际需要、痛苦或不舒服，还是仅仅是为了吸引注意力。如果孩子受伤了，其实他们不需要我们的同情和安慰，孩子只需要我们说一句鼓励他们继续前进的话。这听起来是个残酷的建议，但实际上，若当时我们为孩子提供安慰的话，对孩子来说更加残酷，安慰会让孩子夸大自己的痛苦，因为这会让他懂得通过表现痛苦得到他人的关注和爱护。

孩子哭泣是很正常的，这是孩子在向我们表示他们想要得到某种东西或某种帮助。但是，只有在孩子真正需要帮助时，我们的帮助才是有效的。即使是在孩子生命的第一年，如果让他们自己来，允许他们自己找到解决方案，那么他们很快就可以学会控制肌肉，可以很好地克服身体的障碍，这是多么令人惊讶！孩子最需要的是刺激，而不是保护。如果孩子发现哭闹不会给他们带来帮助，就会去寻找更有效的解决办法，学会自己照顾自己，而且最重要的是，他们的痛苦会减少，他们会变得更加快乐。

凯伦8个月大的时候，我看到她不知怎么被困在了游戏围栏里了，她的两条腿从围栏里伸出来，身体扭曲着，没有办法把腿抽回去。她的妈妈坐在附近看着，没有帮她，而是用平静的声音说："你可以自己出来，加油，凯伦。"凯伦当然不明白这些话的字面意思，但她似乎领会了其中的含义。凯伦停止了哭泣，很快她就将双腿抽了出来，获得了自由，并且她的小脸上明显带着成功的自豪感。

下面的小插曲发生在凯伦15个月大的时候。凯伦喜欢爬椅子，她刚学会能顺利地从椅子上滑下来。现在，她开始练习爬上爬下。在练习过程中，她玩得越来越来劲、越来越兴奋，结果突然从椅子上掉了下来，摔倒在地上，她疯狂地哭了起来。凯伦的妈妈平静而镇定地抱起她，默默地把她带回椅子边，告诉她："现在再试一次，凯伦。"凯伦犹豫地爬上了椅子，仍然呜呜地哭着。"现在再滑下去。"即使凯伦很害怕，但她不再哭了，而是伸出手来寻求帮助。妈妈安慰道："你自己可以的，凯伦。"凯伦从椅子上小心翼翼地滑下来了。妈妈再次建议她爬到椅子上，这次凯伦很快就滑下去了，没有一点儿害怕的样子。凯伦的小脸肿了几天，但这次事故没有给凯伦留下心理上的伤疤。一些心理上的伤疤会留存很长时间，不仅会影响孩子的勇气和安全感，也会影响孩子与母亲和其他潜在帮助者的整体关系。

孩子越早学会依靠自己的力量和能力解决问题，他们的安全感就越强烈，他们的舒适度就越高。

生活在成年人的世界里

孩子生活在一个为成年人设计的世界里，这是件很"不自然"、很不合情理的事情，因为在孩子眼里，成年人都是巨人。但这是现实，我们必须面对。我们可以理解蒙台梭利和其他人所做出的努力——为孩子按比例缩小世界，目的是帮孩子更有效地进行各项活动。被过度保护以及感到气馁的孩子或许需要通过这样的安排，来获得自立和独立的勇气。但是，我们更提倡让孩子在实际的成人环境中发展出以上品格，因为他们终究需要生活在其中。出于同样的原因，把孩子限制在他们的房间里，给他们安排各项活动并满足他们的要求，让他们不去破坏其他房间，这种做法也是不明智的，因为孩子必须学会在任何地方保持举止得当——无论是在客厅还是在厨房。

　　许多父母对如何做到这一点感到困惑。父母能否向婴儿解释清楚他们可以触摸什么，不可以触摸什么，哪些物体容易破碎，甚至是危险的？诚然，婴儿不可能理解文字的复杂含义。但婴儿确实理解意义，并能记住事情发生的前因后果。现在，有人可能会问："当我的孩子触摸到他不应该触摸的东西时，我是不是必须在这个时候拍打他的手？"当然不是，我们甚至不需要用严厉的语气说话，用"不，不"来警告孩子。只要把孩子带离他不应触摸的东西，我们就可以平静地让他明白他不应该做什么，孩子不难发现他做什么是错的。并不是孩子缺乏知识而让他们具有破坏性，相反，他们不去搞破坏是因为他们知道这种行为是被禁止的。尽管是在不知不觉中，大多数父母却在系统地训练孩子做错误的事情。观察一个婴儿打碎东西引起兴奋和骚动，他从"砰"的一声中体会到了快乐和兴奋的感觉。那么，他为什么不重复这样一个令他愉快的经历呢？

　　孩子第一次扔东西时，我们一定要注意我们对此采取的行动。我们可能会马上把孩子扔掉的东西捡起来，这样做是不对的。有人可能认为孩子根本没有注意到正在发生的事情。但是他们确实能注意到，只是我们没有留心罢了。当孩子拉下窗帘或把家里抽屉翻个底朝天时，我们可能会认为孩子的这些举动很"可爱"。毕竟，这可能是孩子第一次展现出自己的肌肉力量，我们可能会由衷地赞赏孩子。但几个月后我们就会对类似的行为感到愤怒，父母的态度前后有这么大的转变，孩子怎么能明白这是怎么回事呢？那么我们应该怎么做呢？很简单，当孩子触碰他们不应该触碰的东西时，当他们拉扯东西或丢东西时，我们只需要平静地把孩子放进他们的游戏围栏里，同时用柔和的语言表达很抱歉不能陪他们一起玩了。很快孩子就会发现哪些行为会使他们失去我们的陪伴。孩子太聪明了，肯定能得出正确的结论。孩子必须接受周围环境对他们的约束，否则他们就不能自由地四处探索。但当孩子被带离后，在孩子再次表现好时，我们应该立即给孩子新的机会（当孩子很小，还不能表达自己会乖的时候，我们可以在短时间内给他们新的机会）。这种训练方式不需要打屁股、不需要使用严厉的语言或暴力威胁。一个训练有素的孩子自己就可以熟悉、适应家内外的物品，而不会让自己或这些物品陷入危险之中。

孩子坐在高脚椅上、父母的腿上、婴儿床上或婴儿车里时扔东西是"正常"的。在这种情况下，只要我们不去捡回他们扔掉的东西就可以：要么完全不理会孩子的行为，要么把东西拿走。

孩子通过观察和经验，会自然而然地自动识别危险。然而，我们有时有必要对孩子进行系统的训练，使其意识到某些危险的存在，而这些危险无法通过偶然的经历来认识到。例如，处理尖锐的物体、点燃火柴、触摸热的物体或类似的行为都需要进行特别的训练。这些情况下，仅仅把孩子或物体移开是不够的。我们可以而且有必要花时间和孩子一起做实验，直到孩子明白其中的危险。单纯的说教是不够的，甚至是有害的，因为这些都意味着禁止。孩子需要实际演示。我们可以拿一把刀或剪刀给孩子看，让他们知道不小心伤到自己会有多疼。我们可以给他们看流血的手指的图片，表达不小心割伤自己时的痛苦。我们可以让孩子在监督下触摸热炉子，他们就会很快记住这个教训。点燃火柴的后果也可以用同样的方式让孩子知晓。我们可以通过训练孩子在街上的行为来教他们不要独自跑到街上。在没走到马路边时，我们可以允许孩子不拉着我们的手一起走。但在过马路时，我们要拉着他们的手，解释说过马路时必须拉着大人的手。我们可以花时间把这种训练当作游戏来重复，直到孩子接受了这个过程。

玩耍

游戏是孩子的正当工作。做什么，学什么，对孩子来说都是一种游戏。孩子的游戏对他们来说至关重要。孩子的整个发展，他们对自己和对世界的掌握，都依赖于游戏。在儿童游戏中，重复不是对快乐的毫无意义的追求，而是训练的过程，是自我教育所必需的步骤。如果一个孩子没有时间、没有机会进行游戏（与年龄相符的游戏），他们的发展将受到影响。

儿童游戏起初是功能游戏。孩子熟悉自己的身体后，他们很快就能了解周围的物体，并用自己的感觉器官来拥抱世界。后来，孩子的游戏变成了工作游戏，他用积木、娃娃、彩球、立方体或其他玩具创造新东西。通过工作游戏，孩子逐渐了解到，在他们能够制造出任何东西之前，他必须遵守某些规则。孩子从自己选择的目标中获得了责任感。在集体游戏中，孩子会通过锻炼自己、调整自己以适应规则。早期与妈妈进行的简单游戏属于集体游戏。在这些游戏中，孩子第一次体验到除了自己以外的人的性质和重要性。当纯粹的活动快乐转变为获得成就的满足感时，工作游戏就会转变为真正的工作。

我们需要遵守的一个重要原则是，孩子必须有充分的机会不受干扰地玩耍，我们要允许孩子随心所欲地玩耍，并对孩子取得的成就给予真诚的认可。孩子的玩具应尽可能简单，以便刺激孩子的想象力，让他们的想象力有充分的发挥空间。孩子的玩具越原始，对他们来说就越合适，特别是孩子处于儿童早期时。

极度娇生惯养的孩子不会玩耍，无论是单独玩耍还是和别的孩子一起玩耍。有些孩子无法适应集体游戏，他们只能自己玩。因此，通过观察孩子的游戏，我们可以发现孩子发展中的许多障碍因素，并及时尝试补救。

为了维持父母和孩子之间的良好关系，父母花一些时间和孩子一起玩是绝对必要的。只读书给孩子听或带他们去散步是不够的。的确，在这些情况下，我们可以感觉到与孩子的亲近，但读书和散步没有足够的互动，没有一来一往的过程，除非我们真的与孩子一起玩。遗憾的是，许多父母并不是不想玩，他们只是不知道如何玩。因此，他们没有时间玩游戏，或者他们没有意识到游戏对于孩子有多重要。他们有很多事情要做，要让孩子吃饱穿暖，保持清洁，远离恶作剧。这些事情已经让父母应接不暇、筋疲力尽了。如果这一切都完成了，他们就想休息了。许多父母，特别是父亲，对与孩子玩耍不感兴趣。如果孩子要求父亲和他们一起玩，父亲通常会感到很无聊。但如果这些父亲发现自己对孩子的玩具感兴趣，他们就会自己玩起来，把孩子贬为旁观者或需要时必须待命的"小仆人"。未来的父母都应该学会和"小伙伴们"一起玩，这是为人父母需要做的重要准备。

与父母一起玩耍对孩子来说是极其重要的。只有那些能和孩子一起愉快玩耍的人才会对孩子产生影响力。在与孩子进行游戏的时间里，我们要建立和孩子的关系，保持我们的影响力，并预先设计好有序的合作。在游戏中，我们可以观察孩子，引导他们承担责任，为达成共同的目标做出自己的贡献，教孩子积极参与，共同努力，并成为一个好的玩家和一个能接受失败的人。特别是如果家里有几个孩子，和他们一起玩是父母义不容辞的责任。在这种愉快的有组织的活动中，孩子可以学会把彼此当作朋友而不是竞争对手。每个家庭成员都参与的共同游戏，最能培养孩子的归属感。

穿衣

孩子必须承担的职责会逐渐变得越来越复杂。我们需要多地鼓励孩子自力更生，少给孩子施加压力和强迫他们做事情，这样孩子会更轻松地学会必需的技能。孩子天性爱玩，他们的所有追求在本质上都是纯粹的游戏。在孩子处于学龄前时，我们都可以利用孩子的游戏本能来培养他们的各种能力。如果孩子把他们要承担的职责当作游戏，就会在完成任务的过程中获得真正的快乐。许多人之所以对职责如此反感，是因为在他们承担职责的过程中所有的乐趣都被剥夺了。"必须"这个简单的词足以使最有趣的职责变得令人厌恶。

如果把学习穿衣服当作一种游戏，孩子就会体会到这个过程中的乐趣。当我们提议进行穿、脱长袜或穿鞋、系鞋带的有趣游戏时，孩子会热情地加入我们。（这种"游戏"自然不比其他形式的儿童游戏更严肃。）过了一段时间，我们让孩子自己独立穿衣服时，他们就会兴致勃勃地完成任务，甚至在遇到困难时也不需要别人的帮助。但是，如果我们一开始就给孩子施加压力或指责孩子笨手笨脚，这个游戏就结束了。如果我们特别喜欢给孩子穿衣服，把他们当作玩偶，他们就永远学不会自己穿衣服，即使我们终于下定决心让孩子自己穿衣服。而这么做必定引发我们和孩子之间的冲突，也会破坏孩子的健康发展路线。孩子动作笨拙和缓慢，就迫使我们不断地帮助他们，这样孩子会以控制我们为目标，从而失去锻炼自己的机会。

说话

和孩子说话时使用"宝宝语"是一个严重的错误。我们应该避免只使用那些孩子已经能听懂的词，而且不应该模仿孩子的发音。此外，当孩子说得不清楚时，我们不需要特别费劲地去弄明白他们说的话。如果孩子含糊的话语很容易就被我们理解了，孩子就没有理由学习清楚地发音。也许有人甚至因为只有自己能听懂孩子的话而自鸣得意。在这种情况下 ，这样的骄傲只会阻碍孩子流利地表达自己。

如果我们想帮助孩子，就必须放慢语速、认真地说话，这样孩子自然而然就会学会正确发音。我们不必犹豫是否可以使用难度高的词，并且我们不应该纠正孩子学说这些词时犯的错误。当孩子说话不清楚时，我们不应该批评或责骂孩子。唯一成功的纠正方法是我们要会用正确的方式与孩子说话，而不要尝试去理解孩子不清楚的表达。

183

清洁

男孩、女孩的身体清洁能力的发展都是相似的。那为什么男孩比女孩更经常小手、小脸脏兮兮地到处跑？这并不完全是由于女孩的"自然的女性本能"——女孩喜欢打扮，使自己看起来很有吸引力，而是由于男孩更被母亲宽容。这些男孩认为讨厌干净、清洁和整齐是男性的特征，并认为清洗、梳头和清洁是女孩才会做的事情。

虽然男孩可能拒绝父母要求他们保持干净的要求，来表达他们的优越感，但另一方面，他们也很可能非常高兴地将清洁过程转化为父母必须为他们提供的一种个人服务。因此，男孩脏兮兮的脖子或耳朵要么是一种蔑视的表达，要么是一种对获取关注的恳求。

清洁也可以成为一种令人愉快的游戏。但强迫孩子清洁自己会破坏这个游戏，并很容易导致两个极端，孩子要么完全忽视自身的清洁问题，要么过分苛求自己。孩子邋遢的自然后果是无论在吃饭时还是在玩耍时，大家都拒绝与一个脏兮兮的孩子交往。

饮食习惯

确定进餐时间的意义不仅在于确定何时吃饭，进餐时间是为数不多的全家人在一起的机会，进餐时全家人都忙于进行一项共同的活动。一家人用餐时的气氛和用餐时的井然有序或混乱无序揭示了一个家庭的整体结构。一旦孩子能够自己吃饭，他们就应该和其他人一起吃饭，从而成为家庭的正式成员。只要孩子可以吃东西了，他们就可以坐在餐桌前自己进餐，对任何一个成员的任何优待或区别对待都会扰乱整个家庭关系。

作为父母，我们不仅要对用餐时的氛围负责，还要负责维持用餐秩序。在用餐时，孩子会对我们的所思所感留下深刻的印象。愉快的交谈是良好进餐习惯的一部分。秩序要求每个成员以家庭约定俗成的方式吃饭。孩子学会享受各种食物也是养成恰当的饮食习惯的一部分，否则他们就不可能保持均衡的饮食。

孩子违反了规则，就要受到处罚。如果孩子表现不好，他们就不能和其他人一起吃饭（不要威胁孩子，但当他们严重违反规则时则要及时采取措施）。下一次他们可以再次和大家一起用餐。如果一个孩子不按时上桌吃饭，那么在其他人开始用餐后就没有他的位置了，他就会错过这顿饭。（只有当发现孩子的行为散漫时，才有必要严格遵守这些建议。一个和谐的家庭可能不需要通过体验自然后果来维持每个成员的合作。）

然而，以下原则应该严格遵守，否则我们就会遇到麻烦：孩子吃不吃东西是他们自己的事；任何人都不应该哄骗、建议、训斥或威胁孩子进餐；如果孩子不好好吃饭，玩弄食物，或者磨磨蹭蹭，没有和其他人一样及时吃光自己碗里的食物，我们不应该等他们，而应直接把他们的碗收走；孩子如果感觉不太舒服，不能吃光碗里的食物，那我们也不应该在吃饭时给他们准备其他食物。（当然，考虑到孩子的胃口，我们可以给他们第二份食物，或者少准备一点儿食物。）进餐时我们不要谈论有关吃的问题，不要关注一个吃得慢或吃得少的人，孩子必须在没有被事先警告和劝告的情况下体验自然后果。

帮忙做家务

我们应该让孩子在很小的时候就积极参与到家庭生活中来，这可以发展他们的社会兴趣和合作能力，此外，也能增强他们的自信心，并使他们开始走向努力取得成就之路。我们可以通过游戏的方式给孩子展示他们要完成的任务，这样可以很容易地让他们参与其中。此外，我们还可以通过激发孩子的干劲和自豪感来轻松管理、引导孩子。当我们允许孩子帮忙时，孩子就会觉得自己长大了，并为自己能做很多事感到自豪。日常琐碎的、常规性的工作、任务和各种小差事会为孩子提供大量实践的机会。但是如果我们粗暴和不耐烦地要求孩子做家务，就会引起孩子对做家务的反感。使用承诺或威胁、奖励或惩罚的手段来让孩子完成任务也是错误的，因为这会使得孩子觉得完成任务本身只是一个令人不快的附属品，获得奖励或避免被惩罚才是真正要关心的问题。

只有当孩子的目的是参与合作本身，并且孩子因此获得成就感时，他们才能树立正确的劳动观，这也应是孩子对游戏的态度。只有在这种情况下，孩子才能为参与做家务做好准备，并心甘情愿地执行任务，即使这些任务令人讨厌或很难完成。这种准备的渐进过程对孩子以后的进步、成功和幸福是非常重要的。

失宠的孩子

对孩子和父母来说，遇到最困难的情况之一是新生儿的到来。在许多孩子的生活中，这是一个重要的事件，会影响他们的整个成长历程，并改变他们的性格。新生儿到来之前，大孩子本来是家庭中最小的，或者是唯一的孩子，现在他突然发现自己的位置被霸占了。一个陌生的"入侵者"突然到来，这让大孩子感觉很不舒服，因为他不得不"失去"一部分父母的爱。因此，大孩子对新生儿的敌意往往非常明显。许多诗歌、故事和漫画都曾幽默地描述过大孩子对新生儿的这种愤慨。

但情况往往远非如此有趣。大孩子可能会建议把新生儿还给鹳鸟，或者严肃地建议父母抛弃新生儿。有时，我们不得不保护婴儿免受大孩子的打扰。偶尔，大孩子的这种企图会被隐藏在尴尬的借口之下，但当可以很清楚地感受到"失宠"的大孩子的敌意。在这个时候，我们需要特别关注大孩子。如果我们对大孩子的言论、行为的粗暴和残忍感到愤慨，那就太荒唐了。大孩子的脑海中还没有死亡的概念，对他来说婴儿就如同一个无生命的物体，也许是一个玩具。诚然，大孩子的态度暴露了一种令人反感的抢占风头的倾向，但这要归咎于父母的宠爱不平衡。我们必须认识到，父母的每一次尖锐的责备都只会增加大孩子的被忽视感，从而加剧大孩子的积极反抗。

大孩子可能会用"狡猾"的手段来重新获得父母对他的注意力，父母的关注是大孩子最担心失去的。在这种情况下，许多大孩子故意制造麻烦、调皮捣蛋，或在某些方面有意表现不好。因此，我们必须特别注意不要对他的这些意图做出反应。我们可能会被大孩子激怒，对他采用激烈的措施，但这样做可能会让他永远疏远我们。

只有一个办法可以帮助大孩子走出困境。我们可以指出大孩子在年龄上的优势，争取让他成为照顾新生儿的伙伴。我们可以通过强调、夸奖大孩子宝贵的洞察力、判断力和力量来实现这一点。我们可以明确地告诉大孩子，我们现在减少陪伴他的时间并不意味着我们对他的爱会有丝毫减少。在新生儿到来之后，父亲可以给予大孩子更多的关注。母亲自然要忙于照顾新生儿。事实上，如果我们一直遵守让新生儿尽可能多地休息的原则，我们将有足够的时间来照顾大孩子。然而，在任何情况下，我们都不应该积极处理大孩子为吸引我们的注意力而进行的恼人的、挑衅的行为。我们可以容忍和忽略大孩子的这些行为，在冲突范围之外关注大孩子。我们应该做出一些特别的安排与"失宠"的大孩子共度愉快的时光，一起开展各种活动。

在我们努力公平地给予每个孩子他应得的东西时，我们经常会倾向于平衡相互敌对的孩子的权利。我们当然都希望做到对两个孩子完全公平，但这有时会导致一种奇怪的现象。我曾见过这样一个案例：一位妈妈要对巧克力和水果进行称重，以确保家中任何一个孩子不会比另一个孩子得到的更多或更少。其结果就是这位妈妈成了孩子的奴隶。如果我们想公平地对待两个孩子，就不能允许他们为谁比谁得到的多而争吵，而且这并不重要。如果"得到的少"并不意味着"拥有的价值少"，两个孩子就都不会在乎这个问题。

两个孩子开始和平共处、彼此合作预示着他们对彼此的嫉妒减少。因为嫉妒会使孩子对谁得到的偏爱更多时刻保持警惕。嫉妒是一种永远无法从人的性格中完全消除的特征。但是，孩子只有在感到被忽视的时候才会嫉妒。有些父母有一种致命的"天赋"，他们能让他们所有的孩子都感到自己被忽视。他们责备每一个孩子，让孩子们彼此对立。这会使孩子们之间的竞争更加激烈。这也是我们经常讨论的通过羞辱的方式进行教育的结果。我们可以让每个孩子感觉到我们爱他，即使有兄弟或姐妹碰巧在某些事情上比他做得更好，也不会减损他的个人价值。如果孩子对自己的个人能力和成就有正确的认识，他就会发现没有必要总是用别人的标准来衡量自己。

不可否认，想要在两个孩子之间取得平衡是很困难的。这是二孩模式给父母带来的挑战。孩子的失败要么是父母因某种原因对孩子产生了偏见，而产生这种偏见的原因通常是父母无法了解孩子被忽视的感觉，孩子奋起挣扎；要么是父母过度溺爱、过分娇惯，孩子因此失去了对自己具有做事的能力的信心。当一个孩子失去勇气并放弃努力时，另一个孩子的发展也会受到影响。一个孩子显而易见的进步和表现优秀往往是建立在战胜其竞争对手的基础上的。如果在以后的生活中，这个优秀的孩子不能同样如此轻松地超越他的对手，或者另一个孩子通过一些刺激性的影响变得更加成功，这个优秀的孩子的整体能力和风度就会崩塌。事实上即使是明面上的胜利者内心也会害怕将这样的冲突暴露出来。为了不引起这种情况，父母要非常小心，不要把一个孩子和另一个孩子进行比较。我们认为把孩子进行比较会刺激失败的那个孩子更加努力，这是完全错误的；比较只会让失败的孩子感到更加绝望和气馁，导致他放弃一切努力，并给胜利者带去消极影响。因为成功的那个孩子相信，如果他停止努力，也会迷失自我。

　　只有当我们小心翼翼地避免偏袒任何一个孩子时，才能阻止孩子因竞争和要获得优越感的心理而导致的频繁斗争和争吵。谁先动手，谁对谁错，并不重要。孩子之间的冲突在很大程度上是为了争取我们的关注。我们应该采取的态度是，无论谁对谁错，孩子都必须学会和睦相处。如果孩子吵吵闹闹，令人心烦，应该让他们都离开房间，直到他们吵完为止。谨记，我们去干预两个孩子的斗争根本没有必要，也是完全徒劳的，干预只会加剧他们之间的斗争。如果一个孩子跑来抱怨，我们必须告诉他，如果他不能与他的兄弟姐妹和平共处，那真是太糟糕了。毕竟，每个故事都可以从不同的角度去解决。今天的"罪魁祸首"可能只是为了"报复"他昨天受到的伤害。任何一个孩子的不当行为或烦恼都会殃及家里的所有孩子，因此他们必须学会互相照顾。

　　如果我们能够多安排一些和孩子共同参与的愉快活动，通过与他们一起玩、一起游览、一起分享令人兴奋的经历，可以很好地激发孩子的归属感和合作意识。在这些活动中，我们必须避免责骂孩子。如果一个孩子行为不当，我们就退出和所有孩子正在进行的活动。这将有助于让孩子意识到，他们的乐趣是相互依赖的，只有形成这种意识，他们才能在相互尊重和理解中走到一起。

孩子的第一个社会

为了让母亲和孩子及时、逐步地分离，大约在 3 岁之后，孩子应该尽早地进入有其他孩子陪伴的环境。换句话说，孩子应该尽早上幼儿园。第三章详细讨论了这种类型的集体活动的必要性和与之相关的问题。在此，我们将只简单提及孩子进入幼儿园后可能会产生的问题。

被宠坏的、胆小的、非常依恋母亲的孩子，可能会对其他孩子的陪伴产生强烈的抗拒。这样的孩子无法在其他孩子中找到他们所期望的纵容和自由。孩子可能会使用各种方法来避免上幼儿园：他们会啜泣和哭闹，甚至可能出现神经方面的问题。孩子的行为目的很明显。如果母亲因为孩子的状态心软，不仅会阻碍孩子对集体生活的适应，还会为孩子开一个危险的先例，让孩子明白如果他们表现出神经紊乱和抱怨可以给他们带来好处，帮助他们逃避不愉快的情况。这些孩子会试图通过焦虑的反应来破坏父母的决议。他们会在夜里尖叫，并可能突然开始毫无缘由地哭泣。他们害怕"坏"孩子，抱怨"坏"孩子会攻击自己，试图让父母对这个群体产生偏见。同时，这些孩子的古怪行为也会引起其他孩子的不满。如果我们同情孩子并向老师请求特别关照，或者采取极端的方式让孩子离开幼儿园，孩子将永远无法学会如何与人相处。当孩子试图逃避其他孩子时，我们应该态度坚决。我们必须抑制自己的焦虑感和对孩子的怜悯。无须采取严厉的态度，也无须表现得激动或大惊小怪，只要我们坚持，一般来说，在几天内就能消除孩子对上幼儿园的抵抗。

入学

在以前，上小学的第一天是孩子童年最重要的经历之一。当前，由于学前教育的盛行，以及许多国家（地区）的小学一年级的课程是将工作和游戏结合起来进行的，上小学的第一天的影响得到了一定程度的缓解。然而，学校对孩子来说仍然是一个完全陌生的环境。孩子所处的社会不再是一个游戏团体，而是一个工作团体。

我们应该努力让孩子做好上学的准备，孩子必须有工作能力。疏忽或溺爱会延缓孩子的智力成长，孩子可能无法流利地讲话，或在其他方面没有为进入学校做好充分的准备。在孩子达到入学年龄之前就教他们阅读和简单的算术，对孩子没有任何好处，只会降低孩子进入学校后对阅读和算术的兴趣。如果孩子提前学会了字母和数字，在学校里他们就得不到进步和成长的满足感。比起这些，更重要的是，孩子要能够自己穿衣和洗漱，并在没有他人帮助的情况下克服困难，但这些恰恰是父母经常忽视的。

此外，学会自己过马路并注意交通安全，也是孩子自立的一个重要部分。长期护送孩子上下学，会影响孩子在同学心目中的地位。孩子会得到"妈宝"的名声，并会对受到这种关注感到羞愧。

帮助孩子学习是一个严重的错误。父母所谓的帮助通常不过是对孩子的考验和威慑，因为我们的焦虑会让我们变得暴躁和不耐烦，会进一步挫伤孩子学习的积极性，激起孩子更多的反对。我们应该把孩子的学习进步交给孩子的老师，只有在孩子要求提供一些相关信息时，我们才可以给予他们帮助。我们如果和孩子一起学习，应该时刻保持镇定，否则就会使学习成为对孩子的折磨，激起孩子反抗，让孩子不能掌握获得知识的方法。由于这个原因，老师要求父母监督孩子做家庭作业，这样的做法令人怀疑。一个有不良学习习惯的孩子，在学校里学习成绩不合格或者拒绝做作业，就说明孩子的父母对他的管理不到位。既然在孩子入学之前父母都没能管理好孩子，现在又怎么能指望这些父母帮助孩子养成更好的学习习惯呢？

事实上，老师建议父母监督孩子做家庭作业往往是为了转嫁责任，老师和父母相互把孩子的叛逆归咎于对方。如果老师不能将知识传授给孩子，他们应该意识到自己能力不足。老师应该从销售人员那里学习一些实用的心理学知识，因为销售人员绝不会在顾客表现出抗拒的情况下转而责备顾客。父母的监督不力当然是令人遗憾的，但是父母的监督职责不应该扩展到孩子要完成的学校的工作上。

在孩子达到入学年龄后不让孩子上学是不对的，因为学校的重要性不仅在于向孩子传授知识，一个好的家庭教师同样可以传授这些知识。学校的真正价值，是任何家庭教师都无法提供的，那就是让孩子在社会环境中与其他孩子共同工作。孩子学会调整自己，以适应群体和承担严格有序的职责。因此，如果孩子在原本应上二年级甚至三年级时才入学，他遇到的困难会成倍增加；孩子很可能会成为一个"怪人"，很难交到朋友，在人群中也会感到不自在。

暂时性的疾病

所有的孩子都会生病，并且所有的父母都急于保护孩子免受这些其实很正常的"意外"情况的影响。其实，比起任何身体上的疾病带来的危险，更大的危险在于严重的或反复发作的疾病所带来的情感后果。例如，孩子可能会形成这样的印象：妈妈在他们生病时比健康时更爱他们。如果孩子有这样错误的想法，特别是当孩子的疾病可以使他们免于承担不愉快的责任，也许是免于上学或承担家庭责任时，孩子的康复意愿就会受到影响。康复后，孩子常常试图保留他们在生病期间享有的特权。他们在吃饭时制造麻烦，抱怨轻微的不适，最后可能变成疑病症患者。一个众所周知的事实是，娇生惯养的孩子更易生病，并且生病持续的时间更长。

在孩子生病期间，他们需要特别的照顾，但即使在生病期间孩子也必须遵守一定的规则。孩子在此时不应该得到太多的关注或超乎寻常的爱，我们不应该给孩子准备太多的礼物或满足他们所有的奇思妙想。我们同情生病的孩子是可以理解的，但我们肯定不希望在孩子暂时的身体痛苦之外再增加持久的心理不适应，比如，在没有同等待遇的情况下，孩子拒绝面对以后的生活。如果我们让生病变得过于轻松或令人愉快，孩子可能会把它视为一种理想的状态（我们知道，一个人想生病是很容易的）。

不利因素

当然，我们不可能列出所有可能对孩子造成伤害的事情。疾病只是其中一种类型，还有许多其他事情会让孩子成为人们同情的特殊对象：父母一方或双方的死亡、突然的贫困等。如果我们对孩子极度纵容和同情，这些不幸状况给孩子带来的危害可能会增加许多倍。孩子当然需要帮助，但我们应该小心，不要让自己的好意阻碍孩子的发展。如果他人的援助能促使孩子找到正确的方法，那比仅仅从外部为孩子铺平道路要有价值得多。

外部环境变化

另一种潜在的不利情况有点类似于弟弟或妹妹出生的情况：住所、学校甚至是老师的改变。如果孩子觉得自己无法适应环境的改变，他们就会放弃尝试。孩子不能重新适应，说明他们心灰意冷，极度沮丧，因为他们以前的行为计划不再适合新的环境。这时我们需要给予孩子帮助，而不是给他们压力。我们必须努力去了解孩子的困难到底是什么。我们会发现，新的事态发展使孩子以前的人生计划中的某些缺陷暴露无遗。我们现在应该把注意力放在孩子的人生计划中的这些缺陷上，而不是放在孩子不适应的状态上。我们不能被表面的刺激所蒙蔽，问题在更深处。也许孩子以前一直处于佼佼者的地位，但现在不能轻松地维持原来的地位；或者孩子之前一直被过度纵容，听不得一点儿反对的声音；孩子之前可能不用承担任何责任，也无须自己做出任何决定，但现在突然之间一切都要靠自己。因此，外部环境的重大变化往往能检测一个孩子适应社会生活的能力。外部环境的变化所带来的困境，将为修正孩子早期生活准备中存在的缺陷提供一个机会。

特别是对较小的孩子来说，外部环境的变化可以作为一个机会，为他们的发展提供更好的条件，这对于孩子新习惯的养成尤为重要。因此，重新建立一个秩序是很有可能的，特别是当错误的训练方法或孩子的反抗曾经阻碍了对秩序的维持。在新的情况下，我们会发现更容易纠正先前对孩子错误的教养方法，或更容易改善孩子对我们和对其他孩子的态度。

简而言之，外部环境的变化将为孩子的教养创造一个新的、更有利的环境。然而，我们必须清楚，从第一天起，我们就必须以绝对的一致性来实施新的制度，我们必须找到更好的合作形式来取代以往与孩子斗争的方法，使新秩序与旧秩序区别开来。在新的环境中，我们将有机会吸引孩子的注意力并赢得孩子的信任，因为此时孩子觉得他们更需要父母的友谊和支持。如果我们能够做到不放纵孩子，在原则问题上不让步，孩子就会效仿我们，遵守我们带着遵守的秩序。

挫折

无论是在家里，还是在其他地方，孩子很容易因为受到一点儿挫折就气馁。对孩子来说，最重要的是他们能够在遇到挫折时接受自己的失败，孩子必须学会与自己的失败和平共处。如果我们，作为孩子的父母，不能忍受孩子因挫折而产生的情绪波动，会使孩子更加气馁，完全不能帮到孩子。当我们责骂孩子、跟孩子生气时，孩子就会把我们的这种反应看作他们进一步的、更严重的失败。因为一次挫折就认输的孩子，明显对应付生活中的困难准备不足。孩子正确的反应应该是加倍地努力，集中所有的精力来应对挫折。因此，孩子失败的经历应该成为推动孩子取得新成就的宝贵动力。我们对孩子的责备、诽谤或令人绝望的言辞会严重影响孩子的抗挫折能力。但是，如果我们过度安慰孩子，甚至帮助孩子摆脱应该承担的后果，这也是错误的做法。这正是许多父母可能会做的事情，例如，如果孩子在幼儿园与小朋友们相处得不好，他们就会把孩子从幼儿园带走，甚至可能用礼物或特殊待遇来安慰孩子。这不是教孩子应对挫折的最佳方法，孩子必须自己应对挫折。我们要做的是增加孩子的勇气和信心。我们可以通过表达对孩子的能力绝对信任，并提供令人信服的证据来证明我们对孩子真正的关注和友谊，从而轻松增加孩子的勇气和信心。但首先我们必须真的对孩子有信心，因为我们对孩子的信心是孩子勇气不竭的源泉，孩子可以从中汲取无穷的力量，即使在孩子遭到别人拒绝的时候也是如此，而遭人拒绝最容易打击孩子的勇气和信心。

家庭纷争

家庭中不良的环境条件可能会大大增加教养孩子的难度。这些条件可能会使父母感到绝望，因为他们在其他方面都很好地完成了教养孩子的任务，但却因为环境无法给孩子提供他们所需要的支持和指导。

　　我们的丈夫、妻子、父母、公婆或其他关心我们的亲属不断干涉我们对孩子的教养，在所有场合提出建议，并对我们所做的一切进行指责时，大家可能都会很同情我们。给我们提出建议的这些人往往在教养孩子的过程中溺爱孩子或对孩子很苛刻、唠叨或指令不一致，这会对我们教养孩子产生不利影响，并且我们还没法跟他们讲道理。在此情况下，我们能做的就是不任由自己被他人的行为误导。我们不能通过反其道而行之来纠正他们所犯的错误，这只会加剧已经给孩子造成的伤害，使我们错上加错。至少，我们可以成为孩子生活中的一个恒定因素，一个完全可靠的伙伴。如果我们保持这种状态，孩子甚至可能学会抵消外来的消极影响而减轻自身受到的伤害。自然，当其他一些人通过极度纵容和不当奖励等方法试图使孩子与我们疏远时，我们要履行教养职责就更艰难了。但我们只要不灰心，就一定会找到更好的方法来赢回孩子：友好地和孩子一起玩耍和交谈、给孩子讲故事、激发孩子的潜力，并承认孩子所取得的每一个成就。从长远来看，对孩子的正确态度将永远胜过通过纵容或不当奖励孩子获得的虚假成功。

　　对我们来说存在一个很大的诱惑，就是把孩子当作我们和其他成年人"作战"的盟友，特别是当其他人已经试图以这种方式对待孩子时。我们如果这样做，就会放弃对孩子采取的客观态度，并很快成为孩子手中的现成工具。最重要的是，我们会变得不分青红皂白地指责或赞扬孩子，在我们的期望和冲动中失去对待孩子的正确视角，并使孩子和我们之间的关系明显失衡。我们对孩子的态度应该始终不变，不应受到我们和其他家庭成员之间存在的冲突和争斗的影响。只有在不受这些影响的情况下，我们才能正确地教养孩子，并对孩子的成长产生有益的影响。无论其他方面有多少危险和不利因素，我们都要做到不受其影响。

我们处理孩子因环境变化而面临的其他困境时也应如此，这些环境变化包括生活条件变差、父母陪伴孩子的时间减少、孩子生病等。我们的责任只能是，在特定情况下为孩子做最好的事。情况越糟糕，我们就越需要采取适当的行动。如果我们自己变得忧郁和绝望，孩子就会感到更加孤立无援。我们内心的怨恨、反抗、敌意和想找个替罪羊的想法，也许是可以理解的；但对孩子来说，这意味着外部环境的恶化，会增加孩子的负担，毕竟，对孩子来说这些负担是附加的。如果我们支持孩子，不放任自流，那么外部的痛苦和压力也许会成为孩子取得非凡成就的动力，激发孩子全部的潜能。

我们很难要求家庭中的所有成员，包括亲属和其他帮手，都有养育孩子的能力。尽管如此，我们不应该低估他们对孩子产生的影响。我们可以请求他们采取安静、友好的态度，避免使用粗俗或不雅的语言，并采取适当的行为方式。在自己的家里，孩子有了第一次社会生活的经验，因此，孩子与各家庭成员的关系是影响孩子成长发展的重要因素。然而，当孩子身边的人行为不当时，我们需要做的是确保自己做到最好，而不是想办法改变他人。

"沉默的伙伴"

除了前面提到的孩子周围的那些人之外，还有很多人可能对孩子的行为产生一些影响，他们可以被称为教养孩子过程中"沉默的伙伴"，包括家人的朋友、送货员、邻居和孩子的玩伴，以及后来通过书籍、戏剧、广播和电影等媒介给孩子留下深刻印象的作家和演员等。我们逐一审查过滤所有这些影响因素是不可能的，也是没有必要的。我们无法防止孩子看到或听到会对他们产生不利影响的东西。防止孩子受到不良影响的唯一方法是提高孩子对不良影响的抵抗力。我们可以观察孩子，鉴别孩子所受到的各种影响。我们可以削弱那些不太健康的影响，放大那些更有益的影响。经验证明，"禁果"分外甜，强行禁止反而会增加孩子的好奇心。我们只有通过赢得孩子对我们观点的认同，才能保持自己的影响力。如果我们与孩子认真、有理有据地讨论问题，孩子会十分乐于参与并愿意倾听。由于人的本性，孩子和成年人一样不喜欢别人告诉自己什么是好的，什么是坏的。训诫和道德说教对孩子而言根本没用。

培养孩子正确的道德观，帮助孩子辨别好坏，使孩子能够在这个善恶并存的世界中找到自己前进的方向，这是父母最重要的职能之一。邻居家孩子的不当举止或收音机中的恐怖故事、某些漫画书和其他垃圾读物，我们不应把这些负面因素视为孩子面临的危险而如履薄冰、烦恼不已。我们应该将其视为一个可以和孩子展开风趣、友好讨论的机会，向孩子传达正确的观点。如果在恐怖故事开始时，我们不急于关掉收音机，而是和孩子一起听，向他们解释各种音效是如何产生的，以及不用脑思考的人是如何被这些故事诱发恐惧和兴奋情绪的，孩子就会和聪明的成年人一样发现这些节目的愚蠢之处。如果邻居家的孩子说脏话，而孩子回家后自豪地展示他的新"能耐"，我们可以和他们讨论为什么孩子会说脏话。我们仅仅是厌恶地指出这些话有多"坏"是不够的。事实上，孩子知道这一点，这恰恰就是孩子在我们面前说这些话的真实原因——给我们留下深刻印象。但是孩子应该清楚他们不能通过说脏话来给人留下深刻印象，让人觉得自己很伟大、很重要。我们对此处理得当的话，孩子甚至可能因此获得一种新的感悟，他们会拒绝模仿街上那些"可怜"的孩子，因为他们认识到这些孩子可能没有其他机会获得他人的关注和认可，所以才脏话连篇。如果我们一直庇护孩子，不让他们经历这样的挑战和危险，孩子就很可能毫无防备地去面对陌生的现实生活。

性启蒙

当孩子对性表现出兴趣时，我们可能会感到尴尬和无助，这也就暴露了我们自己对性问题的忧虑。出现这种状况的一部分原因是我们的父母回避性启蒙教育。在这里，我们再次看到错误的态度和方法被一代一代地延续了下来。

在此，我们不讨论人们在性方面羞于启齿的更深层次的社会原因。希望大家不要误会，以为我不赞同对性问题采取保守的态度，就意味着我鼓励毫不避讳地谈及性问题。但人们必须认识到，父母在谈及这一自然过程时如果过度保守，往往会对孩子的情感发展造成阻碍，甚至可能会影响孩子以后的爱情生活。此外，从逻辑上讲，这肯定也会导致孩子对父母的信心破裂。如果我们不能对孩子天真而自然的问题给予简单而自然的回答，性就会成为一个神秘的、被禁止的、令人恐惧的秘密，但这还不是全部的后果。为了满足自己的好奇心，孩子会求助于其他通常极度不可靠的信息来源。而且在多数情况下，孩子都会向我们隐瞒他们对这个问题的想法和猜测，而我们可能永远无法重新获得孩子对我们失去的信心和无条件的信任。

事实上，性启蒙教育绝非像我们想象的那样艰难和令人难堪。我们可能会担心两种可能性：第一，孩子会问一些超出他们理解范围的问题；第二，我们可能不得不给孩子一些会影响自己得体形象的答案。然而，如果态度正确，这两种担心都是没有必要的。诚然，孩子在很小的时候就会提出关于性的第一个问题，也许是在孩子 3~5 岁时。但是，如果我们遵守一些基本的原则，就会发现很容易充分地回答孩子所有的问题。孩子只是希望得到一个确切的、简单的答案，我们可以在孩子的理解范围内解答孩子的问题，同时避免尴尬。

父母害怕给出回答，通常是由于他们害怕孩子接下来会有更多的问题，但这往往是他们自己想象的。实际上，情况并非如此。孩子往往对父母给出的简单而准确的答案非常满意；孩子要过一段时间，也许是几年后，才能提出下一个问题。并且，在孩子提出下一个问题时，基于孩子的智力发展情况，我们往往只需要给出相应简单且明确的解释。在教养孩子的过程中，我们似乎高估了植物或动物王国中关于繁殖的典故的价值。事实上，在大多数情况下，这些典故肯定会超出年幼的孩子的理解范围，而且会使孩子注意到他们当下还不感兴趣的问题。

与此完全不同的过程是孩子自己对动物的观察。对孩子来说，有机会进行这些观察（例如在农场）是非常有益的。我们知道，每个人只能从自己的观察中吸收他们理解范围内的东西；同样，孩子将从这些观察中学习他们能理解的东西，孩子会自动调节性启蒙的进程。一般情况下，孩子只有到了青春期才需要对性问题的具体详尽的解释。在那个年龄段，孩子就需要在性问题上得到充分的指导。然而，如果我们觉得自己太过保守，或者不太了解，这个任务可以请别人来完成。

一般来说，孩子的性启蒙通常是沿着以下方向发展的。在早期，他们可能会问："我从哪里来？"我们可以毫不犹豫地回答："妈妈生了你。"孩子暂时不会有进一步的询问。直到后来，孩子才会好奇地想知道婴儿在妈妈体内的位置。答案也很简单，"在妈妈的心脏下面"。最后，我们可能会遇到我们最害怕的问题："婴儿是如何从爸爸那里进入妈妈体内的？"但是孩子想知道的事情可能比我们认为的要简单得多。在这个年龄段，孩子并不希望了解细节，这个时候对这个问题进行详尽解释是不合时宜的。因此我们可以回答："当妈妈和爸爸彼此相爱时就会发生。"在大多数情况下，直到孩子进入青春期，他们才会有更多问题。

必须补充的一点是，上面提及的孩子好奇心的发展方向只适用于那些没有接触过其他信息来源，一直受父母保护的孩子。只有在这种情况下，过早的详尽解释才不符合孩子的发展需求，或者干扰孩子情感的发展。如果孩子因外部经验或影响已经"开化"，但我们还认为他们对此一无所知，孩子只会感到大人很可笑，这也会迫使孩子变得虚伪。下面的例子将清晰地描绘这种常见的情况。

奶奶带着约翰尼和玛丽去了动物园。他们站在鹳鸟的笼子前，奶奶指着鹳鸟说，是这只鸟把孩子带到了他们爸爸妈妈的身边。突然，约翰尼转向玛丽，说："你怎么想？我们应该告诉奶奶真相，还是让她就这么稀里糊涂下去，一直都不知道这是怎么回事？"

对孩子问题的每一个不诚实的回答都会危及孩子对我们的信任。因此，关于鹳鸟的民间传说是毫无道理可言的。同样错误的答案是："这不关你的事，说了你也不懂。"这样的回答会将孩子推向一个不好的方向，更不用说我们责备孩子了。这些回答会导致孩子更加重视自己的问题，过度刺激他的好奇心，进而给孩子的发展带来不利影响。

我们应该如实回答孩子的问题，但要注意：我们要确定孩子是不是为了获得关注而提问。如果孩子提问的目的是获得我们的关注，那么我们就不应该如实回答他的问题。否则，孩子可能还没有准备好接受新想法，我们却不自觉地把它灌输给了孩子，特别是当孩子碰巧问到性话题时。我们将在后面讨论孩子真心提问和为获得关注提问之间的区别。我们必须注意区分孩子提问的目的，特别是如果这些问题与性话题有关。

我们面临的最大的困境之一将是孩子心智已然成熟，但身体却没有。如果我们觉得自己没有能力与孩子坦诚地谈论一切，可以把孩子送到儿童心理医生或医生那里；或者可以给孩子一本针对儿童性启蒙设计的好书。这在任何情况下都是可取的。但是，如果我们能克服自己的保守，并在我们掌握的信息允许的范围内，亲自对孩子进行完整的性教育，这肯定会有助于增进我们与孩子的友谊。即使我们向孩子承认自己对某些问题的答案不是很确定，也无妨。

对孩子来说，比生理功能的启蒙更重要的是发现两性之间的社会差异。孩子学会了区分男孩和女孩，首先是通过他们的衣服，然后是头发、身材和声音；但很快孩子就意识到不同性别的人在生活中扮演的不同角色。孩子对这些差异的早期印象是非常重要的。如果一个孩子认为自己的性别是处于劣势的，孩子的社会融合就会受到影响。孩子可能会反抗自己的性别，但这几乎是不可能成功的，因为在一般情况下，性别是不可改变的。对男性优越角色的设定不仅会激起女孩的抗议，也会使男孩担心他们可能无法成为"真正的男人"。这种"男性抗议"导致了男孩对男女"自然"功能的回避，要么感觉其有辱人格，要么感觉其太难以实现，或者感觉这让他们自鸣得意，试图确保自己的优越性。女孩可能会反抗女性角色，逃避与性别有关的责任，并模仿男孩，而男孩则试图通过无意义的、往往具有反社会性的行为和举止来证明他们所谓的优越性。这种性别斗争因我们这个时代的激烈竞争而加剧。从童年开始，并且在整个成长过程当中，孩子不断受到关于自己性别角色和异性威胁的观念和偏见的影响，使得这种性别斗争越发激烈。我们只有对孩子进行审慎的性启蒙才能避免孩子在成年后对性、爱情、婚姻等的恐惧。另外，过度焦虑的父母可能会挑起冲突。如果我们对女儿说："你就像个男孩！"或对儿子说："你的行为像个女孩。"这会使孩子对自己的性别感到不满。父母不应该让女儿／儿子觉得自己更愿意成为一个男孩／女孩。如果孩子意识到父母想要的是男孩而不是女孩，或者相反，那将会导致严重的后果。在现实生活中，尽管社会和法律偏爱男性（虽然这一倾向在我们这个时代已经变得不那么明显，但仍远未消除），但是每个性别都有其明显的优势和劣势。一个重要的事实是，每个人，无论是男人还是女人，都可以基于自己的性别角色找到合适的方法来获得幸福和成功。

适龄教养

我们对孩子的教养行为必须与孩子的年龄相适应。这个要求的重要性是不言而喻的，但父母却经常不遵守。就像任何偏离规则的情况一样，不当的教养行为可能走向两个极端：我们对待孩子的方式要么落后于孩子的年龄，要么超前于孩子的年龄。无论是哪种情况，父母犯的这种错误都会阻碍孩子的成长，干扰孩子必要能力的发展，增强孩子的自卑感，并影响孩子的社会适应能力的发展。

我们所犯的这种错误来源于对孩子的不充分观察和对其处

境的错误理解。孩子的存在不是为了满足父母的愿望和期待，孩子是一个独立的个体，孩子有自己的需求，并且应该得到满足，而这些在很大程度上是由孩子的年龄决定的。在许多情况下，我们并没有考虑孩子发展的连续性。生活空虚和与孩子过度亲近的父母会希望延长孩子的婴儿期，因为孩子在这个年龄段是最令人愉快的"小可爱"，让人忍不住想搂抱他们，父母希望孩子永远是一个小婴儿。因此，这些父母模仿孩子刚开始讲话时的口齿不清的状态，并以不自然的、幼稚的方式与孩子说话，他们认为这是与孩子对话的唯一适当方式。这些父母没有意识到这在多大程度上阻碍了孩子的语言发展。在未来的岁月里，他们继续使用"可爱"的"宝宝语"，例如"吃饭饭""睡觉觉""喝水水"，甚至直到孩子开始上学后很久，他们还坚持使用孩子早期特有的语气和声调来和孩子交谈。由于孩子的语言习惯和其他特性的保持，一些四五岁的孩子有时会停留在两三岁孩子的状态。

通常情况下，这些孩子也不用承担与其年龄相对应的责任。一些学龄儿童每天都由父母给他们洗衣服，有时甚至不用去上学。在七岁或八岁之前，这些孩子在家人的精心照料下被当作婴儿对待，经常被剥夺做任何决定的权利，直到过了青春期。

许多父母发现很难意识到他们的孩子已经长大了。他们还是把孩子看作他们的"宝贝"，无法想象孩子已经成为像他们一样自由独立的人，这有时会引发一些怪异的情况。我认识两位女士，一位大约 60 岁，另一位大约 40 岁，两人是母女关系。女儿在各方面都顺从母亲。当她去购物时，母亲会叮嘱她"注意不要在外面待太久""当心，不要在街上发生什么意外"。而这位 40 岁左右的女士总是很有礼貌地回答："好的，妈妈。"幸运的是，孩子很少会忍受这样的荒唐情况，但如果父母坚持以自己的方式教养孩子，这样的荒唐情况就会很普遍。

由于以上原因，孩子的发育成熟时期特别关键。遗憾的是，女孩和男孩在青春期都面临着克服内心彷徨的巨大困难，如果此时父母不愿意承认他们的孩子已经长大，突然成了大姑娘和小伙子了，这些问题就会更加严重。虽然还没有完全独立和成熟，青少年在外表和心理上已经长大了，但他们往往还是被父母当作孩子对待。痛苦的训斥、对个人自由的限制、对孩子的漠视和不尊重——这些都是父母不了解孩子发展进程的典型结果。从孩子进入学校开始，从负责任的父母到友好的同伴和朋友的转变应该逐步完成，但大多数父母很难完成这种转变。

奇怪的是，截然相反的做法，即超前于孩子的年龄要求孩子，也会给孩子的发展带来阻碍，导致孩子的发展出现类似的迟缓现象。在这里，我们看到的是父母为满足自己的期望，而不考虑孩子的需要，没有制订合理的教养计划而带来的结果。

父母经常要求一个很小的孩子取得完全不可能的成就，这些活动通常都是不利于孩子发展的，只是为了满足父母的虚荣心、野心，并让他们自己感到身心愉悦。因此，许多孩子在入学前就已经学会了阅读和写作，因为父母对自己孩子这些超前发展的，并且看起来超乎寻常的能力感到兴奋，但这些孩子很有可能还不会自己穿衣服或在没有他人帮助的情况下上厕所。如果孩子没有发挥出父母可以夸耀的能力，他们的父母就会感到愤慨，认为孩子发展落后。许多父母试图人为地过度培养孩子的某些"伪"成就，使孩子成为一个"伪"神童，而实际上孩子根本不具备真正的天赋。这种行为并不能鼓励孩子，反而会让孩子很自然地怀疑自己，随后带来彻底的失败、完全的崩溃。因此，过高评价孩子的能力往往与贬低孩子的能力一样，都会导致孩子发展的滞后。把孩子当作成年人对待会造成灾难性的后果。

7岁的马克参与他爸爸妈妈的所有谈话。每当有客人来时，马克可以和客人一起进餐。马克晚上到很晚才睡觉，与他父母的入睡时间一样。在餐桌上，马克和他的爸爸一样，要在面前摆上一份报纸。马克的爸爸妈妈为马克如此"成熟"和"聪明"感到非常骄傲。但是，另一方面，马克却给他们带来了很大的困扰，因为马克很是桀骜不驯。只要欲望没有及时得到满足，马克就会变得很暴力，甚至动手打他的妈妈。马克从来不吃爸爸妈妈摆在他面前的食物。马克没有朋友，而且由于他的咄咄逼人和好斗，他无法与任何人相处。马克的缺点和他（表面上）的优点之间的联系是相当明显的。马克的爸爸妈妈对这两方面负有同样的责任。

此外，因为孩子对某些事情仍然缺乏必要的洞察力，我们不能指望孩子能做出各方面的决定。在这里，对孩子发展程度的错误评估也可能导致父母在某一时刻认为孩子比实际更愚蠢和不可靠，而在下一时刻又期望孩子有超越年龄的智力和洞察力。有时，孩子甚至被卷入他们不可能理解的个人冲突或商业问题之中。

孩子经常以其敏锐的感知力和判断力令我们震惊。在许多方面，孩子的思维过程比我们更自然；孩子的推理迅速而客观，而不像成年人那样，会顾及既定的社会模式。但是，尽管如此，孩子还是无法理解一些观点之间的关联，他们必须逐渐学会掌握这种关联。因此，和孩子的谈话以及对情况和问题的讨论和分析必须适应孩子的理解能力。我们绝不能低估孩子的智力，以至于拒绝孩子所要求的对问题的解释。但是，我们也不应该让我们自己的忧虑给孩子造成过多的负担。我们应该观察、研究孩子对生活问题的反应，而不应该把孩子表达的符合其心智水平的内容误解为愚钝、无礼或粗暴。对孩子理解能力的误解很容易出现在几乎所有孩子都不可能掌握的问题上，如死亡和临终问题、商业利益问题、社会或政治问题。虽然这很不容易做到，但我们有必要正确评估孩子当前的心智水平。

青春期

孩子在性成熟时期面临着许多潜在的危险，对他们而言，世界突然间变得眼花缭乱。这不仅是孩子体型变大的结果，也是孩子的腺体功能改变的结果。这两个因素都使孩子对自己越来越没有信心。孩子必须重新学习如何使用自己的身体，并在一个全新的环境中确定自己的前进方向。孩子会经历一些刺激性的感知。青春期的孩子试图融入社会，并在这个混乱困惑的世界中找到自己的位置。在这个年龄段，成长中的男孩和女孩需要并急切地寻求帮助和指导，但他们很少从自己的父母那里得到帮助，因为父母仍然把他们当作孩子，并按对待孩子的方式对待他们。随之而来的两代人之间的激烈冲突破坏了他们之间共情和合作的萌芽。对父母来说，这是一个艰难的时期：孩子迅速成长，此时孩子从外表上看已经像成年人，但实际上在未来几年里他们还是孩子。许多12~14岁的男孩和女孩似乎完全长大了，他们经常会被陌生人当作成年人对待，并自然地反抗还被自己的父母当作孩子看待。我们要有高度的理解力和洞察力来观察孩子的社会成熟度和身体发育程度之间的差距。参考我们父母以往的经验，通常不会带来收益。我们的影响力取决于我们赢得和维持孩子的友谊和信任的能力。如果我们因为缺乏同情心和善意而没有赢得孩子的友谊，或者我们因为强调自己的权威而破坏了和孩子建立友谊的第一步，那么在孩子开始独立生活，并准备在成年人层面上与我们进行友好合作时，孩子会感到极其不适应。

在青春期，女孩发育比男孩更早、更明显。女性的腺体变化会使她们产生比男性更明显的外观变化，这种转变让青春期的女孩得到更高的社会认可度。这就是女孩似乎比男孩更早"成熟"的原因，女孩应该提前为性成熟做好准备。我们不必担心孩子发育得早或晚。只有在孩子发育得特别晚的情况下（迟至 15 岁或 16 岁），我们才有必要咨询医生。如果一个女孩因为发育晚而苦恼，因为她喜欢"看起来"成熟，并因此羡慕那些发育早的朋友，那么我们必须告诉她，女性的外部标志是相对没有意义和无关紧要的。在这个孩子和成年人之间的过渡时期，青少年往往高度关注自己的外表，他们想体验自己还不确定的身份。我们越是强调他们的孩子气，他们就越努力去模仿成年人的举止。因此，我们打击他们作为即将成年的人的自信心，这可能会阻碍他们内心的成熟。

由于父母不能理解和认识到孩子在青春期的感觉和困境，孩子就会产生青春期特有的反抗，这种反抗不仅是对父母和其他教育者的反抗，也是对整个世界的反抗。男孩和女孩都开始变得叛逆，他们试图用傲慢、无知来掩饰自身渺小和脆弱的感觉。这些"时髦女郎"在没有安全感，感觉自己无足轻重时会做出过于夸张的表现；而青春期的男孩则容易走向极端。对这些行为的轻视和鄙视无法缓解青春期的孩子这种自以为是和夸大其词的倾向，反而会导致他们产生更深的自卑感，进而导致他们做出更多的不当行为。不符合社会规则的行为比被社会认可的行为更容易满足青春期的孩子的欲望，被社会认可意味着成为重要的、有意义的人。通常情况下，正是父母、学校等不承认或不正确引导孩子的"野心"，促使男孩和女孩走向违法犯罪的道路。对于一个有"野心"的女孩来说，通过女性特征获得他人的认可和钦佩比通过学习成绩获得认可和钦佩要容易得多。一个"野心勃勃"的男孩无法与各方面都很优秀的同学竞争，他可能会通过逃学、赌博或喝酒，以及带女孩出去玩，来感受自己的强大和英雄气概。他也可能通过砸窗、偷窃或更糟糕的暴力行为而成为所谓的"英雄"。

在一次心理治疗期间，一位咨询者抱怨说，她 16 岁的女儿已经完全无法管教了。她和男孩们到处乱跑，很晚才回家，不帮家里干活，不仅邋遢，而且很无礼。任何话语、任何承诺、任何惩罚似乎都无法对她产生影响。我要求她带女儿来见我。女孩非常漂亮，很聪明，气质优雅。我问她自我感觉如何、与妈妈相处得如何、是否快乐，她愉快地回答："一切都很好。"我问她："你经常和你妈妈吵架吗？"她回答："哦，母亲有时很烦躁，但她并不是认真的，一切很快就会恢复正常。"我又问："你不受妈妈的责骂和唠叨的影响吗？"她回答："哦，不，不会的。我不受任何干扰。"

然后我变得严肃起来。我真诚地告诉她，我非常了解她的妈妈，知道她是一个很难相处的人。女孩非常惊奇地看着我，眼里马上噙满了泪水，然后泪水夺眶而出，放声大哭。她哭得很厉害以至于说不出话来。然后，她慢慢地说："所有人都认为我是个坏女孩，而我妈妈是个天使。她从没对我说过温柔的话，我做什么都是错的，只有我的弟弟是好孩子，我就是那个坏孩子。我想讨好妈妈，但她甚至没有看到这一点。我得到的只有责骂，从来没有一句好话，没有赞美，没有欣赏。"

这就是这个女孩的故事，这是第一次有成年人听她讲自己的故事。她的叛逆只是出于自我保护和天生的骄傲。当我告诉这位妈妈我和她女儿的面谈内容时，她根本不相信。没有人见过这个女孩哭，没有人打破过这个女孩若无其事背后不可逾越的冷漠。

无论谁想帮助这些孩子，都必须在这些孩子自大的心态下寻找到其根源：挫败感。然而，很少有孩子的父母能够认识到这一点。青春期是人生的一个重要阶段，这个阶段的青少年对自己最没有信心，他们非常清楚自己缺乏社会地位，非常渴望感受到自己的重要性，极度渴望在成年人的社会中发挥作用，让自己被接纳，享受平等的地位。但是，他们能做出贡献和得到赞赏的机会太少了。青春期的孩子渴望得到成年人的指导和支持，但能与他们坦诚交流，并对他们表示理解和赞赏的成年人太少了。只有在极其罕见的情况下，父母才会对孩子表现出足够的尊重和赞赏，进而揭开孩子顽固、自信的面具。因此，很多孩子几乎是被驱赶到了或多或少有问题的朋友或团体的怀抱中，这些人给了他们所渴求的理解，并把他们当作平等的人对待。

放开束缚

教养的最终目的是孩子不再需要被教育。孩子和父母之间束缚的松动是一个自然和渐进的过程，并且很早就开始了，确切地说，是在婴儿断奶的时候就开始了。在幼儿园，孩子融入新的群体是导致这个束缚解体的重要阶段，解体过程随着青春期的到来和孩子进入大学、开始工作而接近尾声。如果父母在情感上没有与孩子疏远，那么他们仍将是孩子最亲密的伙伴。然而，作为教育者，父母的职能已经结束。但这并不妨碍父母作为孩子的好朋友，父母提出的愿望和意见，孩子会选择继续尊重。如果父母作为教育者的功能被保留并且超出限度，会导致孩子的发展被干扰或出现实际的缺陷。父母试图一直将孩子置于他们的羽翼之下，以免自己对孩子来说变得多余。同样，尽管孩子表面上努力争取独立，但出于对承担个人责任的恐惧，他们甚至在结婚后还保持着孩子般的无助感。

只有那些不承认孩子是有着自己的权利和需要的独立个体的父母，才会对这种必要的"松绑"感到困难，他们期望在孩子身上满足自己的欲望。因此，他们不能把孩子看成独立的个体。在他们眼里，孩子不是一个自由人，而是他们的私有财产。这不是一个只在青春期出现的问题，而是一个贯穿孩子的一生的问题。因为孩子不是一下子"长大"的；如果父母没有学会如何与孩子建立和保持友谊，孩子在最早的婴儿期就会开始疏远父母。如果父母在孩子小的时候没有做到这一点，那么当孩子长大后，这些父母就必须承担相应的后果。如果孩子在家中像个陌生人一样生活，并且在孩子离家后失去了与父母的所有亲密接触，这些父母到时就没有理由抱怨孩子的不体贴或无情。

恰当地与孩子分离，是我们作为教育者的最高成就。我们和孩子之间真诚的人际关系是超越时间的：它永远不会被距离、职业变化、社会差异或孩子建立起自己的家庭所破坏。但我们的时代终将过去，我们必须为新的一代让路。那些今天看起来渺小而软弱的人，是明天的中流砥柱。深厚的人类情感纽带可以抵御时间的流逝和挑战。孩子必须在我们退出他们的生活后在自己的人生中站稳脚跟。即使在孩子还小的时候，我们也没必要考虑这样一个毫无意义的问题："我走了的话，孩子怎么办？"我们应该学会，在我们还在孩子身边时退一步。现在就让孩子独立吧！我们必须有勇气在今天把孩子交给生活，交给其他人，交给整个人类社会。孩子从今天起就必须与他人建立一种人与人之间平等的关系，因为孩子在这种关系中的成功与否将证明我们是不是好父母，以及我们是否按照孩子应该被教养的方式来教养他们。

第三部分

难缠的孩子

第六章　理解孩子

　　如果孩子从出生开始就得到恰当的教养，父母避免在教养中使用各种错误的方法，并且孩子成长的氛围是完美和谐的，那么孩子就不会出现极端的不当行为、违反秩序和不适应社会等状况。但是，由于这些对孩子成长有利的条件很难同时存在，孩子在成长过程中就不得不面对无穷无尽的困境。如果现在我们再来谈论一开始应该做些什么来避免这些困境，意义已经不大了，我们能做的就是和孩子一起解决他们面临的问题。

　　在本书中我将努力展示教养孩子的有效方法，并指出大多数父母很容易犯的各种错误。这将使为人父母者有机会反思、教育自己，避免犯以前的错误，采用往常从来没有尝试过的新方法。但是要记得，我们不要指望这些方法能立即奏效，采用这些方法后孩子的情况可能反而会变得更糟，因为父母突然改变了他们常用的教养方法。孩子已然适应和父母不断发生冲突的关系模式，这时如果父母突然中断斗争，孩子可能会加倍努力地挑衅父母，迫使父母回归旧的关系模式，因为孩子已经为之准备好了各种应付策略。为了将孩子从冲突的局面中解脱出来，我们必须坚定地抵制孩子的挑衅，不让自己继续犯以前的错误。

放弃以往使用的错误教养方法只是第一步。我们必须充分了解我们的孩子，否则无法帮助孩子。对孩子完全缺乏了解是当代亲子关系的悲剧之一。大多数父母完全不知道孩子为什么行为不端，他们完全不知道孩子行为的原因和目的。在下面的案例中，我将阐释孩子为什么会有这样那样的行为，以及他们的目的是什么。了解孩子赖以生存的思维模式，可能有助于我们认识到指导孩子行动的人生计划，进而了解孩子目前所面临的困难。到目前为止，我们可能只顾着考虑我们和孩子之间的各种矛盾，但只有当我们对孩子各种行为的根源和目的等有了真正的认识，我们才能真正帮助孩子解决问题。

为了对孩子产生积极的影响，我们必须学会客观地观察孩子。我们只有对孩子的不当行为不过于较真时，才能做到客观地观察。我们必须停止将孩子的过错视为道德问题。行为不当的孩子不是坏孩子，孩子只是不快乐，没有得到正确的指导，缺乏自信心，没有找到解决他们所面临的社会问题的正确方法。孩子不论是在努力寻找自己在家庭中的位置时，或应对他人对他们提出的各种要求时，或处理他们所承受的压力的过程中，其每一个不当行为都表明孩子出现了判断错误。

由于父母很少能理解孩子的理念和判断，他们对孩子试图解决自己的问题的方式感到困惑。通常，母亲会困惑不已、义愤填膺地列举出孩子的各种缺陷和不当行为。"他怎么能这样做？看看他又做了什么！"按照表面意思对她的叙述进行理智的解释是不太可能的；只有当人们知道父母或其他主要人物在孩子的生活中扮演的角色时，解释孩子的行为才有意义。孩子的行动和父母的反应在双方看来都是完全合乎逻辑的，但在心理学意义上却都有问题。真正的问题不是道德问题，而是人际关系问题。父母把孩子的问题看作道德问题，仅仅是因为他们想把孩子的问题作为捍卫他们被挑战的权威的工具（整个社会都容易出现这样的误解）。因此，父母和孩子内在的、紊乱的关系被掩盖了，问题的焦点被转移到了判断的问题上，而判断应该是客观的。这样一来教养问题就会永无解决之道。

孩子的每一个行动都有明确的目标，这个目标与孩子为融入社会所做的努力是一致的。一个行为良好、适应性强的孩子通过遵守他所处的社会群体的规则，找到自己被社会接受的途径。孩子能感受到群体的要求并采取相应的行动。当形势需要时，孩子会表现得积极活跃，在其他情况下，他也可以保持稳重；孩子知道在什么时候应该表达意见，也知道在什么时候应该保持安静。孩子可以是一个领导者，也可以是一个追随者。一个完全适应社会的孩子（如果有的话！）很少会展示自己的个性，他只会反映他身处的环境的社会需求。只有在没有完全适应社会的情况下，孩子才会表现出他的个性，并且他会不断地寻找和发展新的方法来展现自己的个性。

从这一角度来说，所有的个人活动都意味着对绝对的社会秩序的轻微偏离。我们不能把这种偏离视为不适应社会，因为任何社会群体的需求都处于变化中。社会群体本身需要改进、成长和进化。那些能将自己的想法强加给整个群体的人是群体发展的动力。如果他的想法对群体有益，并且他的方法是建设性的，那么他仍然能够很好地适应社会——当然只有在特定情况下，尽管他的方法不完全符合社会秩序。因此，一味地遵守社会秩序的人反而可能成为社会发展的障碍，从而表现出社会适应不良。

社会适应不良可以被定义为扰乱群体功能及其演变的行为。成年人社会适应不良背后的心理动机非常复杂。我们需要投入大量时间和努力才能揭示成年人个体意识之外起作用的各种因素，以及揭掉人成年后戴上的面具。成年人的基本态度往往与他们小时候相同，但从青春期开始，他们学会了掩饰，并接受社会所设定的模式，成功地掩盖自己的意图和动机，从而被认为是成熟的。孩子还没有达到这个发展阶段，尽管孩子同样没有意识到自己行为的目标和意图，但他们会表明自己的态度。因此，仅仅通过观察，我们就有可能认识到孩子行为的目标。

儿童所有的恼人行为都针对以下 4 个可能的目标，这些目标代表了孩子对自己与群体中其他人关系的想法：寻求关注

（目标）、展示权力（目标 2）、惩罚或报复（目标 3）、展示能力不足（目标 4）。

孩子的目标有时会随着情况的变化而变化；可能在某一时刻，孩子采取行动是为了吸引父母的注意力，而在另一时刻则是为了宣扬他们的权力或寻求报复。通常我们可以通过孩子的行为来判断他们的主要目标是获得关注、展示权力、惩罚或报复，还是孩子试图通过向外界展示和证明自己的能力不足，来逃避某些责任。孩子可能采用不同的方式、技巧来达到目标，同样的行为模式也可以用于达成不同的目标。

大多数年幼的孩子都会利用注意力获取机制(attention-getting mechanism)。这是我们的文化造就的，我们一直以来采用的教育方法造成了这样的结果。孩子很少有机会通过有益的贡献来获得自己的社会地位，他们几乎没有什么机会对家庭做出贡献或满足家庭的一些需求，家里的哥哥姐姐和其他成年人做了所有必须做的事情。年幼的孩子只有依靠家庭中的年长成员，才能够感到被接纳并成为家庭的一部分。年长成员的认可给孩子以价值和社会地位。因此孩子会通过索取礼物、表达感情，甚至是寻求关注，去不断寻找自己被接纳的证据。由于这些行为都不能增加孩子自身的力量，给孩子带来自立和自信的感觉，孩子不断需要新的证据，以免自己感到失落，体会到被拒绝的感觉。因此只要有可能，孩子就会尝试用社会规则允许的方式来获得他们想要的东西。但是，当孩子不能有效使用社会规则可接受的建设性手段时，孩子就会失去信心，并尝试任何他们想到的方法，让别人为他们服务或获得他人的关注。只要孩子的主要目标得以实现，其他不愉快的影响就都无所谓了，如羞辱、惩罚，甚至身体上的痛苦。孩子宁愿被打也不愿被忽视。如果一个孩子受到忽视，受到冷漠对待，他肯定会感到自己被排斥、被拒绝，在群体中没有任何地位。

寻求关注的渴望可以通过积极的方法得到满足。只要孩子觉得能够成功，他们自然会倾向于选择积极的方法。然而，如果孩子的要求变得过分，或者环境拒绝满足孩子的要求，孩子可能会发现，通过扰乱秩序他们可以得到更多的关注，继而父母和孩子的斗争就开始了。在刚开始的一段时间，父母可能会屈服于孩子的种种挑衅，对孩子的各种不当行为不会太生气、恼怒。日常生活中各种愉快和不愉快的小插曲保持着平衡：孩子想独占父母的愿望得到了一定程度的满足，这样暂时可行的平衡得以维持。然而，可能有一天，父母终于失去耐心，决定管教孩子，制止他们各种让人心烦的捣乱行为。随之而来，孩子也会改变自己的目标，他们和父母在关于权力和优越感的斗争中开始较劲，双方逐渐陷入僵局。孩子试图给父母留下这样的印象：我可以为所欲为，父母根本阻止不了我。或者孩子可能以消极的方式向父母表明，父母不能强迫孩子做父母想要孩子做的事。如果孩子得逞了，他们就赢得了这场胜利；如果父母强制执行规矩，孩子就输了；但孩子下次会用更有力的手段夺取胜利。这种斗争比孩子争取关注的斗争更激烈。在这种斗争中孩子的恶意更明显，行动更有敌意，情绪反应也更激烈。

父母和孩子为争夺权力而进行的斗争可能会达到这样的程度：父母采取一切他们可以想到的手段来征服家里的捣蛋鬼。双方的对立和仇恨可能会因此变得非常强烈，以至于没有任何愉快的经历来支撑相互间的归属感和友好合作。然后，孩子开始追求实现第三个目标：他们不再希望得到关注，他们认为追求权力的努力似乎没有希望，他们感到完全被排斥和不受欢迎，并发现唯一令他们满足的就是伤害别人、报复别人以抚慰自己受到的伤害。"至少，我可以让他们恨我"成为孩子绝望时的座右铭。相比在他们已失去一切地位的群体中，在孩子仍能获得个人优越感和权力的群体中，孩子的暴力行为少得多、残忍程度低得多。这种类型的孩子是最暴力和最恶劣的：他们知道如何做最能伤害他人，并能充分利用他人的弱点。他人使用任何权力、权威，甚至施加武力都不能影响这类孩子，这类孩子具有极强的挑衅性和破坏性。由于这类孩子从一开始就确信没有人喜欢他们，所以他们挑衅任何与他们接触的人，结果肯定是被他人一次次地拒绝。当别人认为他们可怕时，这些孩子反而认为这是自己取得的一种胜利——这是他们能够取得的

"仅有"的胜利，也是他们"唯一"寻求的胜利。

消极被动的孩子不会公然选择公开的斗争。如果我们成功地压制了这类孩子的反抗意识，孩子可能会沮丧至极，以至于不再寄希望于他人能够认可、承认他的重要性。还有些孩子认为获得关注或权力是必不可少的，但无论自己怎么努力也无法获得，他们也可能得出类似的结论，不再抱有希望。然后这些孩子会在挫败、气馁中彻底放弃，拒绝再参与任何行动并发挥作用。如果做事情只会带来失败，那么做任何事情似乎都没有意义。因此，这种失败就成了最大的危险，孩子会通过向自己和他人证明自己的不足来尽力避免这种失败。孩子会把展示自己的无能作为一种自我保护方式，以便他人不再对自己抱有任何期望。通过这种方式，孩子试图避免更多令人羞辱或尴尬的经历。

社会适应不良的孩子可能积极主动，也可能消极被动，然而在任何一种情况下，他们都可能采用建设性或破坏性的方法。方法的选择取决于孩子在被群体接受或拒绝时的感觉：孩子的对立情绪总是通过破坏性行为来表达的。是否缺乏归属感是孩子将建设性方法转为破坏性方法的决定性因素。孩子采取积极主动的行为还是消极被动的行为取决于其拥有多少勇气。消极被动的行为往往基于孩子不自信的心理。这两对因素的结合导致了4种典型的行为模式：积极－建设型、积极－破坏型、消极－建设型、消极－破坏型。

　　上面排列的顺序是基于孩子社会适应不良的实际情况的不确定。许多父母和教育者倾向于认为积极－破坏型的孩子比消极－建设型的孩子更糟糕。然而，事实并不一定如此。比如在孩子寻求关注的情形下，如果孩子的反社会倾向还没有很明显，我们可以相对容易地引导孩子将其破坏性方法转变为建设性方法，但要将一个消极被动的孩子转变为积极主动的孩子则是非常困难的。消极－建设型的孩子不那么令人讨厌，但这些孩子在发展自信和勇气方面需要我们提供更多的帮助。

　　寻求关注（目标1）是唯一可以通过以上4种行为模式都能实现的目标。（由于这个原因，孩子寻求关注的各种行为模式将被相应地划分，而其他行为模式将只出现在目标2、目标3和目标4下，不再具体区分积极或消极的方法。）积极和消极的破坏性方法可用于展示权力（目标2）、惩罚或报复（目标3），而展示能力不足（目标4）自然只能使用消极的破坏性方法。

　　为了便于理解上述行为模式的区别，接下来我们将简短地讨论一下4种行为模式的寻求关注机制。孩子使用积极的建设性方法获取关注时，会表现出非常合作和顺从的行为，但在这里孩子的合作和顺从只是表面行为。它和孩子真正的合作行为的不同之处在于，在寻求关注时，孩子的良好行为只是为了获得关注而存在：如果孩子没有得到想要的关注，立即就会做出不当行为，就会开始尝试积极的破坏性方法。这种类型的行为可能类似于用于实现目标 2 或目标 3 的行为，而孩子在实现目标 1 时，不会表现出暴力或者对立的情绪，孩子仍然只寻求关注，当这个目标实现后，斗争就会停止。而那些想展示自己权力的孩子并不满足于获得关注，他们必须以自己的方式来行动。

使用消极的建设性方法来寻求关注的群体是一个非常有趣的群体。许多父母和老师不认为这类孩子的行为有不当之处。这些孩子讨好的态度、展现的魅力和顺从的行为使观察者忽视了他们的消极情绪和对他人依赖背后的不自信心态。在男权文化中，消极－建设型行为模式基本上都是女性采用的模式。出于这个原因，消极－建设型行为模式的寻求关注机制在女孩身上比在男孩身上体现得更明显。我们前面已经指出了一个错误的倾向，与积极－破坏型的孩子相比，我们往往忽视了消极－建设型的孩子有着更深的挫折感。消极－建设型的孩子不那么令人讨厌，但在发展自信和勇气方面需要更多的帮助。一个用消极－破坏性方法寻求关注的孩子，最终很可能成为目标 4 中完全没有自信、彻底放弃的孩子。

在本章中，我专注于解释儿童问题，并制定出一些能够积极应对各种群体和各种类型孩子的一般原则。寻求关注的孩子必须认识到他们获得社会地位的有效手段是做出贡献，而不是被他人接受，进而孩子将慢慢学会独立。在寻求关注的 4 种行为模式中，我们应该努力帮助孩子变得积极活跃，并将他们破坏性的方法转化为建设性的方法，直到孩子不再寻求他人特殊的关注。我们不应该对追求权力和优越感的孩子施加压力，因为他们已经成功地进行了反抗，而且仍然在继续反抗。承认他们的价值，甚至承认他们的权力，对于帮助这种类型的孩子建立自信来说是至关重要的，这样他们就不再需要以满足自身展示权力的欲望来驱动自己的行为。孩子必须明白做一个有用的人比拥有权力更重要。那些想要采取惩罚或报复行为的孩子往往认为没有人喜欢他们，并且永远不会有人喜欢他们。帮助这种类型的孩子需要一个长期的过程，我们需要向这些孩子证明有人喜欢他们，并且有人愿意喜欢他们。对于那些在挫折中放弃的孩子，我们必须慢慢地让他们认识到自己的能力和潜力。

孩子采取相同的行为模式并不一定表明他们在追求实现相同的目标。例如，懒惰既可以用来帮孩子获得关注和帮助，孩子也可以通过拒绝做必须做的事情来建立优越感，或者将其作为对好高骛远的父母的报复，从而使他们受到伤害。当孩子通过各种努力似乎无望获得什么时，懒惰也可以被孩子用作借口。

在下面的讨论中，各种行为问题将尽可能准确地按照它们最常被孩子设定的目标来阐释。但是，一个特定的问题出现在一个目标下，并不意味着这个问题不能在其他情况下为了实现其他目标而出现。

我将本章的重点放在阐释孩子与父母、兄弟姐妹之间的关系上，并将其作为理解孩子行为的基础。为了方便参考，有些信息和建议是重复的，特别是每个问题的处理技巧，遇到需要重复的内容，我将简略提及。对于那些具有类似心理机制的问题，建议必然是相似的。

寻求关注

1. 积极 – 建设性

（1）"榜样"孩子

许多让父母和老师欣喜的孩子，其实并不像他们表面上看起来那么完美。他们只是非常努力地展示自己的"优秀"，以获得赞美和认可。在某些情况下，明显可以看出这些孩子缺乏真正的优秀品质：他们往往与自己的同龄人关系紧张；如果他们不能成为人群中闪闪发光的那一个，他们就会感到失落。好高骛远和具有完美主义的父母往往会刺激孩子追求完美、绝对正确、优越，并积极鼓励孩子发展这种特质，有时还会让某个孩子与兄弟姐妹竞争。为了维持自己对弟弟妹妹的优越感，或与哥哥姐姐相媲美，甚至超过哥哥姐姐，这个孩子会努力变得更加善良、可靠、体贴、善于合作和勤奋，寻求并接受任何可能承担的责任。这个孩子和孩子的父母很少意识到他的"优秀"是如何影响到其他兄弟姐妹的，因为一个"榜样"孩子往往会使其他孩子陷入不自信的状态并出现社会适应不良的问题。"榜样"孩子的美德往往是以牺牲问题孩子的利益为代价的。

9岁的比利是一个出色的小男孩。他在4年前失去了爸爸，年幼的比利努力安慰他的妈妈，并提供各种帮助。小小年纪，比利就开始协助妈妈做家务，而且还要帮忙照顾6岁的妹妹玛丽莲。在比利很小的时候，他的妈妈就开始和他讨论各种问题，比利实际上承担了"家庭大男人"的职责。比利唯一做得不好的时候是在学校。比利在学校里没有几个朋友，对学业也不太感兴趣。比利在学校无法达到他在家里享有的非凡地位，这并不让我感到惊讶。

人们很容易想象比利的妹妹玛丽莲会是一个什么样的孩子。她极端任性，以至于妈妈不知道如何管教她，只好向我寻求帮助。她邋遢，不可信赖，吵闹不停，令人不安，让人讨厌，是一个真正的"小淘气鬼"。这位妈妈弄不明白这两个孩子怎么会有这么大的差别！她很难意识到比利的优秀和玛丽莲的顽劣之间的联系。

我与两个孩子一起进行了以下的讨论。首先，我问玛丽莲，她认为妈妈是否喜欢她。可以预料，她摇头以做回答。然后我向她解释：她的妈妈非常爱她。但是玛丽莲根本不相信，因此她就做出种种行为让妈妈对她生气。她认为也许只有当她行为不当时，妈妈才会关注她。我告诉她如果她努力表现得和以往不同，就会知道妈妈同样爱她。

我接着问比利，他是否希望玛丽莲成为一个优秀、善良的女孩。他立即喊道："不！"我问他为什么，他变得很尴尬，思索着答案，最后他说："无论如何，她是不会变好的。"然后我向他解释：也许我可以帮助玛丽莲，而他也可以帮助自己的妹妹，我们一起努力也许可以使她成为一个好女孩。我坦率地告诉比利："我确信你脱口而出的'不'字更真诚和准确地表达了你的想法。但你为什么不希望妹妹变好呢？也许你可以告诉我。"他沉思了一会儿，然后说出了内心的真实想法："因为我想成为最优秀的那一个"。

如果无法比其他孩子优秀，那这样的孩子就无法因为自己的优秀而感到开心。而且，如果他们不能变得更优秀，他们就会停止力争上游的努力，就像比利在学校的状况一样。如果我们成功地帮助家里原本落后的孩子上进，家里原本的"好孩子"一般就会变成"问题孩子"，而且这会是他人生中第一次成为"问题孩子"。由于这个原因，我们仅仅帮助"问题孩子"变好是不够的，整个家庭内部的关系都必须得到改善。比利和玛丽莲一样需要很多鼓励。比利内心也不确定自己的地位，害怕失去这个地位。比利如此努力地成为优秀的人，只是对自身能力怀疑的一种补偿。

年幼的孩子经常将自己的优秀作为优势工具来弥补年龄和力量上的不足，以获得父母的关注和青睐。有时，女孩会通过变得极其体贴和负责任来"夺取"兄弟的特权，这对男性竞争者非常不利，因为他们无法跟上优秀的姐妹的步伐，他们会因此变得更加不可靠、自私自利。一个女孩的这种"优秀"可能会危及她自己的幸福和她与他人相处的能力，因为在不知不觉中，她让别人都显得不可靠。她可能会逆来顺受，使自己成为每个愿意踩在她身上的人的垫脚石，这给了她一种道德高尚的特殊荣耀。这样一来，她可能成为一个"殉道者"，总是把自己的痛苦归咎于别人的缺陷。并且她的社会适应不良很少被及时发现，因为没有人会努力去帮助这样一个"优秀"的女孩。

（2）夸张的责任心

孩子经常会将夸张的责任心作为一种技巧，用以获得认可，并证明自己在道德品质上优于其他孩子。夸张的责任心背后隐藏的是对特别关注的争夺，并且这种深藏不露的目的几乎很难被人识别，甚至孩子自己也没有意识到。只要孩子能得到关注和认可，只要父母能持续满足孩子对认可和安慰的需求，双方就能一直相安无事。但是，孩子的这种方法迟早会受到挑战，比如父母拒绝再顺从他们的过分要求，或者兄弟姐妹或玩伴对他们得到的特别关注感到不满。

这时，孩子可能会开始以积极－破坏型的行为模式表现出夸张的责任心，从而获得更多的权力和优越感，甚至凌驾于父母之上。不同寻常的野心和超强的辩解能力，会让孩子用夸张的责任心掩盖自己对权力和优越感的追求。孩子做了他人要求他们做的所有事情，但孩子采用的方法往往让结果适得其反，最终，孩子的父母，这场冲突针对的对象，往往会陷入无助的愤怒之中。然而，这一切都被亲情和善意所掩盖。孩子用过度甚至强迫性的努力使自己的父母苦恼不已，他们把每件事都做得"无比出色"。孩子不讲究卫生吗？并不是，他们每天要洗30次手，因此浪费了很多时间。由于同样的原因，他们来不及吃饭，上学迟到，妨碍了学习。孩子对秩序的过度热爱掩盖了他们对秩序的反抗。孩子并不懒惰，相反，他们整天都在学习，以至于父母得强迫他们停下来或劝他们去睡觉。而如果把他们从学习状态中拉出来，让他们上床睡觉，第二天孩子自然就会因为准备得不够充分而考试成绩不理想。就像任何形式的隐形冲突一样，这种情形会导致孩子出现神经症。

我们不应该被孩子行为的敌对性质所欺骗，也不要试图强行干预孩子的事务而让自己卷入与孩子的冲突中。敦促或告诫，更不用说威胁，要么没有效果，要么只会加剧孩子对权力的争夺。我们有必要弄清楚孩子产生敌对的态度或叛逆背后的原因。在大多数情况下，孩子行为的起源通常是父母的溺爱或强迫，导致孩子对自己和周围的人都没有信心。因此，孩子突出自己的优点，为自己的缺陷找借口。

11 岁的玛丽是一个过度认真的孩子。玛丽的父母对她极其爱护，同时又对她充满焦虑，总是为他们的宝贝独生女焦头烂额。他们研究玛丽的情绪，预测她的每一个愿望，跟踪她的行踪，并无微不至地照顾她，不让她在学习时过度劳累。出于健康的本能，玛丽自然会反抗父母这种极端的关心。然而，由于极度崇拜自己的父母，她无法公开表达她的反抗。但她对每件事都非常认真，对自己的每一次疏漏和错误都会懊悔不已，这让她的父母深感不安。结果，玛丽所犯的错误越来越多，已经不能用单纯的愚笨无能来解释了。父母要求玛丽做的任何事情都会出现问题。很快，她的父母对她提出每个要求时都会小心翼翼。

父母在反对孩子夸张的责任心时，可能会变得暴躁，甚至是苛刻。在这种情况下，孩子既不会屈服于父母的压力，也不会放弃他们的道德信念和善意，而是会默默增加内心的反抗，最终达到内心彻底孤立。孩子可能会表现得异常顽固和目中无人，我们只能通过"意图良好"才能把他们和公开叛逆的孩子区别开来。

（3）聪明的言辞

很多孩子很引人注目，因为他们很擅长以引人注意和有趣的方式表达自己，无论他们说什么都很招人喜欢。父母总是会向他们的亲朋好友夸赞自己的孩子多么"聪明"和"可爱"，根本不考虑孩子当时是否在场。如此一来，孩子会自然而然地为自己"出色"的能力而沾沾自喜，并更加卖力地发表"精彩的言论"。当孩子还小的时候，仅仅是从他们机智的说话方式和表现出来的天生的观察力来看，他们的言论可能会有一定的吸引力。但是渐渐地，孩子的机智可能会成为麻烦，给大家带来的乐趣会变成失望。此时，父母往往不去帮助孩子摆脱这种尴尬处境，不去想办法以友好的方式转变孩子的想法，引导孩子以其他可接受的方式满足他们对认可的渴望。恰恰相反，他们开始责备、训斥孩子，此时给孩子贴上"叽叽喳喳""喋喋不休"的标签是最糟糕的，因为接下来孩子肯定会朝着这个方向发展。

孩子爱讲话的冲动源于渴望得到认可，这往往体现出孩子的焦虑。自然而然地，对于那些很难通过积极的方式获得他人认可的人来说，这种趋势最为明显，一些女性特别健谈很可能就是出于这个原因。泄露秘密，是这种错误模式的另一种表现形式，同样能让孩子感受到更多的个人影响力。不让年幼的孩子泄露秘密是非常困难的，因为他们心里太清楚了：如果他们说出了本不应该说出的东西，可以引起不小的轰动。我们必须理解这种诱惑对孩子有多大，而不要过于严厉地责备孩子的不当行为。但是，我们可以很容易地训练孩子的慎言能力：我们可以让孩子明白这是一种高超的技能，掌握这种技能能够证明他们已经长大了。通过这种方式，孩子就会认为保持沉默比说出秘密更可取。然而切记，单纯的劝告，特别是责备，永远不会从根本上解决孩子爱讲话的问题。

2. 积极 – 破坏型

（1）炫耀

野心勃勃的孩子在切实有用的领域受到打击时，可能会使用最匪夷所思的手段把自己推向人前，凸显自己，吸引他人的注意。

8岁的欧文有一个比他大3岁的姐姐。姐姐精力充沛，能力出众，学习成绩优异并且学起来很轻松，虽然才11岁，但她看起来已经是个大姑娘了。欧文纤弱瘦小，但非常要强。欧文总是要拥有最后的决断权，而且不断地炫耀自己。在学校里，他非常浮躁，注意力不集中，常用滑稽的动作和手势扰乱课堂秩序。

对于欧文这种吸引注意力的方式，他的父母有何反应呢？他们认为欧文虚荣心强、难以取悦，而且经常压制欧文明显为获得认可所做的努力。父母这样的做法显然是不可取的，因为欧文和姐姐相比，已经很受挫了，父母的贬低只会强化他对自己的不良评价。欧文给人的感觉是不求上进，因为他很少努力学习，对在学校里受到的批评和惩罚表现得毫不在意。实际上，欧文有很大的野心，但他的野心并不是为了取得有用的成就，因为这条道路已经被他的姐姐堵住了，她让欧文成了衬托她的背景。

欧文必须认识到，他并不需要成为父母关注的焦点，来与姐姐争夺优越地位。欧文夸大了姐姐的重要性，并十分怀疑自己在家中的地位。因此在这种错误认识的引导下，他采取错误的举动来维护自己的权利，这让父母十分不满，而这种不满又让欧文进一步证实了自己错误的认识。因比，我们必须让欧文明白，人们不仅因为他表现出的能力而重视他，而且还因为大家非常爱他。迄今为止，只有在欧文能够成功地震惊到别人时，他才能感受到自己的重要性。现在这种行为可以停止了。当行为不当时，欧文需要体验到秩序的不可抗拒性，这种体验和孩子行为良好时需要得到关注是同样必要的。

（2）鲁莽冒失

孩子试图给别人留下深刻印象的"花招"不胜枚举。孩子的奇思妙想往往令人震惊，让人感觉可笑。不明就里的父母对这种行为背后的原因一无所知，他们往往只会感到困惑不已。例如，当他们4岁的孩子（家里最小的孩子）想要用刀子切开汤时，他们只是会觉得很奇怪。孩子经常采用让人困扰的方式来吸引大人的注意力。通过这种方式，孩子让大人感觉到他们的存在，并让大人感到紧张。他们会打断父母的谈话、不允许妈妈与熟人交谈。

8岁的格特鲁德是家里的老二，也是一个被宠坏的孩子。只要她在妈妈身边，她就不允许妈妈关注其他人。如果妈妈想和别人说话，格特鲁德就用手捂住妈妈的嘴，或者大声地喊叫，让妈妈无法与他人交谈。她一边尖叫着表示抗议，一边紧紧地搂住妈妈的脖子，一个劲儿地亲吻妈妈。她的刁蛮和折腾让保姆们都退避三舍。然而，在学校里，格特鲁德却异常上进，她的勤奋似乎可以掩盖她其他"不太值得称道的"缺点。格特鲁德是"老师的宠儿"，是班上最优秀的学生。可能格特鲁德知道，在学校里她的小把戏是行不通的。

（3）"问东问西"

孩子有时会不间断地、无端地向父母示好，这令父母感到烦恼；孩子还可能不断地提出问题来吸引父母注意。我们可以很容易地判断出孩子是在询问信息还是为了引起他人的注意。我们应该如实回答孩子每一个认真提出的问题，但讨论莫须有的问题是完全没有必要的，后者的明显特征在于孩子提出问题的方式。孩子提出这类问题时，往往心不在焉，甚至有时不等别人回答就提出新的问题。父母往往注意不到孩子的这种把戏。当同样的问题重复出现时，他们甚至都没有察觉。父母的耐心被耗尽时，他们就开始粗暴地责骂孩子，而孩子对这突如其来的变化会感到十分惊讶，真切地感觉受到了伤害。

有一次在一个朋友的家里，我看到了下面的场景。妈妈把她3岁的小女儿抱在腿上，开始给她读图画书。每读完一页，女孩就叫住妈妈，问"这些人在做什么？""这只狗为什么在这里？"，每一次妈妈都会很耐心地回答。他们就这样读了几页之后，我打断他们问道："这些人在做什么？"小女孩回答得非常正确。在读完下一页时，我保持沉默，孩子问了一两个问题，妈妈又耐心地回答了。后来我们开始遵从这个顺序：在读完一页时，我提问题，孩子回答；在读完下一页时，孩子提问，妈妈回答，如此循环。在妈妈读完这本书后，我说我很喜欢这个游戏。妈妈惊讶地问："什么游戏？"她完全没有察觉到刚才所发生的事情。

这个情境与其说是有趣，不如说令人惋惜。它表明父母对孩子的各种小把戏知之甚少，从而助长了孩子采用错误的寻求关注机制。这个小女孩在上床睡觉之后又喊了妈妈三四次：要喝水、要上厕所、流鼻涕了、要一个被遗忘的物品。而父母一直顺从她，直到他们开始感到烦躁。这就是进行这种游戏通常会出现的悲惨结局。

我们不应该回答孩子不经意地提出的各种问题。我们只要仔细聆听一下，就不难将这些问题与孩子认真提出的问题区分开来。但我们必须认识到，孩子有时会以惊人的能力突然拓展他们的见识、视野，然后他们真的会认真地提出大量问题。然而，我们还是能区分出孩子深思熟虑后的问题和纯粹机械的问题：后者的特点通常表现为千篇一律或漫无目的。孩子执着地问"为什么？"，可能是出于对知识的真正渴求；但更多的时候，它只是表明了孩子渴望吸引他人的注意力。即使我们已经确定孩子提问题的情况属于后者，我们也不应该训斥孩子。我们可以提醒孩子，他们并没有在认真地提问题。

对孩子的提醒可以在完全友好的情况下进行。当孩子不能得到预期的结果时，他们很快就会停止这些令人乏味的提问。如果我们准备回答孩子这样的问题，我们不应该给出符合逻辑的答案，因为孩子其实已经知道答案了。我们可以和孩子玩一个小游戏：和孩子交替提问，孩子先提问，然后我们提问，这个方法很有效；我们可以用孩子的方式向他们提出一连串的问题；我们可以编一个奇妙的故事来回答孩子提的一个简单的问题。但是，我们应该适当地引入这些游戏，向孩子解释他们为什么要问这些问题，并表示如果他们想要我们的关注，我们十分愿意满足他们。如果我们在某个时刻刚好没有时间，可以告诉孩子稍后会给他们答案。如果我们为了让孩子安静下来而做出合乎逻辑的回答，或者谎称"我不知道"，又或者对孩子大喊大叫，试图阻止他们提问，这样反而会浪费时间。这些做法只会刺激孩子继续提问，继续打扰我们。

我必须再次强调，我们绝不应忽视或嘲笑孩子因为想要扩大知识面而提出的问题。贬低孩子会让孩子丧失信心，并促使孩子去寻找其他的信息来源，甚至会妨碍孩子的智力发展。客观、认真地提出问题的孩子，一般都能理解我们给出的简单的回答。千万不要告诉孩子，"你太小了，还不懂这个问题的答案"。我们必须花心思去发现问题的真正要点。如果我们给出的答案严格限制在问题要点范围内，就不会超出孩子的理解范围。一个成年人也许会认为孩子的问题是无法回答的，并认为答案超出了孩子的理解范围，只是因为成年人马上就想到了一个具体完整的答案，但给出这个答案会带来其他问题。但是孩子通常不会问超出他们自己理解范围的问题（当然，这一点只适用于孩子认真提出来的问题。）

除了孩子提出的客观的问题和漫不经心的问题，还有所谓的反问问题。"这样做难道不对吗？""你真的不是这么想的吗？""你难道不是认真的吗？""你难道不是这么认为的吗？"我们不应该回答这类问题，回答这类问题无非体现了我们对孩子的妥协，并且在任何情况下都属于多此一举。但是，总是挑剔和责骂孩子的父母，经常使用类似的反问句来作为刻薄、至少是不友好的回应。

（4）"可怕的小孩"

在不应该说话的场合说话或不该做某事时非要做，是"可怕的小孩"的典型特点。有些孩子在任何场合都要引起人们的注意，他们用最简单的方式得偿所愿：只要有机会，他们就去打破未成文的规则和习俗。这些孩子往往特别引人注目，因为他们聪明、机智并且善于通过表演来凸显自己。他们的策略是不做那些被明确禁止的事情，而绝对要把允许做的事做到极致。

8岁的弗朗西斯是一个典型的"可怕的小孩"。他父母双亡，由两个哥哥和一个姐姐抚养长大，在抚养弗朗西斯的过程中，哥哥姐姐往往出于情感而非理智来采取行动。他们因同情而放纵，后又因无助而变得严厉，他们在这两种态度中左右摇摆，弗朗西斯则被夹在其中。但弗朗西斯知道如何吸引所有人的注意力。有一次，他的哥哥因为他说了一句谎话而狠狠地骂了他一顿，并即兴讲了一下诚实的必要性，结果却令人震惊。第二天，一个远房亲戚来做客，弗朗西斯马上告诉他，家人都不太喜欢他。面对客人走后哥哥姐姐的责备，弗朗西斯"机灵"地回答："毕竟一个人必须永远说真话。"从此以后，家人都受制于弗朗西斯这种超常的道德认知。每当有客人来时，家人都战战兢兢，他们知道，弗朗西斯会使用不可思议的技巧，道出一些令人尴尬但真实的事情来。

自然，一个名副其实的"可怕的小孩"并不局限于发表令人尴尬的言论。他的花样很多，而且具有非凡的创造力。

有一次在我们的儿童指导中心，我就因为轻信，上了一个孩子的当。我接待了一个大约 5 岁的小女孩，她第一次来我们这里。她的妈妈向我们讲述了孩子的各种恶作剧，以及她试图通过恳求来影响孩子，当然这些恳求不起任何作用。在我和她妈妈谈话时，这个女孩坐在长椅上，毫无顾忌地玩弄着墨水瓶。她的妈妈警告她并把她的手拉开，但这并没起什么作用。这时候我很想告诉这位妈妈这种情况应该怎么应对。于是我说："去吧，把你的手放在墨水里。你只会把你的手指弄脏，而且看起来会很难看。但是，如果你想这样做的话，就去试试吧。"正如我所预料的那样，女孩被我的话吓了一跳，停止了摆弄墨水瓶。但是大约 10 分钟后，我突然听到了女孩妈妈的一声尖叫。女孩把她的两只手都伸进了墨水瓶里，骄傲地、兴高采烈地举起滴着墨水的小拳头。

显而易见，"可怕的小孩"很难教化，原因很简单，这样的孩子既聪明又"狡猾"。然而，"可怕的小孩"的行为在以后的生活中所造成的后果，不会像心烦意乱的父母所担心的那样糟糕，因为这些孩子足够聪明，能够准确推断出他们可以在什么时间、在多大范围内进行恶作剧。尽管如此，父母还是应该设法教育这些孩子。当然，除非父母不再与孩子产生冲突，并赢得孩子的理解和回应，否则就无法做到这一点，因为这些孩子足够聪明，能够认识到他们所做行为的目的。让"可怕的小孩"体验自然后果并不容易，因为就像我们刚才在弗朗西斯的案例中看到的那样，这些孩子足够"狡猾"，他们会利用自己的行为造成令人不快的后果来达到自己的目的。但是，我们依然可以找到能够让他们体验自然后果的合适时机。

首先我们应该允许孩子在他们的各种诡计中得逞。父母责备孩子，同时嘲笑他们的把戏，这当然会刺激孩子努力去做类似的事情以得到父母更多的关注。家里的访客或其他外人只是偶尔看到这种场面，会感到有趣，这会对孩子产生特别不利的影响。因此，我建议不要给孩子在客人面前"炫耀"的机会。我们只需对孩子说："你认为今天×姨妈来时你能好好表现吗？"如果孩子表现得不好，在接下来的两三次有客人来时，我们就不允许孩子在场。在这之后，我们可以再给孩子一次机会。但在这期间，我们必须努力争取孩子的理解。最重要的是，我们必须了解整个局面，因为这还可能涉及孩子与哥哥姐姐之间的竞争。此外，我们也必须避免过度关注孩子，或刺激孩子的野心以满足我们自己的虚荣心。

（5）不安定

孩子的这一特征也有其明确目的。

14岁的莉莉一直处于焦躁不安的状态。她不断地更换衣服、换新朋友，频繁地参加各种活动、发展各种兴趣爱好，但是她很快就会对一切感到厌倦。有一阵子，莉莉在数学方面表现出色；然后她又转向历史，如饥似渴地读着一本又一本厚厚的书，不久又把它们扔到一边。莉莉不断地向人们展示她多么有天赋：如果（但只是如果）她能在一段时间内坚持做一件事，她什么都能做成。这就是莉莉的行事原则。

莉莉一直活在一个非常能干又负责任的哥哥的阴影下。从表面上看，莉莉是两个人中更有天赋的那一个，但哥哥取得的成就更大，而且值得信赖。所以莉莉不断地显示自己有潜力完成很多事情。莉莉对自己履行承诺的能力没有信心，她害怕失望，但实际上正是她自己造成了这些失望。她把失望带进她所做的每一件事：在她的人际关系中、学习中以及她的兴趣爱好中。莉莉没有意识到，幻灭感并不是来自外部，而是源自她的内心。

不安定的孩子看不到坚持不懈的价值。他们的野心也不在于最终实现目标，即使他们相信或愿意相信自己会成功。这样的孩子的勇气有限，很容易放弃，转而去做下一个项目。他们最初展现的夸张的热情暴露了他们的悲观主义态度。他们不能按部就班地做事情，因为他们确信时间会证明自己的能力不足。

我们没有理由认定孩子天生就是不安定的。这样的假设是孩子给自己制造的借口，家人和伙伴的错误责备也促使孩子给

249

自己下如此定义。我们只有洞悉孩子的策略，并改变他们的人生计划，才能有效地帮助孩子。我们可以和大一点儿的孩子自由地讨论这个问题；但对于年幼的孩子来说，我们只有通过理解孩子所处的情形，才能给孩子带来改变。我们必须赋予孩子新的勇气，并且帮助他们改变他们的目标。这些孩子对采取行动不感兴趣，他们只关心用最少的努力获得尽可能多的东西。我们必须帮助孩子感受到通过工作和努力获得的满足感，不论结果如何，他们不能一味地想超越他人或只想着轻松快速地获得成功。

3. 消极 – 建设型

（1）过度依赖

孩子可以发掘出很多令人愉悦的方式来获得关注，可以不费吹灰之力就能得到他人的青睐，特别是当他们还小的时候。有时候孩子只需一个眼神，人们就会向他们伸出援助之手。孩子向他人表达自己的崇拜和钦佩之情，大家就会为他们的"伎俩"所迷惑。孩子利用自己的弱点和无助让别人为他们服务，但他们做得如此具有吸引力，以至于没有人产生反感，反而不遗余力地为他们做一切事情。他们从不打扰他人，因为那样他们就会失去力量。他们可能变得"工于心计"，表面上他们看起来只对别人感兴趣，实际上他们只关心自己。

依赖他人的倾向迟早会导致关系紊乱。只要孩子能取悦他人，一切相安无事；但当情况不允许他们取悦他人时，他们的良好举止就此结束。刚开始为了获得他人的关注，孩子可能变得具有破坏性。如果这一招行不通，他们可能很容易发展成为第三种孩子，这种孩子对被喜爱具有过度的渴望，如果这一渴望没有得到满足，他们可能认为根本没有人喜欢自己。许多依赖性强的孩子在发现他们的魅力不再起作用时，就会变得充满敌意，甚至变得特别残忍，比如在"原本属于他的爱"被新出生的弟弟妹妹"夺走"的时候。

（2）虚荣心

如果我们只欣赏孩子自身的特征，而不是称赞孩子能做什么，孩子就会变得爱慕虚荣。虚荣心表现为不用做任何有价值的事就能获得别人的赞赏。成年人称赞孩子的外表会极大地助长孩子的虚荣心。如果孩子认为这种对外貌的认可是他们在家庭中保持地位的基础，那么孩子的虚荣心就会变得很强。漂亮的孩子存在的一个问题是他们学会了更多地依靠自己的外表来给别人留下好印象，而不是依靠自己取得的成就和付出的努力。这些孩子对自己的能力越来越缺乏信心，这会使他们更加依赖别人的认可，进一步增强他们的虚荣心。最终，这种情况将导致激烈的冲突，因为他们要求的越来越多，所能做的贡献却越来越少。

消除孩子极端的虚荣心是一项异常艰难的任务。如果我们不清楚孩子过度地追求声望其实是源于强烈的自卑感，那就只会试图通过贬低来反驳看起来虚荣又自负的孩子。然而，这样做只会让孩子感觉自己更加无能，并更多地展示出自以为是或其他形式的冲动。虚荣的孩子不能忍受让位于任何人，因此会避免任何自己不能表现出众的情况。在遭遇挫折或打击之时，虚荣心强的孩子会回避参加所有公开的活动。这样，每一个虚荣心强的孩子在不能确保自己胜券在握的情况下，都会变得很胆怯。我们必须学会揭开这类孩子自负的面具，就像揭开表现冷漠的孩子的面具一样。一个男孩可能在学校里一无是处，什么也学不好，但实际上仍然野心勃勃。同样，一个孩子完全无视自己的穿着和个人外表，也并不意味着他没有虚荣心。这样的孩子只是不再试图通过良好的外表给人留下好印象，他们不想像其他人那样，对外表整洁感兴趣。如果不能以自己良好的外表给人留下深刻印象，他们就开始完全不在乎自己的外表，甚至试图以自己的邋遢形象给人留下印象。这种"漫不经心"的态度显然是虚荣心作祟。如果一个孩子真的不关心自己给别人留下什么印象，他就会遵循传统的外表标准。

我们怎样才能帮助孩子克服虚荣心呢？最主要的一点是我们不要助长孩子的虚荣心。大多数父母太过于强调"别人会怎么说"，从而激发孩子的虚荣心。许多父母都希望自己的孩子有吸引力或魅力，让人眼前一亮。他们把孩子打扮得漂漂亮亮的，在孩子的穿着上大费周章，并为孩子这方面的"成功"而感到欢喜，但这类赞赏并没有给予孩子内在价值感。通过炫耀，孩子过度依赖别人的意见，而放弃了自我评价。如果孩子不能给人留下深刻印象，他们就会觉得自己的重要性受到质疑。在这种情况下，即使成功也不会给孩子带来真正的自信。孩子可以通过自己的外在形象轻松赢得大家认可，这往往会导致孩子忽视那些通过努力才能得到的实实在在的成就。他们会认为自己不需要学习，不需要刻苦努力，不需要有任何特殊能力。即使虚荣心与有用或有价值的活动相结合，它依然会清晰无误地显示出孩子的能力不足。没有人愿意自己声名狼藉，除非他们认为自己在各个方面都没有任何价值。谁想成为第一，谁就会被这样的想法无休止地折磨：有一天我可能会失败，别人可能会超过我。父母如果要求孩子出类拔萃，就会给他们植入对失败的恐惧。虚荣心强的孩子之所以一心想给人留下好的印象，只是因为他们一直生活在对自己无法做到这一点的恐惧中。

这种恐惧，即害怕得不到他人的认可从而无法证明自己重要，在羞怯和自负的孩子身上同样存在。这些孩子害怕被嘲笑，他们认为这是他们可能遭遇的所有不幸中最大的不幸。但虚荣心强的孩子仍然有勇气使用建设性的手段来应对这种情况，而胆小的孩子只想逃避，只想通过展示自身的弱点和不足来寻求认可。在这两种情况下，我们必须教育孩子不要过于重视他人的意见，应该从自身和自己的成就中发现自己的价值。孩子必须认识到人的价值在于做出有用的贡献而不在于外表。对于受到错误的价值观影响的孩子，我们不应该压制其野心，而应该将其引导到正确的方向。

4.消极 – 破坏型

（1）羞怯

10岁的苔丝是个羞怯的孩子，与比她小3岁的弟弟性格正好相反。弟弟活泼、果断，随时准备处理遇到的任何事情；而苔丝常常局促不安、沉默寡言。当被问及某个问题时，她经常哑口无言。她最喜欢和妈妈待在家里，并且没有妈妈的陪伴，她从不出门。在学校，苔丝也沉默寡言，只有一个要好的朋友。当有人和苔丝说话时，她的妈妈的态度也非常典型："你为什么不回答医生的问题？不要低头看地板！ 站直了！"当苔丝被问到某个问题时，她的妈妈就会为她回答，因为她根本等不及让苔丝来回答。像苔丝这么大的孩子，还总是躲在妈妈的身后。这种现象意味着什么？

苔丝与她的弟弟有强烈的竞争关系。她觉得自己因为弟弟受到了轻视，不仅因为他是个男孩，弟弟动作敏捷，比姐姐更活泼、更聪明、更有能力。父母一直鼓励弟弟超越姐姐。当弟弟还小的时候，父母让苔丝处处让着弟弟。弟弟所做的一切都很"好"，很"可爱"。弟弟出生之前，作为独生子女的苔丝被父母宠坏了，现在她则变得郁郁寡欢、固执己见。苔丝很快就学会了将她的依赖性和笨拙作为一种手段，这样她不仅可以逃避照顾弟弟的责任，还可以迫使她的妈妈对她更加关注。诚然，这么做有一个不利的地方：她不得不忍受父母不断地指责她笨拙和无能。但是，苔丝毕竟成功地将妈妈的注意力吸引到了自己身上。

许多胆怯的孩子也使用着同样的策略。（然而，我们必须将他们与那些被吓到或可以说是被恐吓到的孩子区分开来）。这些孩子通过采取各种行为，迫使其他人关心他们、帮助他们。从这些孩子那里得到回应需要时间和精力。他们的行为令人不快，但我们不能对这样的孩子漠不关心。毫无疑问，这些孩子往往通过无所事事来吸引他人的注意。他们在气馁的同时，内心也充满了野心，否则这些孩子就不会试图引起别人的注意，而是自暴自弃，陷入彻底的消极状态。胆怯的孩子害怕被嘲笑。借助于他们的胆怯，孩子会努力回避任何可能需要他们发挥积极作用的情况，但他们仍然需要并期望每个人都关注他们。这种技巧有时会导致严重的神经症，例如，红脸恐惧症。患有这种神经症的人往往会逃避所有的社会责任，但这些孩子仍然设法利用脸红让自己成为别人关注的对象。

苔丝妈妈的做法展示了对待一个羞怯孩子的典型错误做

法。处于羞怯状态的苔丝肯定会一直依赖妈妈的监督和指导，这也正是她羞怯的目的。但是作为父母，我们不能让孩子一直处于这样的状态。我们必须通过有计划的鼓励来帮助孩子克服对各种活动的恐惧。佯装能力不足的背后，是孩子在逃避生活对他们的各种要求。对于这些孩子来说，这个纠正过程非常复杂。如果受到表扬，这些孩子要么不敢相信，要么受宠若惊，但也更害怕将来会遭遇失败。这样的孩子需要父母花相当长的时间来恢复他们失去的信心，父母需要系统的努力。但仅仅说鼓励和赞扬的话语是不够的，这些孩子需要更多实质性的证据才能确认他人对他们的认可。

（2）依赖和懒散

依赖性强的孩子往往也很懒散，会给他人带来很大的麻烦。这些孩子总是需要有人不断地告诉、提醒他们该做什么，最后还需要有人为他们做好一切。

如果我们剥夺了孩子天生的独立欲望，他们就会变得异常依赖他人。父母对孩子的能力缺乏信心，因此希望自己能帮助孩子解决问题，或者父母需要通过对孩子的保护来实现个人价值，这些情形都会导致孩子放弃追求自立。母亲越能干，越倾向于将所有的家务和责任揽到自己身上，孩子就越有可能变得依赖和懒散。

我们不应该为孩子做任何他们自己能做的事。如果孩子已经习惯了被别人照顾和服务，我们必须马上阻止这种情况继续发展。自然，在这个过程中我们需要有足够的耐心。孩子因为缺少实践练习而显得笨拙，那就给他们必需的时间，直到孩子能够提升自己的技能。同时，我们可以鼓励孩子，鞭策孩子，但不应该因为不耐烦或出于同情而帮孩子完成任务，从而使孩子免除自己应尽的责任。

有时候不只是父母对孩子缺乏自立能力负有责任。

8 岁的特鲁迪什么都不会做，或者，即使她设法完成了一项任务，也完成得很糟糕。她做每件事情的方式都有问题，这样她就不断需要别人的帮助。当全家人出云散步时，特鲁迪总会落在后面，必须有人催促她，最后再回过头来接她。特鲁迪自己会穿衣服，但每次都穿得不太整齐，吃饭时甚至需要有人帮她夹菜。她倒水时，也会把水倒在杯子外面。特鲁迪爱打架，不整洁，而且懒散。简而言之，她需要有人来照顾她，给她当"仆人"。而特鲁迪恰好有这样一个"仆人"！特鲁迪的妈妈是一位商务人士，很少有时间照顾她，但特鲁迪有一个比她大 4 岁的姐姐，姐姐对她的照顾无微不至。特鲁迪 12 岁的姐姐安妮认真、聪明，而且能力远远超出她的同龄人。因为在家里没有一个成年人给予孩子应有的关注，安妮不仅将自己的事务管理得井井有条，而且还管理妹妹的事务，并且她心甘情愿地承担这份责任，不愿卸下这个额外的负担。有一次，当她们两个人一起参加夏令营时，大家都惊讶于安妮对妹妹的教育方法，但没有人能劝阻得了她。安妮一直陪在特鲁迪身边，一整天焦躁不安地唠唠叨叨，就像她在家里习惯的那样。因此，这个有教养、勤奋好学的女孩扰乱了整个营地的气氛，其糟糕程度不亚于她那个行为不当、笨拙的妹妹。

我们可以理解为什么特鲁迪会发展到这个地步。两姐妹之间的竞争导致她们形成了分别"以进攻和防御当武器"的奇特组合。安妮作为两个人中能力更强的人会取得胜利，但特鲁迪却赢得了更多的关注。一个孩子试图通过有益的成就主动赢得认可，另一个则被动地通过无能得到认可。我们仅仅鼓励特鲁迪是不够的，但如果想让特鲁迪取得更好的成就，我们必须做到这一点，这是毋庸置疑的。但特鲁迪会避免取得更好的成就，因为这会使她失去与更有能力的姐姐竞争的武器。我们只有同时影响两个孩子，特鲁迪才能取得进步。她们之间激烈的竞争必须得到缓和。只有这样，才有可能改变双方的寻求关注机制。两个孩子必须学会与对方合作，而不是处处针对对方。这两个孩子都缺乏社会兴趣。（安妮在其他的人际关系中并不成功，这一点很典型，但也很容易理解。她没有真正的朋友，因为他们拒绝给予她所渴求的优越地位。）因此，两个孩子都必须学会在生活中扮演适当的角色。

然而，为了纠正孩子的某个缺点，我们并不总是需要改变孩子的整个人生计划。一定程度的秩序感可以被灌输给任何孩子。唯一的要求是，我们不允许孩子漫不经心。人类天生就适应规律和环境。懒散只是孩子的一种把戏或手段。孩子意识到不按时起床、不洗漱、不穿衣服、吃饭迟到、拒绝收起玩具或不在规定时间睡觉能给他们带来的好处。通过这些行为，孩子在与父母的斗争中赢得了胜利，从而获得了他们希望得到的关注。为了帮助孩子摆脱这些坏习惯，我们要尽量避免和孩子产生冲突，让自然后果[①]发挥作用。但作为父母，我们必须遵守秩序，否则孩子很快就会利用我们的错误来对付我们。

（3）缺乏注意力和毅力

孩子缺乏工作能力往往被归咎于所谓的精神或身体缺陷，人们认为是这些所谓的缺陷让孩子无法在一定时间内持续专注于完成某项任务。这种"精力不足""神经能量缺失"的假设纯属谬误，尽管焦虑的父母和胆怯的孩子的经验似乎证实了这一点。这些父母倾向于将他们或孩子的失败归因于神经衰弱或其他身体机能上的弱点。这就类似于每一个看起来愚笨的孩子都被认定为先天性低能一样，这样的看法反而会导致情况恶化。

15 岁的弗兰是一个焦虑、"脆弱"的孩子。弗兰正在上高

———————————
① 参考第三章"自然后果"。

中，尽管她很聪明，但面临很多问题。弗兰很容易感到疲倦，以至于放学后她不得不躺在床上度过一天中剩下的时间，她甚至在课堂上也很难专心听讲。当弗兰有一些不寻常的任务，比如考试，她就会完全崩溃。考试的前一天晚上，她吃不下、睡不着。有时弗兰会"病"得很重，以至于在应该考试的时候不得不躺在床上。从小学开始，弗兰就无法忍受安静地坐着。在前几年，她不得不留级。由于这个原因，起初父母决定不让她上高中，但是因为她所有的朋友都在上学，通过哭泣和哀求，弗兰也如愿以偿上了高中。然而，她勉勉强强才能完成学业，并且需要别人持续的帮助。

父母和医生都认为这是弗兰体质太弱带来的问题，但真正的原因是什么呢？在4岁之前，弗兰发育良好，精力充沛，活泼可爱。但在4岁时，弗兰完全变了。弗兰是独生女，她的妈妈和爸爸关系不好，而且很少有时间照顾弗兰，就把弗兰交给了一个保姆。但弗兰的妈妈仍然对女儿期望很高，因此女儿在她眼里永远不够可爱。她给女儿买最漂亮的衣服，把她打扮得像个小公主，所以弗兰对自己的外表非常重视，会因为一双鞋不满意而哭闹一整天。弗兰受到大家的同情，因为她的爸爸对她和她的妈妈太差了，最终抛弃了她们。弗兰的亲戚会给她买任何她想要的东西。当弗兰经过商店橱窗，看到她喜欢的东西时，她就停下来哭闹，直到得到那件东西为止。

但总的来说，弗兰在其他方面表现得非常好，从不直接将自己的意愿强加于人。她用各种不同的方法来获得她想要的东西。在她 10 岁之前，保姆必须帮助她穿脱衣服。她非常顺从，通过对每个人的迁就，弗兰可以成功地使每个人成为她的"仆人"。到现在，弗兰仍然扮演着"可爱的小女孩"的角色，穿着漂亮的袜子、戴着可爱的发带跑来跑去。没有人能够狠心地拒绝她的任何要求。弗兰总是选择年长的孩子或比她小很多的孩子作为玩伴，但是即使是比她小的孩子也会对她照顾有加，她也很享受如此。弗兰更喜欢和大人一起玩。她的妈妈劝她不要和其他女孩亲近，声称她们只会教她一些坏习惯。因此，弗兰最喜欢独自玩耍。

从 4 岁开始，弗兰就开始策略性地以自己的弱点作为获得服务的手段。她在被人催促时才吃饭，因此体重很快下降。走远一点儿的路，弗兰就会变得疲惫不堪。有一次，在乡下，因为她已经长大了，她的亲戚抱不动她，最后他们不得不雇人把她送回家！弗兰不会做家务，也从来不进厨房，所有事情对她来说都太难了。弗兰非常不愿意做手工，因为她很快就会感觉累了。弗兰很想为她的妈妈做一些事情，但总是做不到。

弗兰的妈妈平时不怎么关注她，除非弗兰生病。在最近的几年里，弗兰经常"生病"。正如我们所看到的，学校里即将到来的一场考试就足以让她"卧病在床"。弗兰的良好行为只是一种表演和给人留下良好印象的手段，她的表演能达到什么程度呢？从以下细节可以看出：弗兰房间里的书桌和书架上散落着教科书，还有一大堆其他书，但弗兰从不看这些书；但当有人进入她的房间时，弗兰就会表现得特别用功，似乎全神贯注于一些她永远不会完成的课程或自我设定的任务。

在这个事例中，我们可以清楚地看到一个野心勃勃并发现很难通过有用的成就来赢得认可的孩子所采用的手段。弗兰的野心是显而易见的，尽管她周围没有人意识到这一点，因为她从未在学校或其他地方尝试过取得任何真正的成就，而是努力避免取得这些成就。事实证明，"体质虚弱"是弗兰最有效的借口，而且，这也让她获得了妈妈的照顾和关注。

像弗兰一样，许多孩子试图用体质虚弱的借口来寻求庇护，并利用这一借口使父母成为他们的"奴隶"。之后，由于这种"弱点"，他们得以免于承担很多应尽的责任。然而，我们如果试图强迫这些孩子服从，很快就会发现，他们的这种"弱点"比我们的力量要强大得多。无论是暴力还是压力都不能促使孩子合作。我们必须把孩子的野心和努力转向一个新的方向。我们要用一个有计划的、系统的共同工作方案取代以前对孩子的呵护。迄今为止，孩子一直是被照顾的对象，而他们也充分地利用了这一事实。现在，孩子必须成为一名和我们共同工作的伙伴。

（4）自我放纵和轻率

15岁的乔治是一个飞扬跋扈、无拘无束的男孩，只为当下的快乐而活。他是个独生子，刚出生就被托付给他的姑妈，因为乔治的父母没有时间照顾他。这位姑妈有一个比乔治大3岁的女儿，但姑妈偏爱乔治，尽心尽力地让他感受到家庭的温暖。比起姑妈的女儿，乔治总是能得到更多的布丁和糖果。长大一些后，乔治有更多的零花钱，而且早上可以比姑妈的女儿睡得更久。姑妈的女儿的午餐是只有面包和黄油的三明治，而乔治的午餐是有肉的三明治。姑妈只辅导乔治做家庭作业。在乔治8岁之前，姑妈还给他洗澡，而她的女儿在很小的时候就得自己洗。

尽管乔治享受着种种优待，但两个孩子之间并没有明显的冲突。姑妈的女儿适应了这种情况，她的自立能力弥补了她所经历的种种忽视，并且她也努力照顾乔治。乔治现在已经有了一种特殊的能力，知道如何讨人喜欢（消极－建设型）。乔治是一个很吸引人的孩子，几乎没有人可以拒绝他。他将所有与他接触的人都利用到了极致，并以一种很有魅力的方式从熟人那里"榨取"钱财，然后很快就把这些钱芲在购买零食上。在学校，乔治也不知不觉地得到了老师的青睐，并成为大家公认的宠儿。乔治搞了很多恶作剧，但没有人会一直对他生气，他的恶作剧总是被人原谅。当乔治进入高中时，他惊奇地发现自己以往采用的方法不再起作用了。高中需要踏踏实实地学习，但乔治对此毫无准备。在小学时，乔治的成绩一直都很好；而在高中一年级时，他几乎勉强才能及格。此时乔治的行为模式开始从消极－建设型转向消极－破坏型。

很明显，乔治的整个人格是由他的童年处境和他试图掌控它的方式所决定的。把乔治的轻浮和贪婪专门挑出来，使之成为转变他行为的关键，是没有意义的。乔治很有野心，但他的野心仅在于尽可能多地从别人那里得到好处。只有在这方面获得成功时，乔治才会感到自己很重要。学习对乔治来说是一种负担，他不希望调整、掌控自己，因为那样他就必须放弃对他人的索取。乔治还没有意识到获取积极成就能够带来的乐趣。通过获取成就获得成功的前提是长期的努力，而这是乔治从未尝试过的事情。乔治从不为未来做任何打算，他想立即得到一切。因此，乔治不能忍受紧张或等待，而是把紧张和等待作为一种手段，以确保自己拥有更大的暂时性优势。如果有什么事让他不高兴，他就会离家出走。当他的家人拒绝给他钱时，他就去找朋友借钱。通过这种"狡猾"的手段，乔治让其他人承担他种下的恶果。他缺乏自制力，只是强求自己想要的任何东西。

改变乔治的行为模式的最大障碍来自他的家人。乔治能否重新调整取决于他的家人能否采取更加理智的态度。当家人试图把乔治送到寄养家庭时，他逃跑了，但这很快被他的家人接受。从此，乔治让每个人的生活都变得苦不堪言：当他公然蔑视既定秩序时，没有人让他承担后果。然而，这是使乔治清醒过来的唯一方法。根据周围人的态度，乔治自然会得出结论，他已经找到了正确的方法来维护自己。而且，如果乔治的家人下定决心不再屈服于他的愿望，他们将开始一场绝望的斗争，这场斗争将充满威胁、侮辱和胁迫，这反过来只会加剧乔治的反抗和对秩序的违背。乔治将不只是寻求他人的关注和服务，而是开始寻求权力，甚至可能是惩罚或报复。家人的坚定，以及持续不断的鼓励[①]，有可能促使乔治踏上改变自己的人生计划之路。

　　贪婪的人往往以眼前信手拈来的成功为目标，因为他们对未来没有什么信心。在他们看来，凡是他们目前无法得到的东西将来也很难实现。对未来缺乏信心是贪婪的孩子的典型特征，他们不会节制自己。为什么要为将来打算呢？他们认为即使今天没有挥霍，明天一样糟糕。因此，对他们来说，今天的享受和明天的不快是没有因果关系的。他们把这当作和父母谈判的筹码。这些孩子往往受到更成功的兄弟姐妹的威胁，或者他们父母的教养方法充满矛盾，但父母对他们宠爱有加。当孩子违背父母的命令试图获得"特殊待遇"时，自然会涉及内心

---

① 参考第三章"鼓励"。

一定程度的反抗。偷偷买来的糖果、从储藏室偷来的果酱、本应吃一周但一次就吃完的巧克力，对孩子来说，做这些事不仅可以给自己带来一定的好处，而且象征着他们轻松战胜了大人，同时他们不需要付出任何努力。贪婪和气馁总是紧密相连的。因此，孩子的贪婪表明他们的心理平衡被打破，他们需要帮助。但我要再次强调：帮助孩子并不等同于放纵孩子。

（5）焦虑和恐惧

在前面我们提到过神经症的问题。所有神经症的中心问题都是恐惧。但是，成年人的深度恐惧被认为是病态的，而孩子的恐惧则被认为是自然的。恐惧偶尔会出现在孩子身上，只有发展到严重程度时，才会被认为是不正常的。

恐惧是无助的表现。凡是感到无助的人，不仅害怕真实的、迫在眉睫的危险，他们在还在焦虑中寻找模糊的、未知的威胁。对人类来说，也许所有生物都是如此，恐惧反应是对更原始的生活方式的先天回忆，因为原始人类实际上一直生活在威胁之中，其中一些是未知的，另一些是原始人所无法理解的。在正常情况下，当代文明人都生活在各自的社区内，但孩子仍然会感到无助，这种感觉体现在他们对恐惧的敏感性上。当我们感受到孩子的无助时，就会对他们的恐惧做出回应。

这就是问题的关键。孩子学会了利用其天生的恐惧反应来实现个人目标。父母对孩子的恐惧印象越深（不管是出于过度的爱，还是出于同情，还是因为他们自己的恐惧），就越容易屈从于孩子的行为模式。利用这种恐惧，孩子可能使自己成为一个"小霸王"，不受任何秩序和规则的制约。

胆小的孩子害怕独处和黑暗，他们的恐惧揭示了他们特有的弱点及其内在根源。只有被宠坏的孩子才会有这种反应。孩子认为孤身一人是最悲惨的，因为他们觉得自己没有成年人的帮助就无法生存，没有什么比孤身一人更可怕了，因为那时他们必须完全依靠自己。同样，在黑暗中他们也得完全依靠自己的力量。有时，父母会为孩子提供争辩的理由，这些父母把让孩子独处当作一种惩罚，或者用幽灵般的"妖魔鬼怪"或不合适的童话故事来描绘黑暗和夜晚的恐怖。典型的童年恐惧往往开始于孩子拒绝上床睡觉。许多孩子很不愿意上床睡觉，他们要么不愿意放弃父母的温暖和关心，哪怕是暂时的，要么对自己不能像大人或哥哥姐姐那样晚睡感到不满，认为这暗含对自己的轻视。因此，上床睡觉以及随之而来的独自待在黑暗中，就成了孩子特别痛恨的事。在这种情况下，恐惧就成了一种非常有力的武器，很少有父母能够抵抗得了。

孩子利用恐惧依赖父母，往往达到荒谬的程度。孩子不会独自睡觉。睡觉时卧室门必须开着，或者至少要留一条缝，以象征着能与他人接触。渐渐地，孩子的要求还会增加：通往隔壁房间的门必须一直开着；必须有一盏灯开着；父母中必须有一人留在房间里，直到自己睡着了；父母必须坐在他们的床边，握住他们的手；如果父母松手，孩子会立即发出尖叫；即使孩子已经睡着了，他们也会感觉到父母试图离开，然后马上醒过来，开始哭闹，并让父母留在床边，直到深夜。那些本来已经可以自己睡觉的孩子会发现，他们还可以以做噩梦和夜间的惊吓为借口，爬上父母的床，逃避独自入睡的恐惧感。

在白天，恐惧的借口同样有效。

12岁的保罗利用他的恐惧感来支配他的家人。保罗是家里出生较晚的孩子，有两个成年的兄长。家里的每个人都宠爱他、纵容他，但保罗一直生活在焦虑之中。晚上，门必须开着保罗才能睡觉，他不敢单独待在一个房间里。回避一切会让他面临独自一人的情况。保罗害怕学校活动，害怕和其他男孩打架，他不会游泳也不愿参加体操比赛。每次妈妈一要离开他，他都会表示出强烈的抗议。因此，保罗的家人总是试图安慰他、帮助他，并为他铺平前进的道路。

保罗的妈妈来向我咨询，但不是因为对孩子的焦虑感到担忧。她想让我为孩子开具一份证明，让他可以免于参加游泳课，因为这个可怜的孩子在去练习游泳的前一天晚上总是睡不着觉！保罗能够学会自立，相信自己的力量，应对自己的困难，保罗的妈妈根本没考虑过这种可能性。保罗也不会主动去尝试，因为他喜欢处处被庇护的生活，尽管他为此付出了沉重的代价。

然而，保罗在方法的选择上已经相当保守了。

14 岁的欧内斯特在操纵他的父母方面就更"厉害"了。他的父母必须准确无误地告诉他，他们什么时候能到家，因为欧内斯特无法忍受等待、忍受悬念。欧内斯特对父母的爱掩盖了他的傲慢自负，他对父母的爱是非常焦虑旳。欧内斯特生活在持续的恐惧之中，他担心父母会出什么事，这就是他坚持要父母守时的原因。如果欧内斯特的父母在外面停留的时间超过他们承诺的时间，他们必须定时打电话给欧内斯特，向他保证他们平安无事。没有人意识到欧内斯特想要得到的是父母对他的关注。

针对孩子夸张的焦虑恐惧，我们可以采取哪些措施？强迫孩子自然是没有用的。最好的办法是忽略他们的焦虑、恐惧。孩子自然会用各种方法来对抗这一策略，并使各种状况迭出。当孩子还小的时候，我们可以简单地让孩子发泄怒火，让他们安静下来。我们必须给予孩子他们需要的爱和关心，但给予这些不是迫于孩子所承受的恐惧带来的压力。情况复杂时，我们有必要请儿科医生或精神科医生来帮忙。有时，我们也可以通过激发孩子的雄心和自豪感来成功地消除他们的焦虑、恐惧，告诉孩子恐惧是小孩子才会使用的手段，不值得他们去使用，有损尊严。最重要的是，我们不应该把注意力集中在孩子表现出来的症状上，而应该努力寻找深层次的原因。

孩子的无助感通常源于他们对成年人的依赖。因此，我们必须让孩子有机会获得更大程度的自立能力。善于观察的父母会发现，当孩子面临问题时，他们的焦虑会变得更加明显。因此，孩子必须学会如何应对他们会遇到的各种问题。在引导孩子处理这些问题时，父母焦虑比孩子焦虑更危险。此外，孩子想要成为众人关注的中心以及不惜一切代价为所欲为的行为方式必须得到纠正。正如我们反复强调的那样，减少对孩子的纵容是达到这一目的的最佳手段。孩子焦虑通常是因为父母无节制地纵容，这一事实变得越来越显而易见，因为孩子的焦虑在没有人纵容他们的陌生环境中会彻底消失。然而，我们对孩子采取严厉的态度只能加剧他们的无助感。在这种情况下，孩子一味地压制自身的恐惧只可能导致更大的困扰，通常会带来神经机能问题。

（6）饮食困难

如果父母没有费尽心思地强迫孩子吃东西，那么孩子根本就不存在进食困难的问题。当父母过分重视孩子的饮食时，进食困难就出现了。如果妈妈对孩子的体重过于焦虑，孩子体弱多病或在生病期间体重下降，进食困难的情况很有可能随之而来。接着，孩子就会面临父母施加的压力，这种压力起初是温和的，但逐渐发展为强迫性的。被他人催促进食会扰乱孩子接受食物的能力和意愿，因为它破坏了肠胃的正常功能，使人对进食感到厌恶。此外，在压力之下，孩子一般都会有抵抗的反应。如果这种抵抗针对食物的摄入，那么已经对孩子的饮食过度关注的父母就会感觉他们的压力陡然增加。他们的绝望可能会飞速增长，却无法改善孩子的进食情况。此外，这将给孩子留下这样的印象：吃饭不是为了自己的利益，而是为了父母的利益。因此，进食成了孩子随时可以用来对付父母的武器，特别是当孩子感到被忽视或被轻视时。比如一个新婴儿的到来，或者一个孩子已经从疾病中恢复，而父母停止了对他的特别关注，就会出现这种情况。

　　一个两岁的女孩拒绝进食，这让她的妈妈和家庭医生都非常担心。这个孩子每餐都发脾气，如果让她自己待着，她会好几天都不吃饭。这个孩子对食物的厌恶是有因可循的。医生曾建议女孩的妈妈让孩子保持规律的进食时间（这是一个很好的建议），但这位妈妈使用了什么方法呢？当孩子在喂食时间睡觉时，她就把孩子叫醒。当孩子拒绝吃奶时，她采取了更激烈的措施：捏住孩子的鼻子，等到孩子不得不张嘴呼吸时，再把勺子塞进孩子的嘴里。这个孩子现在对食物有如此大的敌意，有什么可奇怪的呢？

　　如果父母让孩子的本能发挥作用，进食困难会在几天或几周内消失。这些本能存在于每个孩子身上。让孩子挨饿，过一段时间他们就会要求吃东西。如果我们只在固定时间提供食物，孩子就会自动调整自己。

遵循这个简单的做法，孩子的饮食问题都会得到解决，但父母的行为往往会使孩子出现进食问题。首先，他们尝试劝说孩子吃饭。这样吃饭成了一场可悲的闹剧。妈妈警告孩子，如果他不吃饭，后果会很严重。她喂饭给孩子并哄骗他，给孩子讲故事或给他提出好的建议，奖赏或威胁惩罚孩子。最后，妈妈会变得异常愤怒：她开始责骂或喊叫，甚至使用暴力将食物塞进孩子的嘴里。这样的妈妈因为纯粹的爱而变得暴怒，从来没有注意到孩子在此过程中是如何扭动和挣扎的，直到孩子最终吐出她费力地强塞给他的食物。现在，妈妈要么让步，允许孩子不吃东西，要么根据孩子的喜好准备特殊的食物，有的妈妈每天花很大一部分时间来准备孩子喜欢和接受的食物；要么妈妈下定决心"就是要让他习惯"，在下一餐给孩子吃他上次拒绝吃的食物，但这么做的结果往往是徒劳无功。其实，父母和孩子都可以很容易地免受这些痛苦。

首先，孩子的饮食不应该成为日常讨论的话题，也没有理由引起骚动。父母应该相信孩子的健康本能。如果我们不插手，孩子就不会挨饿，插手只会抑制孩子的本能。我们的关注为孩子提供了比饱腹感更大的满足感。想一想孩子从我们那里得到的所有关注！仅仅依靠不吃饭的手段，孩子就能压倒我们，使我们陷入完全无助的境地。这些情感收益远比身体上的舒适更令孩子向往。在富足的环境中，如果让孩子自己处理自己的事情，就不会有孩子发展到营养不良或饮食不足的程度。但如果父母过度担心孩子的身体发育状况并强迫他们进食，孩子往往会出现营养失调或营养不足的问题。纠正孩子饮食习惯的第一步是尽量不干涉。不要催促孩子，不对孩子没有吃光盘子里的食物或匆匆忙忙吃饭发表任何意见。但是光是保持安静是不够的，一个焦虑的妈妈即使沉默不言也可以表达出足够的焦虑情绪。如果我们坐在桌前盯着孩子，就会不自觉地表达出我们的紧张、忧虑、绝望和愤怒，给予孩子不适当的关注，自然会激起孩子的反抗。

其次，孩子必须体验他们拒绝吃东西的自然后果。如果孩子不想吃摆在他们面前的东西，他们可以拒绝这种食物。但我们不应该纵容他们，并出于怜悯或恐惧，给他们别的东西吃。当孩子不吃给他们准备好的食物时，必须等到下一餐才有东西吃。而在下一餐，孩子应该与其他家庭成员吃一样的食物。

娇生惯养的孩子可能会"勉为其难"地吃下那些"味道尚可"的食物。如果他们对特定食物的要求得到了满足，父母很可能还没有理解规则的重要性，或者无力停止自己对孩子的过度放纵。我们已经解释了为什么让孩子接受各种食物是如此重要。[①] 引导孩子吃不喜欢的食物并不困难，除非他们的厌恶是基于身体的敏感性的（食物过敏）。如果孩子没有及时吃完食物，我们就应该把他们的食物拿开，在这一餐到下一餐之间不应该再给他们任何东西吃。如果想训练孩子吃某种食物，我们可以把它安排在孩子最喜欢的甜点之前吃。孩子应该知道即将发生的事情，但我们必须注意要以一种既不是奖励也不是惩罚的方式提及这件事。像"如果你不吃光盘子里的菠菜，就没有冰激淋吃"这样的威胁是完全不合适的，我们需要表现出比较随意的态度。但我们绝对不能使用任何承诺、不能乱发脾气，也不能屈服于孩子试图打动和削弱我们的伎俩。我们可以表达对孩子的同情，但不能对孩子屈服。即使孩子很努力地吃他们不喜欢的东西，但吃不下去，我们也不应该为之所动。一旦孩子勉勉强强地挣扎着吃东西，我们就把这些东西拿开，告诉他"你显然还不饿，不应该强迫自己"，让孩子体验相应的自然后果。

　　小弗雷德被邀请参加一个聚会。他的饮食习惯很差。其他的孩子都吃完了自己的东西，但是小弗雷德还在努力地喝着他那杯牛奶，嘴里嚼着三明治，吃得很慢。带他来的奶奶说，小弗雷德经常要花一小时才能喝完一杯牛奶。奶奶试图劝说小弗雷德："你难道不觉得丢人吗，弗雷德？你看看其他人都吃完

---

① 参考第五章"饮食习惯"。

了，你快点吃啊。"女主人请奶奶离开房间，然后转向小弗雷德说："在我们家，如果你不想吃东西，你就可以不吃。把你的杯子和三明治给我。"然后她做了一个要把食物拿走的姿势。小弗雷德闻言，立刻用双手抓住食物，大口大口地吃着三明治。他的两个脸颊都被塞得鼓鼓囊囊的，他都无法将三明治咽下去。小弗雷德不习惯这样的吃东西的方式。于是女主人坚持说："不，弗雷德，这样不行。我看出来了，你不饿，如果你不想吃，我只能把食物拿走。"她没再多说什么。5分钟后，牛奶就被喝光了，三明治也被吃完了，这让小弗雷德的奶奶非常惊讶，她不明白这一"壮举"是如何完成的。

另一个案例，也是我了解的最糟糕的案例。小约翰7岁时，他的妈妈把他带到我举办的夏令营。当时小约翰刚从百日咳中恢复过来。小约翰不仅在开始进食的时候咳嗽和呕吐，而且每当他兴奋或体力不支时也会咳嗽和呕吐。他的体重下降了很多，以至于瘦得皮包骨。不知所措的父母雇了一名护士，在白天给他喂食数次，并且每次喂食都要花好几小时。护士简直要把每一口食物都强行塞进他的嘴里。结果是，小约翰确实吃了少量的食物，但大部分都被他吐了出来。

我同意接收这个男孩进入夏令营，但附加的条件是他的父母在两周内不能来探望他，并且不得询问他的体重增减情况。父母之前已经尝试了他们能想到的所有方法，因此他们没有其他选择。当食物被放在小约翰面前时，他只是看着，没有采取任何行动。没有人发表意见，过了一会儿，盘子被拿走了，根据规定，在下一餐之前没有人再给他提供任何食物。所有孩子在两餐间会喝牛奶和水，小约翰也就只喝了点儿牛奶和水。看着这个孩子自己挨饿而不做点儿什么是很困难的，但这是治疗小约翰的唯一方法。

在第一周结束时，小约翰开始尝试将一些食物放入口中。在我们到周围的山上游览时，我在一座山顶上遇到了小约翰。我问他情况如何，他没有说话，这很令人费解，因为他一般都表现得很友好和顺从。我试图找出困扰他的原因，但没有得到任何回应。最后我让他张开嘴，他张开了嘴，他嘴里是一小时前的早餐中的面包，小约翰把它放进嘴里，既没有咀嚼也没有吞下。经过两周的耐心等待，小约翰才开始正常进食，随后所有的困难都消失了，他的体重迅速增加。

我在一个夏令营中观察到另一个很典型的案例：一个14岁的男孩患有某种腹部肿瘤，并在过去几年中经历了几次手术。此时他身体状况良好，但不能正常进食。他一吃东西就会呕吐。他的体重偏低，有饿死的危险。

在营地的第一天，在晚餐时间，他不喜欢我们提供的汤。我们向他解释说，他不一定非得喝汤，但不喝的话，这顿饭他就不能再吃其他东西，但他还是拒绝喝汤。然后，当肉被端上来时，他"开始变得很饿"，但我们没给他肉吃。他惊讶地说："我想吃！"很显然，他从未经历过在想吃饭时被拒绝的情况。我们以友好但坚定的方式告诉他，我们同情他，但规则是不能打破的。这时，其他孩子开始干涉。他们看出了他营养不良，饿得很，因此当他开始哭时，他们恳求我给他一些食物。大家都感到很难过，但是向他让步就意味着输掉这场"战争"。那天后来他没有吃到任何食物，但是几天之后，他就开始进食，也不再呕吐了。这一情况证实了心理医生的观点，即这个孩子的进食困难和呕吐是精神性的，可能是他的父母过度关注和哄骗的结果，虽然他们的担心和恐惧是可以理解的。

（7）语言障碍

在成长过程中，孩子偶尔出现轻微的语言障碍是正常的，不应该被视为病态。然而，当父母以警告、训诫和责备的方式进行干预时，孩子的天生性口吃可能会发展成为更严重的障碍。因此，语言也可能成为父母和孩子之间的冲突的核心，在这种冲突中，孩子往往会战胜父母的所有努力，赢得胜利。口吃影响的是人际交往，它将影响孩子与他人的联系。孩子需要特别的自信来与他人接触。孩子在面对自己害怕的人时常常口吃。然而，有时口吃的根源在于过大的野心。与其说是孩子害怕别人，不如说是害怕自己出丑。口吃是一种焦虑和害怕失败的表现，但同时它也意味着对抗，能够引发他人的关切和特别的关注。

口吃可能需要专业的治疗。要改善口吃这个问题，与其使用语言练习，不如对孩子进行整体的调整。父母可以不直接关注孩子的口吃问题，而是通过运用一切可能的方法来缓解孩子的对抗情绪，减轻孩子的不适和压力，从而解决口吃问题。

有一种特殊的语言障碍肯定是父母极端的放纵和宠爱造成的，即假性聋哑。孩子根本不是聋哑人，却表现得像个聋哑人。孩子从不说话，也不听别人说话。事实上是孩子觉得没有必要说什么，因为家人会满足他们所有的愿望，他们可以用手势和面部表情表示他们的意愿。只要父母对这样的情况处理得当，就能判断孩子聋哑的可能性，从而对孩子进行最终的诊断。

类似的机制也会导致较年幼的儿童产生语言能力不足的问题。他们说话很不清楚，因此除了家庭成员之外，很少有人能够理解他们。他们缺乏和他人的交流，这与孩子日常的"懒惰"情况是一致的。这样的孩子在任何方面都不做适当的努力。他们成功地要求别人为他们做每一件事情。他们走路慢吞吞的，拖着脚步；他们不自己穿衣服，采用消极的破坏性方法来引起他人的注意。这些孩子可能看起来沉闷、冷漠，但实际上他们足够聪明，能意识到他们不需要做更多的事情，因为许多事情都由别人为他们做好了。如果他们什么都不做就能得到这么多令人欣慰的关注，他们为什么要大费周章呢？如果能够成功地让妈妈停止过度保护或让姐姐停止通过管理"小宝宝"来获得自己的地位，这些"小宝宝"很快就会长大，并承担起所有他们以前即使受到暴力威胁时都不会做的事情。

说话不清楚只是婴儿期人为的症状。如果我们想改善孩子的发音，无论他们说什么，只要他们没有清楚地表达出来，我们都应该忽略他们说的话。纠正孩子的发音或让他们正确地重复说一个词是不可取的。这些都是过度关注，会刺激孩子保持他们的缺陷，而不是去改进。只有当孩子发现清晰讲话对自己有好处时，他们才会改进自己的发音。如果孩子讲话很不清楚，别人无法理解并做出回应，孩子自然就会明白自己必须清晰地讲话。

展示权力

每当孩子通过寻求关注的方式来获得社会地位的努力失败时，人际关系的一个新阶段就开始了。在大多数情况下，这会成为一场权力斗争。孩子会做他不应该做的事，并拒绝做别人要求他做的事。孩子开始挑战父母的权威，并试图使自己成为家庭中的坚不可摧的力量。诚然，权力这一概念并非孩子发明出来的，但孩子通过对父母、亲戚和熟人的观察意识到，权力能够赋予人们社会地位并解决问题。谁能压倒别人，谁就能获得胜利，就会被认为是聪明和优越的人。作为社会的一部分，当代家庭的整体氛围，也推动着家庭成员间争夺主导地位和权力。当孩子采取的其他试图使自己成为社会群体的一部分的方法失败后，权力的争夺就会成为孩子下一个寻求社会认可的新尝试。

（1）不听话

不听话是孩子争夺权力的一种特有手段。这种手段的运用破坏了合作和必要的秩序。每当出现权力问题时，孩子就会拒绝服从。因此，不听话是孩子表达反抗的最常见和最普遍的表现之一，它往往和其他缺点一起出现。然而，我们必须谨记，健康的孩子偶尔也会做出反抗。那些总是绝对服从的孩子不是家教良好，而是胆小怕事、心怀恐惧。这些孩子不会公开地表现出反抗，他们面临的问题是不同性质的。孩子不听话，并不体现在孩子没有严格地按照要求去做每一件事，而体现在当我们要强制性地维持秩序、执行命令时，孩子显示出的不愿意听从的迹象上。有些孩子出于自己的原则，会做与我们的要求相反的事。

6岁的杰克让他的妈妈很头疼。妈妈让他穿好衣服，他却光着身子跑来跑去；在吃饭的时候，杰克一定要带着他的玩具；如果让他做什么事，他就不理不睬；当叫他进房间时，他一定会朝相反的方向走去。杰克的妈妈对此束手无策。

　　杰克是独生子。他的爸爸是一个非常"脆弱"的人，经常紧张地抱怨，让杰克的妈妈痛苦不堪。杰克的妈妈是一个勤奋、能干的女人，但即使是她也无法忍受她丈夫如此焦虑紧张的情绪。她总是会向丈夫屈服，继而只能通过自己的努力来维持家庭的秩序。她试图向杰克灌输遵守秩序的概念，但遭到了丈夫的激烈反对，因为丈夫对孩子极为依恋，想为孩子解决一切不便。杰克的爸爸总是站在孩子的立场上反对杰克的妈妈的做法。如果这个小家伙表达了任何愿望，他的爸爸会立即满足他，而不管妈妈是否反对——杰克已经学会了利用这种情况。他想做什么就做什么，因为他有爸爸的支持，每当妈妈试图坚持的时候，杰克就立即向爸爸寻求庇护。妈妈觉得她应该用严厉的态度来避免丈夫对孩子的纵容，但这只能徒然增加孩子的反抗。

　　这个小男孩被夹在这两股相互敌对的力量之中，在这种情况下，杰克的人生计划就不难理解了。通过与爸爸结盟来和妈妈抗争，杰克努力争取自己在家庭中的地位。除了战胜妈妈的权威之外，杰克不知道还有什么其他的胜利可言。杰克要实现的目标不是获得能力和个人价值，而是通过反抗获得胜利。在条件允许的情况下，杰克就会展开强烈的对抗。即使他的妈妈要求他做一些在其他条件下他可能愿意做的事情，他也会做相反的事情。杰克的根本错误在于他认为只有反抗妈妈才能确保自己的权力和地位。杰克没有取得任何有用的成就，他只能非常费力地自己穿衣服；行为不规范，缺乏自立能力；而且他经常口吃。

杰克父母最大的问题自然是杰克的爸爸对孩子令人难以置信的放纵，尽管妈妈做出的努力可能加剧了她丈夫和儿子的状况。孩子不听话往往与受到溺爱有关，因为孩子的不听话往往是以父母毫无原则地纵容孩子为前提的。毫无疑问，妈妈也极度宠爱和过度保护杰克，这也许是出于对状态不稳定、焦虑不安的丈夫的考虑，也许是因为她喜欢承担太多的责任。无论如何，妈妈没有强制执行过自己的命令，而是不断地发出新的命令："杰克，做这个，去那边，别管那个了！"当杰克丝毫没有表现出服从这些命令的意愿时，她又重复发出这些命令。当这些都无济于事时，妈妈开始对杰克大喊大叫，或者扇他耳光。最后，她彻底对杰克放任自流，因为她不想再和他纠缠下去了。

杰克的妈妈的这种态度是导致杰克不听话的典型原因。我们可以在一个类似的案例中再次观察到这种情形。

弗雷德，8岁，是一个极其任性的男孩。弗雷德的妈妈在他很小的时候就去世了，他一直和他的奶奶生活在一起。他家里有几个叔叔和姑姑，还有一个比他大近10岁的姐姐。弗雷德总是在搞恶作剧，是一个典型的"可怕的小孩"，十足的

"捣蛋鬼"。在任何情况下，弗雷德都不会乖乖听话，他总是烦躁不安或四处游荡，从来没有安静地坐过很长时间。他手里总是拿着一些东西，通常是一些易碎的物品，而它们最后都会被他摔在地板上，发出一声巨响。日复一日，人们不断地告诫他："弗雷德，把腿伸直，不要用手指敲桌子，把碗放下，坐在你的椅子上！"家里每日都上演着这样的苦口婆心的劝阻大戏，但弗雷德完全置若罔闻。只有当家人声嘶力竭地制止他，或者给了他一巴掌时，弗雷德才会停止做出令人讨厌的行为，但没一会儿他就会开始做出另一种令人讨厌的行为。没有人知道该拿他怎么办。在学校里，弗雷德也是如此，他烦躁不安，总是喋喋不休，扰乱课堂。他的字写得潦草不堪，单词记得也很差劲。然而，弗雷德是一个聪明伶俐的男孩，他的回应和他发表的一些言论常常让人惊喜，然后大家继续放任他。

这个男孩的人生计划是什么，它是如何形成的呢？在这个成年人占主体的家庭中，弗雷德是年纪最小的，也是个头最小的。他唯一的姐姐也已经长大成人，并在各种能力上一直远远超过他，因为她很早就迅速地承担了已故母亲的职责，变得非常能干。自从母亲去世后，弗雷德就一直随心所欲，他所有的亲戚也都出于怜悯和因为他的可爱，对他非常宠爱，并在所有事情上让着他、护着他。因此弗雷德很早就得出这样的结论：只有让其他人关心他，他才能在这个家庭群体中获得自己的地位。弗雷德看不到任何其他确认自己重要性的方式。因此，他变得依赖性很强，功课一塌糊涂。通过这些手段，特别是通过使自己显眼的伎俩，弗雷德迫使其他人持续不断地关注他。当家人们对他越来越恼火并试图制服他，弗雷德就从寻求关注转变成了展示权力。

现在我们应该很清楚，除非能够彻底地改变弗雷德对自己的看法，否则任何正确教养他的尝试都是注定要失败的。弗雷德认为自己并不重要，除了让自己出丑，并按自己的方式行事，吸引所有人的注意，再没有其他办法可以使自己获得别人的关注。我们如果想帮助这个男孩，就必须让他看到，他也可以通过做出有益的贡献赢得他人的认可和尊重。要让一个非常气馁的孩子意识到真正的成就的价值并不容易，但对孩子的这种鼓励是必不可少的。最重要的是，我们必须在孩子没有恶作剧，并真正做出贡献的罕见情况下对他表现出兴趣。孩子生活方式的改变是改善孩子行为的重要前提。除非我们了解并理解孩子内心冲突的整个背景，否则我们仍然无法理解孩子的各种不听话行为。

除了溺爱之外，教养孩子过程中的某些纯技术性错误也能进一步导致孩子不听话。我们在这里简单地回顾一下前文提到的一些教养过程中的常见错误：下达的命令前后不一致；语气优柔寡断；使用暴力、具有攻击性或羞辱性的方法或词汇；下达命令后不耐烦，甚至不等待孩子执行命令，其中最大的错误是重复下达命令。只有在极少的情况下，孩子才需要绝对服从父母，父母才有必要重复发出清晰明确的指令。但是，如果某件事情已经说过一次，就不能重复第二次；话语不起作用时，就必须采取行动。不言而喻，这些行动不应包括使用武力。每当孩子对命令没有反应时，我们可以而且必须让孩子行为的自然后果发挥作用。

我们可以通过和平的方式让孩子体验其行为的自然后果，特别是在孩子非常任性的情况下，我们必须推迟下达命令，直到适当的时机到来，即当我们准备好用符合逻辑的自然后果来回应孩子的无动于衷或故意捣乱时。这样的时机其实很多，但那些不愿意反思自己行为的父母则认为这样的时机没有多少。在任何情况下，我们都必须避免重复下达命令。孩子必须学会用心。如果孩子在两三件事情中发现自己有能力执行我们下达的命令，他们就会更愿意听从我们的指令。

一个两三岁的小男孩站在一个展示橱窗前，不肯离开。他的爸爸和妈妈已经走远了，他们不断地哄小男孩离开那里。但是这个小男孩就是不肯离开。他的爸爸和妈妈实在没办法了，爸爸就走了回来，大声地、严厉地催促小男孩，但孩子假装没有听到。最后，爸爸的耐心终于被耗尽了。他抓住小男孩，拖他离开。这时真正的"好戏"开始上演了。小男孩激烈地反抗：他号叫着，在人行道上打滚。爸爸和妈妈顿时慌乱无措，非常紧张地要把他拉起来。一群人聚集在周围，对小男孩的爸爸和妈妈指指点点，或支持或反对他们的做法。最后爸爸只得把小男孩抱起来，不再让他哭闹，完全不再是刚才那个妄想能够控制小男孩的爸爸的样子。

然而，要让这个孩子恢复理智是很容易的！如果父母非常明智，他们会在孩子第一次拒绝继续前进后告诉他："你想继续看展示橱窗，是吗？好吧，我们很抱歉，但我们没有时间，所以你必须自己留在这里，我们要回家了。"如果这个孩子看到父母是认真的，而且确实要离开了，他肯定就会跟着父母走。但是，假设孩子以前一直受到宽容的对待，以至于他不把父母放在眼里，并相信现在他们会一如既往地对他让步，那么他自然不会听从父母的指令。在这种情况下，父母只需要转过下一个拐角，从对他们有利的位置谨慎地观察孩子。当他们消失不见后，孩子可能马上就会一路小跑着去追他们。

有时，我们要让孩子体验到符合逻辑的自然后果并不容易。首先，有人在场的时候并不是教育孩子的适当时机（但我们也不能因为害怕吵架而让孩子为所欲为，否则孩子就会利用我们对尴尬的恐惧）。当适当的时机到来时，我们可以让这个不安分的孩子选择安静地坐着或独自待在房间里，因为当他吵闹时，我们根本无法忍受他待在我们身边。同样，当孩子不能安静地吃饭，行为举止也不端正时，他就没有选择，只能在自己的小桌子边独自吃饭，因为他还不能表现得像个大人，我们甚至可以让他在厨房里自己一个人吃饭，他可以自己选择吃什么。可见，我们没有必要反复劝说和命令孩子，毕竟这要冒着让孩子随心所欲的风险。但是，要记得，我们永远不应该用自然后果来威胁孩子，而是要恰当运用自然后果！

对于不守规矩的大孩子，我们有时很难在不使用蛮力的情况下确保命令得到执行。在这时，我们最好引入行为的负面后果。即使对于强壮的男孩，我们也可以坚持绝不妥协。如果孩子不按时吃饭，那么孩子接下来所有的行为都不能让他得到一份额外的食物。如果妈妈要离开房间，孩子不能阻止她这样做。如果孩子非得跟着出来，妈妈可以离开家。当然，如果孩子拒绝的举止得体，我们却试图把他赶出房间，那就错了。因为如果不使用暴力，根本不可能实现这一点，甚至使用暴力也是枉然的。因此，让孩子听话在很大程度上取决于我们构建了一个让孩子学会服从的环境。

由于孩子的不听话代表着叛逆和反抗，所以在纠正孩子的错误之前我们必须消除孩子的敌对态度。在杰克的案例中，我们已经清楚地看到他妈妈所犯的严重错误。她几乎没有做出任何努力来赢得这个孩子的信任。但是，如果她不觉得自己必须用特别严厉的态度来补偿杰克爸爸对孩子的骄纵，她肯定能找到让孩子感兴趣并获得他的信任的方法。因此，当孩子不理睬我们的命令时，我们首先必须避免引起冲突。我们应该在孩子心态良好、准备友好合作的时候，对他投入更多的时间和注意力。通过这种方式，我们将成功地从根源上消除孩子的抵抗。

（2）固执

固执是不听话的一种表现。因此，上一节中所说的许多内容在这里同样适用。当孩子出现固执的苗头时，我们应该对孩子采取什么样的态度呢？劝说、威胁和许诺，甚至使用暴力，通常都是徒劳的。孩子只会自己生闷气，对父母的话无动于衷。

12岁的乔偶尔会表现得特别固执。周日，他们一家人原本计划去一家餐馆吃饭，但后来他们受邀请去朋友家里做客，乔对此很生气。当他们一家人到达朋友家时，他就待在外面的院子里，谁劝他都不进屋。父母让乔的哥哥出去找他，朋友家里的孩子们也轮番来劝说他，但所有的努力都白费了。乔后来告诉我，每个人都劝他，让他觉得错过晚餐也很值得，这让他非常高兴。但是，当他们最终放弃劝说他并回到屋里时，乔才真正开始发怒。然后，他终于开始后悔为什么自己这么固执了。

对乔来说，生活从来都不顺心如意。他完全被他哥哥的光彩掩盖了。在乔看来，他所能做的任何有用的、有价值的事情都比不上哥哥取得的成就，哥哥的优越一直让乔耿耿于怀。只有通过固执的行为，乔才能使自己成为家里的"绝对主人"，而家人完全不知道该拿他如何是好。在这些时候，即使是哥哥也是无足轻重的，而他，乔，则成为家人们关注的焦点。

固执的孩子把他们的行为作为一种手段，挑动人们与他们争吵。而大多数父母都"恰到好处"地落入了这个陷阱。固执经常是那些感到被虐待或被忽视的孩子试图吸引人们的注意并显示其力量的手段之一（"你不能让我这样做！"）。因此，对待孩子的固执最好的解决办法是让孩子发自内心地行动。如果我们努力地去理解孩子的矛盾心理，并通过改善与他的关系来缓解他的愤怒，我们就可以逐渐让孩子不再使用这种手段。

（3）脾气暴躁

孩子强烈的对抗和敌意可能会产生看似病态的症状。然而，在这些情绪的背后隐藏着孩子对权力和地位的渴望。脾气暴躁的情况也是如此。一些父母可能会认为脾气暴躁出于神经的器质性病变、神经衰弱或遗传性缺陷等原因。然而，通过适当的处理，暴躁的脾气总是可以改善的；而那些担心神经质是孩子发脾气原因的父母，却往往会在关键时刻向孩子妥协。

如果我们自身或家庭中其他成员同样脾气暴躁，我们可能很容易倾向于认同遗传因素在起作用。在这种情况下，对遗传倾向的假设就容易成为定论。然而，这个人（让我们假设他是父亲）也可能是一个特别容易气馁的人，他偶尔会情绪激动、脾气暴躁。这样的时刻往往会让人印象深刻，父亲试图借此证明自己的地位是无法被他人篡夺的。如果事后他对自己的行为感到后悔，他也只是表达自己的忏悔和自责，却掩盖了他的真实意图。全家人都开始尊重他的"脆弱神经"，并认识到在父亲神经比较脆弱的时刻，他们暂时不能行使自己的权利、拥有任何特权。孩子如果观察到父亲脾气爆发的过程，可能会开始尝试类似的手段，以弥补自己的弱小。当其他家庭成员对孩子病态的"遗传"感到惊恐，像对待他父亲一样屈服于他的脾气时，就会促进孩子进一步向这个方向发展。

　　一个 4 岁孩子的妈妈对孩子的暴躁脾气大感困扰。她坚信孩子是从他的爸爸那里遗传了这种"不幸"的脾性。这个孩子是在爸爸去世之后出生的，所以他不可能通过模仿获得这个特质。我对孩子的情况进行彻底的调查后发现了以下情形。妈妈深受丈夫去世的影响，全心全意地照顾这个她唯一的孩子。当孩子还在襁褓之中时，妈妈就开始宠溺孩子，满足他的各种需求，对孩子处处让步。最后当她不再满足孩子的所有要求时，我们就不难理解孩子为什么会感到愤怒了。起初他做了任何孩子在这种情况下都会做的事情：尖叫。由于他的妈妈一次又一次地屈服，此后每当他要求什么东西而没有如愿时，他就变得异常暴躁和愤怒。此时，妈妈惊恐地意识到，孩子"就像他的爸爸一样"。就如她以前会对丈夫百依百顺一样，现在她又成了孩子的"奴隶"。孩子用他的愤怒击垮了妈妈所有的抵抗。因此，由于妈妈的放纵和软弱，她在不知不觉中培养了孩子的特质，让孩子利用了她的顺从性，而她的逆来顺受的性格很可能以前也造就了她丈夫的坏脾气。

脾气的发作有时会以相当可怕的形式出现，如下面的例子。

4岁的弗兰克是个独生子，患有"呼吸道痉挛"。弗兰克发脾气时，会愤怒地大喊大叫，然后会突然呼吸停止，倒在地上，脸色发青，身体痉挛。我们可以想象此时弗兰克的爸爸和妈妈该有多么惊恐，他们用湿毛巾给孩子擦脸，把他抱起来，走来走去地哄着，直到他们最终能够用爱抚和亲吻使孩子平静下来。发生这一魔咒般的过程之前总是有一场争吵，当孩子不能随心所欲时，就会发生争吵。之后，父母自然会向孩子承诺，只要他能安静下来，要做什么都可以。

尽管这种场面很有险象环生之感，但孩子发脾气从来不意味着实际的危险。发脾气只是孩子为了达到自己的目的而进行的尝试，而且通常会产生立竿见影的效果。如果让孩子单独待着，其他人都离开房间（无论焦虑和恐惧的父母多么不愿意这样做），孩子很快就会自行恢复平静。如果孩子大一点儿，他当然可以跟着出来，但只要没有人去关注他可能做的任何事情，孩子的努力就是徒劳的。大一点儿的孩子可能会威胁要打

291

碎窗户和毁坏家具，或者向人扔东西，这是以前的教育方式所形成的行为模式。我们必须牢记，窗户或家具并不如拯救一个内心受到困扰的孩子那样有价值。我们必须抓住机会，让孩子独处。如果有必要，我们也可以离开家。只需让孩子看到自己的策略不起作用，就足以改善孩子可怕的脾气。但是，同时我们不应该忘记弥补以前的溺爱对孩子造成的深层次的伤害，并帮助孩子调整紊乱的整体人生计划。

（4）坏习惯（吮吸手指、挖鼻孔、咬指甲）

孩子的一些恼人的习惯都是父母唠叨、嫌弃的态度促成的。前文之前已经多次提到，孩子的许多不良习惯都是父母的干涉引起的；其他的，如吮吸手指，孩子天生就有这种倾向，只是有时孩子加强和延长了这种习惯。这种形成机制也适用于其他所有的不良习惯，这些习惯不可能被一一列举出来，因为它们简直和父母对孩子提出的要求一样千奇百怪、数不胜数。当忧心忡忡的妈妈、爸爸要求孩子特别注意某些特定的活动时，反而会对孩子产生有害的影响，比如，"坐直了！""走路要走直线！""脚尖朝外！""不要把所有东西都放进嘴里！""别做鬼脸！"（我们可以看到，父母对孩子进行的这样的训诫不胜枚举。）这些训诫往往会促使孩子逐渐形成被父母谴责的习惯：这正是孩子反对父母要求的过程。

也许孩子的不良习惯与我们的训诫无关，但是一旦这些习惯形成了，我们就必须考虑如何纠正这些习惯。我们将结合可能是最常见、最顽固的几个习惯来讨论这个问题，即吮吸手指、挖鼻孔、咬指甲。

吮吸手指本来不是一个坏习惯，而是婴儿的一种自然倾向。然而，如果这个习惯持续到一岁以后，我们就要小心了。把孩子的手指从他的嘴里强行拉出来或打孩子都是不可行的。有一些更合适的方法，即使是婴儿也能理解。我们可以给孩子戴上手套，如果孩子没有因为我们先前的干涉而变得特别沉迷于吮吸手指，那么戴上手套的简单举动可能足以破坏吮吸手指带给孩子的乐趣。当孩子开始把床单的一角或任何其他物体放进嘴里时，我们应该谨记，对孩子的不当举动关注越少，就越容易纠正他们。如果孩子长大了，我们想让他们改掉吮吸手指的习惯，我们可以和孩子自由讨论他们沉溺于轻松快乐的倾向。我们可以强调，毕竟这是他们的问题，而不是我们的问题，但这可能会使他们的手指或牙齿变得畸形，他们以后可能不喜欢这样。这样的讨论尽量少进行，否则就是在唠叨。我们的主要任务是努力帮助孩子找到更好、更健康的能够满足他们需求的有益活动。为了表达对父母的抗议，或者孩子缺乏令他们满意的活动，孩子就会一直吮吸手指。因此，最好帮助孩子尽早摆脱吮吸手指的习惯，而不是以不适当的方式进行干预，从而延长这一习惯。

挖鼻孔也是很多孩子会在某个时候自然而然的做法。如果孩子一开始就不排斥，那么只要和他们进行友好的交谈，指出这种习惯是多么的丑陋和不可取，就足够了。如果我们已经得到孩子信任，孩子就会相信我们并听从我们的建议。但是，如果我们错过了第一个机会，并以气急败坏的话语或行动助长了这个习惯，在这种情况下，我们必须等待一个有利的时机和场合来施加教育影响。我们如果和孩子的整体关系很好，可以找到和孩子之间完全和谐的状态，和孩子进行一次亲密的谈话，让他们了解这个坏习惯。孩子往往会同意不再这样做，但其实孩子们还会这样做。孩子的对抗通常只在这平和的一小时内消失，随后坏习惯就像日常惯例一样重现。这时我们如果斥责孩子言行不一致，冲突会再次上演，所以我们最好耐心等待下一次能进行友好讨论的时间。然后孩子可能会说，他真的很想摆脱这个习惯，但根本做不到，他们要么在想别的事情时无意识地挖了鼻孔，要么发现根本无法控制自己。

在这些方面，孩子描述了自己内心的虚假冲突。[1] 我们可以平静而清楚地向孩子解释，让孩子知道他显然还没有准备好放弃这个不良习惯。通过这样的谈话，我们有可能接近和解决远比坏习惯本身更重要的问题，这对孩子以后的发展和家庭的和谐大有益处。当然，这种方法更适用于年龄较大、比较成熟

---

[1]　参考第四章"控制自己"。

的孩子。如果是年龄较小的孩子，我们可能不得不控制好自己情绪，以提供简单的、鼓励性的建议为主。"我相信你能停止做这个动作的，就算是为了表现得礼貌""这看起来很难看""你觉得你明天能不能一整天都不碰鼻子？"如果孩子在第一天没有成功，他们可能会在第二天或第三天成功。当然，孩子的这些努力不应受到来自其他方面的不恰当的干涉。

如前所述，在改掉孩子的坏习惯时，我们可以很好地利用自然后果。对婴儿采用这样的做法依然有效。我们可以在不冒犯孩子的情况下告诉孩子，在他们挖鼻孔之后，我们就不想牵他的手。我们还可以告诉孩子，如果其他人看到他挖鼻孔，也会拒绝和他们牵手。或者当孩子这样做时，我们可以起身离开房间，向孩子表达出我们不愿意看他们的行为。也许我们凭借创造性和想象力会想出其他类似的答案，这些答案可以被视为不愉快但符合逻辑的自然后果。然而，这些自然后果一旦被运用，就必须持续实施，才能产生效果。一般来说，只要坚持实施这些后果中的一个就足够了。

咬指甲的情况也与上述情况类似。在这里，对孩子的指导和自然后果必须相互补充。这种习惯显示了孩子的顽固、叛逆和紧张的特质，因此通常与其他缺点一起出现。养成这种习惯的孩子可能会闷闷不乐、神秘兮兮、不守规矩或非常邋遢。换句话说，这些孩子可能在很多方面都不遵守秩序，似乎他们把压抑的怒火都发泄在了手指上。有时，这种长期的反叛性在孩子长大后会被明显的愉悦感所补偿或掩盖，但反叛性仍然在孩子的各种错误中显示出它的存在，或者只存在于对这种特殊的习惯的保持上。因此，在咬指甲的问题上，我们必须特别强调要对孩子的态度进行全面修正。我们不应该只关心如何让孩子改掉这个习惯，而是要让孩子从冲突的环境中解脱出来。我们必须努力发现孩子咬指甲的根源：过度溺爱与极端的严厉并存、孩子感觉被忽视或被压抑、在与兄弟姐妹的竞争中处于不利地位等。我们可以将孩子的野心转移到对个人外表的关注上来，使他们习惯于遵守秩序和保持清洁。

　　然而，只是让孩子对自己难看的手指感到羞愧是不够的，我们必须唤醒孩子照顾自己的内在意愿。但这一结果不能仅仅通过施加于外部的压力来实现，这只会增加孩子的紧张和叛逆情绪。对孩子的直接影响只有在孩子内心已经准备接受改变时才有价值。因此，我们必须密切注意我们所引入的自然后果的影响，必须确保引入这些自然后果不会让孩子更加固执。我们必须明确告诉孩子我们的善意并且愿意提供帮助。例如，我们可以建议孩子在与我们散步或与朋友见面时戴上手套，否则人们可能不会同他们握手。当我们注意到孩子的一个指甲比其他指甲长一点儿时，就可以表扬他们。有时，特别是对女孩来说，帮孩子修剪一下指甲会有好处。但是，最重要的一点是在纠正孩子的坏习惯时，千万不能对孩子进行任何形式的羞辱、挖苦或责备。

（5）自慰

对这种"坏习惯"进行单独讨论，只是因为过度焦虑的父母对之重视程度过高，但通常是他们自己对孩子这种习惯的养成负有责任。一个被正确对待的孩子很少会过早频繁进行性活动。早在青春期前就玩弄自己生殖器的男孩通常都有两种经历：第一种，母亲对他们极端亲昵，特别是爱抚、亲吻甚至亲密地相互抚摸（这些活动甚至可能刺激3岁男孩的性感觉）而使孩子过早受到性刺激；第二种，父母一发现孩子玩弄自己的生殖器就会立即进行干预。因此，对孩子来说，自慰的作用往往是蔑视父母的权力，获得性满足成为孩子挑战限制性命令的一种胜利。

每个孩子在努力熟悉自己的身体时，都会对自己的生殖器给予相当的关注，这是很自然的行为。但如果这种行为被过度关注，灾难就开始了。父母对性的误解和恐惧可能会诱使他们干预孩子原本无害的活动，让孩子认为这是应受谴责的，甚至是有害的。父母下定决心对此进行干预，进而再次激起孩子对这一习惯的顽固坚持，行成恶性循环。通过这种方式，孩子的生殖器会受到刺激并过早地发育，而这些刺激的感觉本应该在孩子成长的更晚阶段才出现。然后，自然而然地，父母会忧心如焚，他们就会诉诸可怕的威胁，这可能会严重阻碍孩子的情感发展。

与孩子性方面的"坏习惯"做斗争通常会在以后演变为一种普遍的冲突。我见过气急败坏、绝望的父母在晚上把孩子的手绑在床上，他们自然不会成功，因为孩子足够"狡猾"，可以避开一切暴力措施。如此一来，孩子对性的兴趣反而得到了极度强化，并且性可能成为他们的思想和情感的焦点，甚至是他们余生的焦点，这有什么奇怪的呢？

如果父母遵循严格的不干预政策，这种习惯就很容易被避免。但是一旦生殖器过早地被刺激，这个过程就很难被终止了。然而，即使这样父母也没有必要过于担心。我们过分地强调这个习惯会激起孩子的内疚感，由此引发孩子的自我指责，并使孩子对性兴趣和性活动感到懊悔，但是这些并不能阻止孩子继续进行这些活动，反而会导致孩子内心的紧张和冲突，这远比孩子最初的行为更有害。

（6）撒谎

撒谎的问题揭示了类似的机制：基于父母的错误教养方法，一个原本无害的行为可以变成一个严重的问题，正是父母允许孩子使用撒谎这一手段争夺权力。

我们必须认识到，孩子的"谎言"并不总是错误的，但撒谎可能会成为孩子的一种永久习惯。让父母百思不得其解的是，不诚实的孩子更喜欢说谎话而不是说真话。实际上所有的孩子都会偶尔偏离事实。（这与成人有什么区别吗？）有些时候，孩子丰富的想象力使他们无法区分真与假（即现实世界与幻想世界），这在孩子 2~4 岁时是非常普遍的现象。极具想象力和喜欢做白日梦的孩子经历这个阶段的时间甚至会更久。孩子不说实话，要么是因为孩子相信他们的幻想是真实的，要么是孩子好奇地想看看当他们把想象、虚构的故事放到现实中会发生什么。这种"谎言"甚至可以作为孩子寻求关注的一种手段。

然而，这仅仅是孩子撒谎的动机之一。毫无疑问，孩子也从家庭中的成年人那里找到了"榜样"，学会了撒谎，例如，当孩子想逃避惩罚或责任的时候，他们学会了编造谎言。严厉的父母给了孩子撒谎的充分理由。说不实之词是孩子反抗父母权威最简单的防御方法。父母对孩子进行恐吓也会滋生谎言。

许多父母在发现孩子说谎时会非常生气，他们把孩子的谎言看作对他们权威的严重威胁。因此，父母对自己的权威越不自信，就越容易被孩子的谎言激怒。这不是一个道德问题，因为父母完全在自己的生活中也无法避免一些不诚实的行为。然而，焦虑的父母并不承认他们在担忧自己的权威，而是想象如果他们允许孩子肆意撒谎而不受到任何惩罚，孩子就会因此而堕落。因此，每当发生一点儿偏离事实的情况，他们就会"重拳出击"。他们经常给孩子贴上"说谎者"的标签，从而迫使孩子不由自主地走上这条危险的道路。

我们应该注意，不要把孩子说谎看得那么严重。我们不需要愤愤不平，我们的权威还没有弱到可以被孩子一击即溃的程度，撒谎并不会使孩子成为罪犯。当然，我们应该努力培养孩子诚实的品质，但这绝不是通过责骂和威胁就能实现。烦躁和愤怒只会出卖我们的软弱。许多孩子喜欢说谎，因为这样可以让父母感到无比困扰。当孩子发现他们可以通过撒谎获得力量时，只要他们觉得有必要，想让父母陷入无助的绝望，他们就会撒谎。孩子撒谎不再源于特定的情况，其本身就是一种目的。撒谎成为孩子和父母争夺优越感的一种表现。

同样的机制也适用于孩子说脏话。孩子在骂人时感到自己很了不起，特别是当他们意识到这些话将带来的反应时。我们必须让孩子意识到说脏话对他们毫无益处。有时我们一个善解人意的微笑就会让孩子对自己的行为感到可笑并自惭形秽。孩子应该知道，他们表现出同样的善意和诚实也有重要的意义。除非我们能向孩子证明真理比谬误更实用，否则我们永远无法培养孩子诚实的品质。如果孩子误信了相反的说法，那么无论是义愤填膺的训斥或说教，还是对孩子表达愤怒或是责备孩子，都不会起任何作用。

有时，孩子的谎言可能会使我们陷入不知所措的境地。如果遇到这些让我们束手无策的情形，最好先冷静下来，想想我们不应该做什么（这往往更容易发现）。我们只需避免任何我们不应该采取的行动，接下来无论我们做什么，都会有效果。在令人困惑的情况下，我们也可以采用另一指导原则，即做出与孩子期望我们采取的行动相反的行动。上面两条原则将使我们始终不会偏离正确的轨道，也会防止我们怒气冲天，或感觉自己的威信降低，而变得惊慌失措。如果我们的孩子偶尔用谎言来炫耀，我们可以告诉孩子自己是很容易受欺骗的，如果孩子需要用这种简单的方法来感受自己的重要性，那我们也无所谓，可以接受。我们不能让孩子产生谎言会给人留下深刻印象的错误认知，对孩子的谎言采取不回应的处理方式更有效果。

如果孩子对上述方法都没有反应，那么我们可以设计一个游戏，让每个人都可以自由地说出他想说的话，不管它是真的还是假的。我们也可以在饭还没有准备好的时候就喊孩子来吃饭，或者玩其他孩子们不喜欢的把戏，以此来"戏弄"他们。一段时间后，我们可以向孩子提出，他们可能更喜欢承担责任，也就是值得被信赖。又或者当孩子继续撒谎时，我们可以用"狼来了"的故事来教育他们，然后我们在一段时间内表现得不相信孩子说的任何话。然而，如果孩子说谎、不诚实只是为了逃避惩罚或表示反抗，我们必须毫无怨言地接受，因为如果我们足够害怕某人时，我们自己也很可能会撒谎。如果孩子撒谎是为了吹嘘自己的重要性，我们应该通过对孩子的赞赏和认可来培养他们的自信心，这样孩子就不需要借助撒谎来给人留下深刻印象了。

（7）磨蹭

磨蹭本身并不是一种严重的过错行为，但它对孩子的成长有严重的不利影响。当孩子无所事事，不能保持忙碌、充实的状态或者不能自娱自乐，并且需要花很长时间才能完成一件事时，一些父母会感到很困扰。磨蹭是孩子的一种有力手段，因为它会引起别人的强烈反应。磨蹭是孩子反抗的一种表现。在这里，我们可以清楚地看到孩子和父母在错误行为发展中的相互作用。因为当孩子磨蹭的时候，父母会做什么？他们肯定会不断地提醒、催促、为之感到苦恼不已。最后，他们出于苦恼和无能为力采取了所有的权宜之计，结果愈发激起了孩子的反抗性，并让孩子最终养成了磨蹭的习惯。这就是孩子磨蹭的起因。磨蹭是孩子消极被动的行为，经常因为父母错误的纠正方式而得以不断强化。

在这里，我们可以再次体会到如果我们理解不了孩子行为的动机，我们采取的所有行动都将是徒劳的。很少有父母停下来思考孩子为什么会有这样的行为。当孩子找不到事情做，不断地询问父母他们应该做什么时，或者当他们表面上想做某件事情，却拖延时间，三心二意，或者用无聊的兴趣来打发时间时，父母会假设孩子想做他们所宣称的或被安排的事情，并依此假设采取行动。他们不断地提醒和催促孩子完成工作或做一些事情，不能无所事事。但这并不是孩子所希望的。孩子的首要目的可能是寻求父母的关注，但在斗争的过程中，在父母的催促和孩子的抵制中，孩子的磨蹭变成了证明自己力量的工具——让父母为自己服务，抵制父母施加的各种压力并反抗他们的权威。

此时我们能做些什么？首先，必须打破这种恶性循环。不要"大发雷霆"！不要唠叨！即使孩子激怒了我们，不管控制自己情绪的发作有多困难，我们都必须学会冷静下来，认真观察孩子。有些时候，我们可以简单地让这件事情过去。如果自身的威信是我们的主要考虑因素，我们自然会采用以往的策略，但如果孩子撒谎的情况变得越来越严重，请不要感到惊讶和抱怨。请谨记，我们的第一选择应该是消极地不采取任何行动：我们必须避免采取任何错误的策略。下面提供几种积极的方法供参考使用。由于磨蹭是孩子反抗和制造冲突的表现，我们最好能缓解这种局面，转移孩子的注意力；或者一反常态，让孩子摸不着头脑。如果我们不再被孩子激怒，不再唠叨，就会让孩子重新回到正确的行为方向上来。如果没有人被激怒，孩子磨蹭就没意思了。通过与孩子聊天，或以某种方式激发孩子的兴趣，孩子磨蹭的倾向就会减少。在任何情况下，我们都必须从整体上把握形势，帮助孩子走出困境，从而减少孩子的敌意。通过这样的方式，孩子虚度时间可以从一个看起来无法处理的困扰变成一个可以解决的问题。

惩罚或报复

感到自己受到了不公平对待或者在权力斗争中被打败的孩子，会想方设法地惩罚或报复父母，因为孩子认为父母对他们做了什么不好的事。孩子采取的方法多种多样，他们无意识地使用这些方法来惩罚和报复父母。它们的破坏力各不相同，但共同点是都会让父母异常愤怒。

（1）偷窃

父母对孩子的偷窃行为感到惊恐和绝望是很容易理解的，因为偷窃行为表明孩子对最明确、最有力的道德原则的漠视。父母担心孩子会继续在犯罪的道路上越走越远。他们常常试图采用严厉的手段，如威胁和报复等来纠正孩子的行为。但他们无法想象这些手段根本不会起作用，也无法看到在许多情况下，采取这些手段只会推动孩子向更可怕的方向发展。

我认识一个男孩，他的妈妈经常这样骂他："你一定会成为一个囚犯，最后被送上刑场。"男孩对妈妈的断言反应非常激烈。他对他的妈妈怀恨在心，因为他觉得自己被轻视了，而家里的其他孩子却没有。因此这个男孩经常以令人难以置信的方式挑衅她。每当男孩听到妈妈说这些话时，他就暗自下定决心："不可能！我不会让你满意的！"他咬紧牙关，一丝不苟地做着妈妈要求他做的每一件事，但不免暗自咒骂。男孩尊重所有的礼法和规矩，但他内心强烈的对立情绪诱发了一种异常严重的神经衰弱强迫症。

然而，孩子对妈妈的预言产生如此反应只是例外情况。最有可能把孩子逼向犯罪道路的方法莫过于父母把孩子当作罪犯看待，并预言他将来会沦为囚犯。没有什么比把孩子当作罪犯对待并把他们想象成未来的囚犯更可怕的手段了。如果我们想帮助孩子，必须首先知道孩子是如何混淆"我的"和"你的"的区别的，如果父母和孩子没有根深蒂固的冲突，这种情况根本不会发生。能够激发孩子偷窃行为的因素是多种多样的。一个孩子偷窃是因为他轻率冲动的天性，他们想要立即得到他们内心所渴望的东西，因此他不能等待，而且不在乎后果。因为当孩子还小的时候，他们得到了想要的一切，他们不明白为什么不能始终维持这一原则。因此，偶尔的偷窃行为在那些被过分骄纵和不受控制的孩子中很常见。如果孩子的偷窃行为已然成为习惯，父母往往感觉为时已晚、惊慌失措，只能束手无策地面对由于自己的懈怠导致的孩子的反常，这刚好说明了他们对孩子缺乏基本的、必要的洞察力。

孩子偷窃的动机可能有很大的不同，但父母很少发现孩子偷窃背后真正的原因。父母的困惑源于缺乏理解。孩子并不指望父母能理解自己，因为他们自己也不理解自己行为产生的原因，所以只能闷闷不乐地等待着被惩罚。当我问一个孩子为什么偷东西时，我得到的答案不是倔强的沉默，就是困惑不解的"我不知道"。一般来说，孩子确实不知道他们为什么这么做。实际上孩子所知道的是他们自己的欲望：想得到糖果、水果、金钱或其他好东西。但这不是偷窃的理由，即使承认了这一点，孩子也不指望能得到宽恕，所以他们什么都不说。孩子对自己行为背后的深层动机没有丝毫的概念。但是如果我们想帮助这个孩子，就必须追踪这些动机。我们必须了解偷窃是作为孩子寻求关注的工具，还是孩子作为争夺权力或进行惩罚、报复的工具。

海伦，一个 8 岁的女孩。她的妈妈带着惊恐和焦虑的心情出现在我的咨询室里。这个被精心呵护着养育、乖巧懂事的孩子曾多次以非常聪明的方式从一家文具店偷取不同的物品——记事本、小刀、铅笔等。这些行为直到最近才被大家发现，可见海伦的偷窃行为是多么的"巧妙"。海伦的偷窃行为似乎没有任何理由，她的妈妈给了她想要的一切。当我询问海伦时，这个女孩拒绝告诉我她为什么偷东西，以及她是如何处理这些偷来的东西的。只有在我安抚了她惊恐和紧张的情绪之后，我才发现她把偷来的东西送给了她的玩伴和同学们，而他们根本不知道这些东西是她偷来的。

然而，海伦身上的谜团远远没有被解干。在我掌握了她家庭的整体情况，了解到她作为家里最小的孩子所扮演的角色，并意识到她在与一个更有能力的姐姐竞争时感到无足轻重之后，谜团才渐渐被解开，我一下子恍然大悟。通过送礼物，海伦试图给其他孩子留下好的印象，塑造一个完美的形象。她通过自己的"豪爽"成功地做到了这一点。由于海伦总是有一些小东西要送人，孩子们都想和她一起玩耍或一起散步。海伦根本不清楚这些前因后果，她怎么能解释清楚她为什么要偷东西呢？我们自然可以想象得到，通过严厉的指责去改变海伦的行为是不可能的。

15岁的罗伯特的情况则截然不同。在这里，我们更难理解是什么促使这个表现不错的孩子偷窃贵重物品并将其藏在家里。罗伯特既没有卖掉这些偷来的东西，也没有炫耀它们。罗伯特的父亲非常严厉，而罗伯特作为3个孩子中的老大，受到尤其严格的管教。罗伯特倾向于一种轻松的生活方式，但他给予自己的自由度是他父亲所无法忍受的。罗伯特用本该学习的时间散步，总是不能准时回家。他很早就抽了第一支烟。总之，罗伯特对父亲的反抗是显而易见的。家里第二个孩子比罗伯特小两岁，这个孩子和他迥然不同。正如可以预料的那样，这个弟弟特别地谨慎和刻苦，成为遵循父亲的原则的完美典范。

罗伯特也说不出他为什么偷东西。他起初的不当行为相当简单，无伤大雅，但都体现了他想战胜秩序和父亲的欲望。他所做的每一件事都在暗中进行，这就像一种秘密的补偿："你看，反正我想做什么就做什么！"后来罗伯特有意让人发现他的偷窃行为，因为每一次被揭发都再一次地挑衅了父亲的原则。这些原则对罗伯特已然无效。显然，这就是这个男孩偷窃的目的：竭力证明父亲通过威胁实施的秩序是徒劳的。

这种蔑视权威的行为倾向是许多犯罪行为的根源。我们甚至在心智健全和受人尊敬的人身上也能发现这种倾向。有些诚实的公民因为在乘坐公交车时成功逃票而感到高兴。这点儿钱对他们来说可能毫无意义，但他们仍然幼稚地享受着他们的"成功"。打败某人，特别是秩序的维护者，在孩子看来多多少少是件光彩的事情。这种想法解释了许多偶然发生的儿童盗窃案。在孩子眼里，无论是在杂货商的眼皮底下偷苹果，还是按人家的门铃再跑开，然后在角落里兴高采烈地观察穿着拖鞋出来的邻居大发雷霆，这两者没有本质的区别。诚然，我们不应该允许孩子搞这些恶作剧，但强烈的愤怒也是不合时宜的。气愤之下将幼稚的恶作剧定义为犯罪，可能对孩子以后的发展产生不利影响。最自然的后果是让孩子自己归还偷窃来的物品。

当然，对于孩子所犯的情节严重的盗窃案或情节不严重但反复发生的偷窃行为，我们就必须认真考虑如何处理了。但是，只要我们处于激动和愤怒的状态中，我们就没有能力帮助这个孩子，因为此时我们不是孩子的朋友，没有能力理解他们的处境。此外，让孩子对自己的偷窃行为负全部责任也是错误的，因为其中很大一部分责任在于父母、家庭中的兄弟姐妹，以及所有其他造成孩子目前生活状况的因素。在问题严重的情况下，父母可能有必要从外部寻求专业人士的帮助，如向临床顾问或儿童指导专家求助。父母以过度愤怒或绝望的态度和假装惩罚的方式来处理这类事件，不仅有着明显的缺点，而且根本不会改善孩子的状况，甚至会进一步使他们的行为恶化。

最后可以指出的是，有些孩子可能频繁地偷窃，侥幸的是，他们的家人并未注意到，没有采取任何措施来纠正这种错误，这些孩子长大后也成功地成了受人尊敬的人。回想一下，我们当中有人在童年时从没有犯过任何错误吗？如果孩子足够幸运，有朋友同情和理解他们并帮助他们走出迷茫的状态，那么即使曾经有过违法行为也不一定会对孩子的发展产生不利的影响。

下面的例子说明，孩子偷窃可能有各种各样的动机。这个例子还表明，如果一个孩子对被喜欢和被爱不再抱有任何希望，父母要再去赢得他的信任会很困难。

16岁的丹尼是一家社会安置中心的捣蛋鬼。如果关键时刻有人搞破坏，丹尼肯定是始作俑者。丹尼清楚地知道如何以及何时出手才能给他人带来最大的伤害。有一次，在一场戏剧表演开始之前，丹尼毁了所有的钢琴，把钢琴砍成了碎片。还有一次，丹尼在演出前夜剪断了幕布。丹尼接二连三地破坏公共财产和伤害他人，让他的家人彻底放弃了他。丹尼的家中有一大群孩子，他在家里完全被排斥。家人因他而陷入了许多麻烦——在左邻右舍、学校、家里以及警察那里，他们再也不想为丹尼费心了。

我们决定由我们最优秀、最善解人意的社会工作者来帮助丹尼实现转变。这个年轻人付出了大量的努力来赢得丹尼的信任，并让他对各种活动感兴趣。他让丹尼帮助搭建舞台，让他在演出时负责，最终成功地获得了丹尼的信任和合作，并在相当长的一段时间里，没有人再来投诉丹尼。

有一天，这位年轻的社会工作者非常激动地来找我讨论一个令他十分困惑的事件。他和丹尼一起工作时，丹尼从桌子上拿起他的手表并放进了自己的口袋里。这位社会工作者看到了这一行为，但他不确定丹尼是否知道他看到了。他有点儿不知所措。很快，他意识到指责丹尼将是个错误的做法，所以他假装寻找手表，丹尼自告奋勇地帮助他一起寻找。最后社会工作者放弃了，说："一定是有人拿走了。"丹尼突然间勃然大怒："谁会对你做这样的事？我一定会找到他！如果让我找到那个拿走你手表的人，我一定狠狠地揍他一顿。"于是他们继续在屋子里转来转去，问其他孩子是否看到了那块手表。最后丹尼开始感到不安。突然，他大吼道："你一直都知道手表在我这里，为什么不把它从我这里拿走？"然后丹尼把手表还给了这位社会工作者。

这位社会工作者的做法是正确的。令他烦恼的是，他无法理解丹尼的行为。丹尼为什么要耍这个花招呢？显然，丹尼很难相信这个社会工作者真的对他感兴趣，真的把他当作朋友，因为他总是被人拒绝，被所有人厌恶。丹尼显然想看看这种特殊的行为是否会导致他受到和以前一样的对待。如果这位社会工作者屈服于这种挑衅，他就会要求丹尼归还他的手表，也许是以一种尖锐激烈的方式；而丹尼会否认拿了手表，随后可能先是争吵，而后如果这位社会工作者试图搜丹尼的身并取回他的手表，可能会导致暴力行为。这样，丹尼就会发现他对他们之间友谊的怀疑是合理的，并随即恢复到他以前所习惯的那种人际关系中去。这一偷窃行为显然是丹尼对这位社会工作者的考验，但这位社会工作者非常出色地通过了这次考验，他在这场丹尼心理康复的决定性战斗中取得了胜利。

（2）暴力和残暴

孩子对秩序的顽固抵抗常常呈现出非常可怕的形式。有时，孩子仅仅是大发雷霆，在这种情况下，孩子还保留着某种善意，并在事后为其爆发的情绪寻找借口。但是，当这些暴力

311

行为频繁发生，孩子不再以无意识为借口时，他们的最后一丝善意也消失了，赤裸裸的对立就暴露出来了。这种野蛮行为发生的前提是，母亲或父亲长期以来的软弱和暴力施压的相互作用。聪明的孩子往往可以想出最有效的方法击中他们父母的脆弱之处，从而成为父母眼中真正的威胁。

17岁的迈克尔因流感而卧病在床。迈克尔的妈妈没有迅速对他的要求做出反应，他在一天之内向她扔了3个杯子和2个盘子。当他的妈妈不再理会他时，发着近39℃的高烧的迈克尔起床并穿好衣服跑到街上去了。迈克尔知道如何击中他妈妈的软肋。

12岁的约翰是家里的"小霸王"，没有人能够管得住他。他为所欲为：偷钱；拒绝上学；前一天在床上躺一整天，第二天熬夜到凌晨一点；对妈妈大打出手，破口大骂。但约翰害怕陌生人，当一个陌生人在场时，他就会表现得举止端庄，并巧舌如簧，轻描淡写地解释自己的行为。

很明显，迈克尔和约翰出现这种情况的责任在于父母，他们放纵娇惯孩子，让孩子完全失去了控制。同样明显的事实是他们也没有采取和平、友好的方法来缓解冲突，否则，他们就会赢得孩子的信任，孩子的反抗也不会发展到这个程度。很多时候，孩子所表现出的暴行的根源是孩子看到了暴行，孩子会反映出他们所经历的一切。有时，孩子可能并没有真正受到虐待，但他们还是感到自己被虐待了。有时，表现残暴只是一种孩子用来体验完全掌控他人的满足感的工具。

父母过分严格，尤其是打骂孩子，可能会激起孩子的反叛，唤起孩子残暴的本能。如果父母中的一方试图用顺从、让步来补偿另一方的严厉，这种情况就更有可能出现。忽视孩子也会产生同样的效果。在这两种情况下，孩子都会觉得自己有理由寻求报复。在孩子的行为得到任何改善之前，至少父母中的一方必须消除与孩子的冲突，孩子必须再次感到被接受和被喜欢，而不是感到害怕。如果一个自然后果不能轻易、持续地被应用，那还不如什么都不做。如果孩子突然认识到他不能再威胁、恐吓和伤害他人，这就会给孩子留下深刻的印象。父母几次善意但异常坚定的应对就可能会阻止孩子表现得残暴，使他们认识到自己的行为是徒劳的。这些经历足以恢复秩序的权威，但这种效果不能通过殴打或其他暴力措施来实现。如果孩子的身体力量很强或残暴程度很严重，以至于我们引入自然后果无效，那么应该把孩子送到一个能够承担责任的适当的家庭，最好是让孩子和其他年轻人住在一起。父母越早接受这个事实，孩子就越容易学会让自己适应有秩序的生活方式。

我们有时在孩子身上会观察到极端残忍和野蛮的行为。这些情况下的心理机制似乎略有不同。孩子的暴行与其说是针对父母和秩序，不如说是针对较小的、较"弱"的事物，如小动物、年幼的孩子，甚至是无生命的物体。似乎有两个因素促成了这种行为。一个是通过暴力行为产生的感官刺激。孩子可能亲身经历过这种刺激，或者目睹过其他孩子被殴打、被强行控制或被虐待。有时刺激来自他们看到的图片或听人谈论的暴力行为。感官刺激会持续以相同模式出现，曾经引起刺激感受的体验关联着同样的反应，孩子会再次寻求这种感官刺激以作为寻求快乐的手段。对残暴行为带来的感官刺激的追求可能是主动的或被动的（虐待狂或受虐狂）。经常接触暴力的孩子对其刺激印象深刻。他们会通过咬人或要求被咬，通过打人或挑衅别人打自己来寻求类似的感觉。他们喜欢受苦或让别人受苦，以此作为感官游戏的一部分。其中的心理逻辑因素和恰当的调整方法与"手淫"一节中讨论的相同。

导致孩子做出残暴行为的另一个因素与他们的总体生活风格一致。他们可能试图用自己"令人震惊"的行为（积极－破坏型的寻求关注机制）来打动别人，或者他们可能想展示自己的力量和强势。这些孩子认为对其他孩子的残暴行为往往是"男子气概"的一种体现，能让大家"看看我有多强壮"。孩子惩罚他人经常只是对父母做法的模仿。在玩过家家时，孩子就在展示他们对父母行为的解读。当父母看到他们的孩子在游戏中如何对待他们的玩偶、他的"孩子"或"学生"时，会感到异常惊恐，他们没有意识到，孩子的行为映射了他们自己的行为，孩子与他人的关系正是他们与孩子的关系的一个真实写照。

（3）尿床

孩子尿床很少是由于生理原因造成的，这一点常常被误解。诚然，膀胱、肾脏或脊髓等器官缺陷可能会导致尿床的出现。然而，没有任何疾病以不能控制排尿作为唯一的症状。

5 岁的弗兰克在被他爸爸送到孤儿院后开始尿床，而他在家里睡觉时从未发生过这种情况。11 岁的艾伦与他非常严厉的爸爸发生了冲突。当爸爸就学校发生的事情严厉地批评了艾伦，剥夺了他的自由时间，并打了他后，他开始尿床。7 岁的查尔斯，尿床的目的非常明显。他要去姨妈家做客，并且要待很长一段时间，于是他一反常态，第一晚就弄脏了床单。当他的姨妈问他为什么这么做时，查尔斯说他只是想看看姨妈是否能忍受他尿床。

当对环境的抵触达到一定程度时，孩子就不再努力避免不愉快的情景了。孩子的报复意识往往会带着充满自卑的受虐狂特征。这样的孩子往往炫耀自己不讲卫生。他们的全部自豪感都集中在邋遢、不干净上。他们表现出一种"堕落的雄心"。他们通过不得不承受的羞辱来获得一种负面的荣耀，因为他们确实成为整个家庭的沉重负担。家中没有人知道该如何对待他们，这些孩子对自己给家人造成的沮丧特别满意。孩子由于这种冲突已经呈现出身体机能的紊乱，因此父母可能寻求医生的帮助。然而，多数情况下，药物治疗是无济于事的。孩子必须找回他们的荣誉感、自信心，甚至是他们对别人的信心。迄今为止，孩子一直在感受被排斥，却不知道这是他自己引起的。

但是，即使我们非常迫切地想改掉孩子尿床的毛病，在晚上唤醒孩子也是不恰当的。我们表现出的关心会让孩子从自己的行为中得到满足感。通过外部帮助来调节孩子的排泄功能，绝不能成为纠正孩子的方式。孩子必须自己控制自己的排泄功能。

在夜间把孩子叫醒并让他们上厕所，在任何情况下都是不可取的。当孩子在夜间被叫醒时，即使他们看起来是清醒的，他们也没有完全醒过来。让他们在半睡半醒的状态下去洗手间，会干扰而不是刺激孩子的正常控制能力。正常的控制需要完全清醒的意识，孩子必须能够克制和控制尿意，直到完全清醒后才能去洗手间。如果过去的如厕训练不成功，现在必须以更好的方式进行。我们能做的就是为孩子提供一盏灯、干净的睡衣和干净的床单（如果孩子足够大的话），这样孩子在夜间就能照顾好自己。可以肯定的是，孩子需要鼓励。尿床的孩子一般都很气馁，他们对自己感到厌恶，看不到改善的希望。我们可以告诉孩子，他们是想躺在干爽的床上还是湿乎乎的床上，这完全取决于他们自己，孩子最终肯定会学会自己照顾自己。每个人都能学会这个本领，只不过有人早些学会，有人晚些学会。最重要的是，在向孩子传达这种态度的同时，父母也必须真正相信这一事实。父母自己对孩子尿床感到羞愧、不安，甚至绝望，就必然会对孩子产生不良影响。他们也许会在孩子小的时候对他们产生虚假的同情，并减轻尿床的自然后果，例如，孩子尿床之后，父母允许孩子在父母的床上睡觉。改正孩子尿床这一习惯的第一步是父母要足够冷静和镇定，然后才可以成功地赢得孩子的信任，并向孩子传递新的希望，让孩子产生自己照顾好自己的真诚愿望。如果孩子尿床了，就惩罚他们，如果孩子表现"好"，不尿床，就表扬孩子，这两种做法同样有害。这样做过于强调父母的认可，而且严格来说，解决尿床的问题应该是孩子自己的事。

展示能力不足

在各方面都完全放弃的孩子非常罕见，因为这些孩子非常气馁，甚至不愿意主动采取任何行动。在大多数情况下，孩子只是在某些方面感觉气馁，其结果是孩子只回避参与某些活动。然而，我们必须确定孩子放弃参与活动是为了获得关注、藐视权威、惩罚或报复他人，还是仅仅是因为看不到任何希望。只有在后一种情况下，孩子才会寻找各种借口，把自己藏在能力不足的表象之后，这种能力不足可能实际存在，但更多

317

时候是周围的环境对他们的暗示。有时，孩子之所以表现出能力不足，是因为他们对某些经验的错误理解，并因此成功地给别人留下深刻印象。

（1）懒惰

懒惰是无序行为的一种特殊形式。孩子不愿意做家务，拒绝配合。每个人都会有偶尔的懒惰倾向。孩子有时会沉浸在自己的想法、活动中，以至于对外界的活动毫无兴趣。训斥和责备孩子真实的（或他人假定的）懒惰只会让孩子更加不情愿行动。只有一种方法是有效的：激发孩子的兴趣。一旦孩子的兴趣被激发，懒惰现象就会消失。例如，如果一个孩子对学业感到十分气馁，认为他做的所有努力都是徒劳的，那么这个孩子就会缺乏行动的动力。因为自己是左撇子或者由于其他原因确信自己很笨拙的孩子，常常表现出推迟完成任务的倾向。在这些情况中，仅仅激发孩子的兴趣是不够的，我们必须鼓励孩子对自己的能力产生信心。

因此，孩子的懒惰往往是在向我们发出信号，表明孩子需要帮助。但这种帮助不应局限于字面意义——像支柱或拐杖那样，以敦促和劝告的形式出现，或者更糟糕的是，我们替孩子完成任务。这么做绝不会帮助孩子解决问题。孩子真正需要的帮助包括参与共同讨论和获得实践经验，这可以增强他们的自信心，强化他们的内在意愿，使他们能愉快地、饶有兴致地完成任务，克服困难。

（2）愚蠢

孩子试图逃避义务或者向挫折投降，可能会给人以愚蠢的印象。许多孩子几乎是故意制造出的这种印象。当然，我们必须考虑孩子存在精神缺陷的可能性，但智力低下和有精神缺陷的孩子很少被看作"愚蠢"。然而，"愚蠢"的孩子通常会因为失败而被人指责，因为他们在最初被视为正常的孩子。孩子的"愚蠢"并不总是天生的，通常情况下，它掩盖了一种后天习得的心智惰性。

有一次在一个公园里，我目睹了以下场景。一位保姆正在和几个大约六七岁的女孩玩耍。一个漂亮的小女孩跑过来向她要一个苹果。小女孩伤心地问道："为什么刚才其他人每人得到了两个苹果，现在又得到了两个，而我却又只得到了一个苹果呢？"保姆把她抱到自己的腿上，问道："一加一等于几？"那张快乐的小脸突然变得扭曲，并呈现出恐惧的表情，嘴唇动了动，却没能说出一个字。

我对这个孩子一无所知，但我可以感觉到她问题背后的原因是什么。她真的会数数吗？如果不能，她怎么会知道其他女孩一次得到了两个苹果？显然，她不能回答的只是正式的"学术"问题。这就说明她的"愚蠢"只是一个面具。自从这个小女孩开始上学以来，她可能就遇到了困难。像她这样的孩子，通常在家过着轻松生活，是被宠坏的孩子，常常发现自己很难适应学校的生活。他们不习惯自己独立，无法跟上同学的步伐，很快就会失去勇气。另外，那些在家里因为自己的个人魅力、"可爱"或其他不需要付出努力的优势而受到极大关注的孩子，当他们进入学校时，就会认为这些必须付出努力的学业对他们来说"太难"了。然后他们就直接放弃，不再做出任何努力，甚至不愿尝试。

父母通常会对孩子的失败感到惊恐，从而进一步挫伤孩子的积极性。然后，学习对一个已经不情愿的孩子来说就成了彻头彻尾的折磨。孩子被剥夺了闲暇时间，在玩耍时受到干扰，甚至在吃饭时也得不到安宁。孩子的父母一次又一次地提醒他去学习，并不断地唠叨他的学习进度。那么孩子罢工并断然拒绝将精力用于类似于学业之类的事情，这有什么可奇怪的呢？我曾经有一个前来咨询的患者，她是一个智商正常的女人，但她甚至没有小学四年级孩子的知识水平。她就是在刚才描述的那种环境中长大的，大家都认为她很愚蠢。然而，她绝不是一个愚蠢的人。唯一的问题是她非常漂亮，她依赖她自身的魅力就可以赢得足够的关注。因此，有这样一种可能，即孩子的"愚蠢"完全是孩子遭受挫折、灰心气馁导致的结果。这些孩子无法学习，因为他们认为自己没有能力理解任何东西。

另一些孩子则躲在"愚蠢"的背后。这些孩子用"愚蠢作为借口"。当他们想逃避某些义务时，他们就会"装傻"。孩子在学习某一科目时不顺利，就会变得气馁，他们的气馁可能会产生各种不同的结果。野心勃勃的孩子总是想位居人首，除非他们确信自己可以名列前茅，否则就不会做出任何努力。所以当他们没有这种把握时，这类孩子就会失去兴趣，声称自己对这一科目没有天赋，因此就是学不会。

甚至学龄前的孩子有时也会玩这种把戏。那个试图用刀子切汤的小男孩就是一个例子。他的父母为孩子的"愚蠢"行为叹息不已。其实孩子很清楚自己应该做什么，但总是反其道而行之。这样的孩子装傻是为了哄骗自己的父母，让他们伺候自己。这种情况下，表现得愚蠢是孩子的一种逃避的手段，也是一种获得关注的方式。

独生子女或最小的孩子进入学校后可能会采用这种方式。通过这种方式，孩子可以迫使他们的妈妈帮助他做家庭作业。当妈妈不坐在身边时，他们既不会写字也不会做算术题。焦虑、有野心的妈妈会很轻易地落入孩子的圈套。妈妈从来没有注意到，当她惊讶、慌乱，尽一切努力鼓励孩子，纠正孩子的错误，最后干脆自己替孩子做题和写作文时，孩子的无助感也在与日俱增。这种无助感可能会伴随孩子的一生，他们没有能力自己写信或写文章，每次提笔时，脑子就一片空白。

要想动摇孩子得到妈妈的帮助和支持的决心是不容易的。

当妈妈想努力摆脱孩子的支配时，孩子就会争辩和耍赖。如果妈妈仍然坚定不移地让孩子尽可能地自己做作业，那么孩子可能会每写一个单词或数字都跑来问妈妈写得是否正确。如果妈妈愿意坐在他们身边看着他们，他们最终可能会同意自己学习。

相应地，在许多情况下，孩子会利用他们的"愚蠢"。与"装死反射"（动物为躲避敌人经常装死）类似，在孩子身上可以看到"装傻反射"，有时我们在成年人身上也可以看到。"装傻反射"通常和动物的"装死反射"一样，都能达到逃避的目的。事实上家庭和环境通常都不会采取任何措施来处理孩子真实或伪装的愚蠢行为，反而确认了其作为逃避手段的有效性。父母责骂、批评或羞辱孩子，但同时他们也在不知不觉中中了孩子的圈套，因为最终他们减轻了孩子想避免的任务，或者说他们任由自己为孩子服务。父母的批评、嘲笑助长了孩子的"愚蠢"，强化了引发"愚蠢"的一个主要因素，那就是孩子的依赖性，使孩子对自己的能力缺乏信心。

那么，我们应该如何应对一个"愚蠢的孩子"呢？父母需要先改变自己的态度。我们必须停止责骂孩子，不要迫使孩子面对自己的无能；停止取笑孩子，不要将他们与聪明的兄弟姐妹相比较，但我们也不能纵容孩子推卸责任。上述目标不能通过催促和威胁孩子来实现，因为催促和威胁会让孩子更加讨厌一项他们原本就不喜欢的任务，应该让孩子感受到他们不负责任的后果。普遍存在的情况是，当孩子失败时，父母感觉自己受到了惩罚，而不是孩子。因此，父母努力避免不愉快的后果。结果，孩子觉得他们必须为父母的利益而履行义务，而不是为自己的利益。我们对孩子学业进步的关注减轻了孩子应有的责任感。如果孩子在学业上失败，他们惩罚的是父母。

激发孩子的学习兴趣是老师的职责，父母应该尽可能少地干预学校的工作。然而，我们可以通过为孩子提供有趣的书籍，带孩子去博物馆和动物园游览，讲述大自然的故事以及和孩子一起进行适合孩子年龄和发展阶段的讨论，来激发孩子对学习的整体兴趣和敏感性，这样可以为孩子提供很大的帮助。然后孩子可能会对相应的科目产生更大的兴趣，并在学习中找到乐趣。

8 岁的罗丝太"笨"了，她不会和其他孩子一起玩，不会自己穿脱衣服，甚至不能正常说话，她总是吞掉后边的半句话或发音。不言而喻，她在学校里是落后的。大家认为她很笨，也是这样对待她的，尽管事实上罗丝并不笨，而且智商达到91。当到处理自己的事情时，罗丝很精明，甚至能巧妙地维持既得优势。她回答问题时从不迷茫。罗丝有一个非常聪明的妹妹，比她小一岁半。妹妹在各方面都胜过她，罗丝因此通过自己得到的过度关注进行补偿。罗丝甚至有自己的保姆，她开始上学时，还有一个私人教师。有时，愚蠢的行为往往会带来巨大的回报！而不那么幸运的孩子就会被父母抛弃。

有许多智商低的孩子事实上只是假性智障者。他们一般有一个哥哥或姐姐，通常是和他们排行紧挨着的哥哥或姐姐。这些哥哥或姐姐非常聪明，在智力和学业上都很出色。哥哥或姐姐的卓越能力让孩子很气馁，以至于他们彻底放弃了自己。有时，这种彻底的放弃是由于母亲或姐姐效率极高，她们做好了每一件事，以至于孩子没有什么可做的。

适当的治疗可以为智力受到质疑的孩子带来很大的帮助。他们有时会在一夜之间"开窍"，达到让人意想不到的成就，甚至智商也会提高，让那些认为智商不可改变的人感到很尴尬。不幸的是，真正的智障者和假性智障者之间的区别，往往只能通过上述治疗的成败才能辨别出来。出于此原因，低智商不应该成为阻止父母和老师采取一切可能的措施来帮助孩子的理由。相反，低智商应该成为一种激励因素，让我们采用更好、更有效的方法来利用孩子的其他天赋，使孩子能够成为对人类社会有用的一员。

（3）"不足"

如果一个孩子明显缺乏某种能力，往往会被认为是"天生"的缺陷。如果为改善孩子的缺陷所做的一切努力都失败了，特别是在孩子似乎很努力的情况下，这种假设就会更加让人深信不疑。

技能和能力的获得是一个复杂的过程，需要大量的训练。遗憾的是，关于影响训练过程的所有因素的科学研究，无论是有利的还是不利的，目前都处于发展的最初阶段。孩子的许多不适应和缺陷都是训练过程中没有被认识到的错误和疏忽造成的。

我们怎样才能刺激孩子发展其内在的潜能呢？在此我们不可能列出所有的方法，因为同样的刺激可能在不同的孩子身上产生相反的效果，使问题变得更加复杂。父亲或母亲的榜样作用可能会刺激一个孩子去效仿他们，也可能使另一个孩子因无法达到父母的高度而气馁。高期望值会刺激一个孩子，也会使另一个孩子受到打击。反对和禁止就像天生的障碍或器官上的劣势一样，会促使一个孩子做出特别的努力，也会妨碍另一个孩子做任何事情。反对或服从、蔑视或顺从、自信或沮丧，决定了某个特定的刺激对孩子来说是建设性的还是破坏性的。

这种令人困惑的多样性和差异性是无法确定培养孩子能力的方法的原因，也是人们认为某些技能有遗传倾向的原因。因此，许多父母和老师以及一些心理医生认为，孩子的社会不适应和各种缺陷是缺乏天赋的结果。然而，对孩子和成年人的研究显示，不适当的训练加上气馁是导致孩子能力不足的主要因素。人们总能轻易找到孩子在训练过程中某些气馁的时刻。有些孩子一直学不会拼写，他们是那些一进入学校就感到气馁，以至于放弃了所有努力的孩子，其他孩子放弃努力则是因为不能出类拔萃；有些孩子习惯于按自己的方式行事，他们不认同一个单词必须以同样的方式拼写，从而按照自己的意愿来拼写，一会儿这么拼写，一会儿用另一种方式拼写，最后他们变得非常困惑，以至于不再试图弄清楚这个单词到底应该如何拼写。有许多受过良好教育且博览群书的成年人从未学会拼写，因为他们的启蒙老师没有帮助他们克服在拼写方面日益增长的自卑感。即使是现在，如果有些成年人需要写信，他们仍然会心存恐惧。

孩子无法掌握数学的原因可能是在学习初期偶然遇到过挫折。一些被过度保护的孩子从未学会自己做决定。这些孩子很难解决数学问题，因为解决这些问题需要其做出一系列决定。这些孩子在有明确信息的科目中可能是优秀的学生，但是任何需要自己做决定或下决心的活动，对他们来说都是很难的。

迄今为止，音乐才能一直被认为只有天赋异禀的人才能拥有，在此我将用音乐领域的一些事实证明这一观点是错误的。有些人对音乐完全没有兴趣，听音乐对他们来说甚至是一种煎熬。他们可能"五音不全"，甚至连简单的曲子都哼不出来，这通常被认为是完全缺乏音乐能力。大量的例子已经证明，所谓的"缺乏音乐天赋"只不过是因为孩子气馁而对音乐活动表示抗议，有时则是因为与姐姐或其他具有明显音乐天赋的家庭成员的竞争。通常，第一个孩子和第二个孩子之间的鲜明对比将导致这种"缺陷"。

埃里克 10 岁时似乎完全没有音乐细胞。他不愿意去听音乐会，甚至连最简单的儿歌也不会唱。其实埃里克小时候曾对音乐表现出一些兴趣，但后来他的态度完全转变了。埃里克的爸爸经常在家里举办音乐会，作为家里唯一的孩子，埃里克被妈妈宠坏了，当音乐响起时，他不愿意乖乖坐着不动，最后不得不被送出房间。从这时起，埃里克就无法忍受音乐了。当埃里克进入学校时，他拒绝与其他人一起唱歌，并被老师训斥、被同学嘲笑。当埃里克的奶奶试图教他唱歌时，他很生气地跑开了。在他 10 岁时，埃里克这种行为的原因得到了详细解释，他获得了对自己、对音乐的新的理解，克服了对音乐的敌意。在一位经验丰富的老师的帮助下，他练就了一双"好耳朵"，歌唱得很棒。

在家里从未学过唱歌的孩子，当他们参加学校的合唱而失败时，可能会被指责为不懂音乐。这些孩子因同学们的卓越能力感到沮丧，而他们的沮丧很容易被缺乏经验的老师取笑，从而进一步加深他们的沮丧。直到最后，他们缺乏音乐能力被视为一个既定的事实，尽管他们还在持续进行着"虚假"的努力和练习。若干年后，也许直到生命的最后阶段，这些人可能终于意识到，他们缺乏音乐能力只不过是一种假象，他们和其他人一样，可以获得鉴赏音乐的能力。然后，他们的"天生"不足就会突然奇迹般地消失。

孩子在音乐方面的能力往往被父母对训练的态度扼杀。雄心勃勃的父母可能坚持要求他们的孩子多训练。他们没有意识到这样做对孩子的音乐能力的发展所造成的伤害。这些父母把一种本应该给孩子提供乐趣和灵感的艺术，变成了一种痛苦乏味的任务。可以肯定的是，没有足量的训练就不能取得成功，但训练需要兴趣和激励，没有感情的机械训练是行不通的。父母通常采用的哄骗、提醒、威胁和惩罚的方法绝对不会给孩子带来兴趣和灵感。孩子的兴趣应该交由老师来激发，父母应该做的是鼓励孩子，而不是给孩子压力。父母可以给孩子播放唱片或带孩子去听音乐会，可以和孩子一起欣赏好的音乐，可以欣赏孩子的点滴进步。当然，父母可以强迫孩子坐在钢琴前，但在大多数情况下，他们会就此浇灭了孩子对音乐的热情。当孩子因此而遭遇失败时，父母，有时甚至包括老师，就会归咎于孩子缺乏音乐能力。实际上，父母和孩子之间的冲突，以及随之而来的错误的学习习惯，阻碍了孩子进行正确的训练。这么做的结果就是孩子表现出无能。

对音乐天赋进行详尽的探究，我们就可以清楚地看到，人们是多么轻率和不严谨地传递着有关遗传和倾向性的概念。这种悲观的假设导致父母无端增加孩子的困难，而不是帮助孩子克服困难。音乐天赋与所有特殊的禀赋都十分相似。如果一个孩子在绘画或作曲、数学、语言或其他科目方面似乎缺乏天赋，我们首先应设法确定孩子是否受到了打击，如果是的话，我们要进一步思考孩子是如何受到打击的，或者孩子是否以及为什么抵制训练。劝说、督促，或责骂、挑毛病，甚至更糟糕的，夸大孩子所谓的能力不足，都会对孩子产生更大的不利影响，这些只会使孩子在失败的道路上更进一步。我们要增强孩子的信心，努力赢得孩子的信赖，从而帮助孩子克服困难，让孩子认识到自己的进步，提升孩子的自立能力，进而激发孩子的兴趣和热情。最重要的是，在整个必要的训练过程中，我们要保持足够的耐心。以上这些都是能够纠正曾经看起来无法弥补的缺陷的有效手段。

另一方面，刻意培养孩子的特殊能力是不可行的。只有经过高度集中和强化的训练，才有可能发展出孩子特殊的才能，而这一点很难通过外部强加实现。野心有时会促使孩子取得优异的成绩，但如果孩子的勇气和自信与他们的愿望不相称，往往会导致孩子逃避努力。在任何情况下，我们都应该密切关注孩子对训练的态度，并通过鼓励的方式推动孩子进步。许多过分热心的父母在孩子很小的时候就鼓励他们进行艰苦的训练，认为进行这种训练似乎能带来卓越的成就。在一段时间内，孩子可能看起来是个神童，达到了父母所有的期望。但在大多数情况下，这样做往往会以孩子的崩溃和不幸而告终。年轻一代的父母也许会放弃这些会引起孩子对抗和导致孩子气馁的方法，他们可能会在激发孩子的潜能方面取得更大的成功。

（4）"粗暴"的消极

完全消极的孩子是非常罕见的。即使是那些身体能力和心智能力发展迟缓或缺乏发展能力的孩子，都会表现出对某种活动积极参与的状态。最为强烈的消极性体现在那些故意使用消极行动作为抵抗手段的孩子身上。诚然，这些孩子沮丧气馁，在绝望中放弃；然而，他们的消极性是如此强烈，以至于可以说是"粗暴"的消极。这些孩子表现出一些对权力的渴望，特别是对惩罚或报复的渴望，但他们的目的完全是通过消极的手段来实现的。他们通常会使父母，甚至是老师，陷入彻底的绝望之中，似乎没有什么可以打动这些孩子。如果有人试图影响或引导他们，简直是以卵击石。

约翰，一位9岁的小男孩，被父母带到指导中心，因为他在家里和学校里都拒绝合作。除了偶尔会通过撒谎、偷窃、逃学等方式来捣蛋，约翰更多的是通过什么都不做来激怒别人。约翰很懒，不讲卫生，去学校时经常衣衫不整，而且经常迟到。约翰几乎所有的科目都不及格，他不做任何家庭作业，也不为通过考试做任何努力。约翰甚至不去玩耍，既不和他的兄弟姐妹玩，也不和其他孩子一起玩。约翰在家里被呼来喝去，任意摆布，不断地受到哄骗、威胁，并受到严厉的惩罚，但这没有任何效果。约翰的行为在过去两年里变得更糟。约翰发展过程中的一个决定性因素是他的弟弟，他比约翰小一岁，但他在家里和学校里的表现都远胜过约翰。虽然弟弟也算不上一个好学生，但他能通过所有考试。当弟弟和约翰一起进入同一年级，后来又比他高出一个年级时，约翰的行为变得越来越糟。

在指导中心的第一天，约翰拒绝进入咨询室。第二次，约翰是和他的妈妈一起来的，但他一直待在门口。任何邀请、善意的建议或哄骗都不能让他有所行动。我就让他待在那里，但在治疗过程中，我可以观察到约翰的脸上出现对治疗过程感兴趣的表情。在下一次治疗中，约翰同意在我身旁坐下来，但他一句话没有说，尽管他能够理解我们的谈话并偶尔以微笑和轻微的手势回应。当我要求约翰离开房间以便我能与他妈妈交谈时，他拒绝了。他就是不站起来，最后他不得不坐在椅子上被抬出去，但约翰没有任何反抗地接受了这一点。

最终约翰"粗暴"的消极习性被改正了，其中所使用的方法类似于对那些意图显示自己力量的孩子所使用的方法。约翰的妈妈是一个极度焦虑、严格刻板、高度完美主义的人，经常对约翰进行惩罚，甚至在他上学磨蹭和迟到时狠狠地打他的屁股。咨询后她学会了克制自己并采用自然后果法。约翰第一次积极参与的活动是加入指导中心的一支乐队，这是他第一次体验到与他人合作的愉快，后来他还参加了一个舞蹈班。与此同时，约翰在指导中心变得越来越乐于合作和友好，并且越来越坦率和轻松地表达自己，最后他开始在课堂上展示自己。这时，约翰的弟弟开始陷入困境，当然，这也是很自然的事。

在与孩子的消极行为做斗争的过程中，如果我们能够有限度地使用强制的手段，效果更佳。

7岁的杰克拒绝和除他妈妈之外的人交谈。妈妈对杰克非常宠爱，对他百依百顺，这是杰克唯一能够接受的关系。在学校，杰克就一句话不说。他已经学会了写字，并愿意以书面形式回答老师的问题。杰克可能会通过手势或信号让人明白他要表达的意思，但他不会说一个字。当别人和杰克说话时，他表现得很顺从，会按要求做，但不会张口回答问题。在指导中心，杰克一直目光游离，仿佛听不到别人说什么。他完全无视交流。

如前所述，具有"粗暴"的消极习性的孩子是否真的属于第四种类别是难以判断的。他们的消极有时似乎不仅仅是放弃，我们应该认识到导致孩子无所作为的因素。任何压力、哄骗或惩罚都会使孩子更加坚定地不参与活动。对这种行为最好的回应是让他独自一人待着，让他体验到自己的消极态度带来的不愉快的影响。只要孩子能迫使父母行动，并刺激他们进行更多的活动和努力，孩子就会认为他们的方法非常成功和令人满意。

病理反应

孩子的反抗可能发展到让他们看起来"不正常"的程度。然而，人们必须谨慎地看待孩子的病态或不正常的反应。一般来说，即使孩子的反应极端，看起来不正常，实际上他们的反应却是正常的，因为这通常是孩子对所看到的情况的合理和充分的反应。然而，对孩子来说正常的反应，在成年人的眼中可能就变成了"病理反应"，因为这种反应与成年人的预期情况不相符。即使一个孩子的反应与普通人有很大的不同，也不应该被视为病态，因为这种判断通常是由于他们的父母对他们与父母、老师或整个社会的关系缺乏了解而做出的。

"病理反应"这一术语只有在描述某些特定反应模式时才是合理的，如果这些反应模式在孩子以后的生活中持续存在，就会成为典型的心理问题。我们可以在孩子身上观察到这些症状的最初特征，成年患者的病历显示，最初的症状往往出现在童年早期阶段。对于孩子出现的这种症状，父母无须忧虑、恐惧和悲观。虽然一些症状表明有理由对孩子进行特别的关心和护理，以防止这些症状继续发展成病理状况。但父母在这些情绪的驱使下，可能会对孩子已经受到干扰的调整过程造成更加不利的影响。

（1）神经失调

当我们讨论恐惧、过度尽责、发脾气和缺乏注意力时，我们已经列举了在孩子身上经常发生的典型的神经机制。每一种神经症症状的特点是，无论是孩子还是成年人，都保持着良好的意图倾向，并将对立情绪隐藏在这些"症状"之后，作为自我辩护的借口。孩子可能最初使用这些症状来为自己找借口，向父母辩解；而一旦孩子相信了自己的借口，神经机制就建立起来了。

许多神经质症状可能出现在童年早期阶段。这些症状总是针对父母和秩序，孩子试图以体现这种症状的方式摆脱某些责任，获得他人的关注和帮助，或者有时只是为了吸引更多的关注。因此，这些症状随情况的变化而变化。这些症状经常跟孩子看到的例子保持一致，并可能受到偶然经历的影响。孩子症状的发展取决于家庭成员对症状首次出现时的反应。孩子症状产生的影响程度越大，其进一步发展的可能性就越大。忽视孩子的症状可以加速症状的消失，至少在开始时，这些症状还没有牢固地建立起来的时候是这样的。

神经质的孩子的特点是他们一直生活在焦虑之中。这源于孩子必须面对的困难：与他们的父母、兄弟姐妹和老师的冲突，面临具有威胁性的危险，拥有过大的野心等。孩子一直处于这种压力之下，因此，任何思想和情感，任何他们所关注的身体器官的功能，都可能会发展成某种神经质症状。在百日咳之后，孩子受到刺激的持续时间可能会比正常病程的持续时间长得多；由不健康的食物引起的胃部紊乱可能会持续或反复出现；母亲的心脏不适可能会导致孩子注意自己的脉搏，并由此引发神经性心脏问题。特别值得注意的是，孩子很容易模仿周围其他人的神经紊乱症状。起初这些症状往往被认为只是孩子的一个"坏习惯"，但整个家庭对孩子的这一症状表现得非常不安，这样反而会鼓励孩子永久地将这一症状保持下去。

我们不可能对出现在孩子身上的神经质症状一一列出，哪怕只是一个大致的清单也不太可能。在此我只是简要地指出几个。

孩子紧张状态的一个直接表现是所谓的痉挛。痉挛可以出现在任何肌群中，可以是全身性的（在这种情况下，它们常常被错误地描述为癫痫或心脏病发作），也可以局限于眼睑（眼睑痉挛）、面部肌肉（抽搐，导致龇牙咧嘴）、颈部肌肉，或肩部、手臂和腿部肌肉。具体表现可能是打哈欠、打喷嚏、大笑和哭泣，或表现为咳嗽、痉挛。由于这些症状有时反映了真正的身体不适，因此建议对每个具体的症状进行全身的检查。

紧张很容易导致胃肠道失调。孩子在紧张激动时不能进食，比如出发去旅行前、去剧院前或任何不愉快的事情即将发生时。上学前也是如此，因此吃早餐对孩子来说可能很困难。也许孩子抗拒上学，也许孩子很有野心，害怕失败。无论哪种情况，孩子似乎都无法在早上好好吃饭，特别是当天有考试或其他不同寻常的任务时。哄骗可能导致孩子出现胃痉挛或紧张性呕吐；幽门痉挛往往与不愿进食有关；胃肠道的紧张可能导致腹泻或便秘。

极度紧张可能会干扰孩子的睡眠。他们不安地辗转反侧，尖叫或说梦话。他们的大脑仍在处理那些充斥在他日常生活中并引起情绪波动的问题。或者他们可能根本无法入睡，因为他们一直在思考面临的各种问题。心血管系统很容易对压力做出反应，因为焦虑和心脏活动在生理恐惧机制中是相互关联的，结果是孩子表现出心悸、脉搏加速、脸红或脸色苍白，还有汗液分泌增加等状况，同时伴有恐惧感。承受太大道德压力的孩子也可能会出现强迫性的症状。

在治疗过程中，首先要让孩子安静下来，最重要的是父母要镇定下来。在极度兴奋的情况下，药物治疗有一定作用，但服用药物只能暂时缓解表面症状。前面提到的处理孩子的问题的方法对他们的神经紊乱问题同样适用：只治疗表面症状是徒劳的，我们必须改变孩子的个性和亲子关系。我们需要全方位地审视孩子的整体状况。即使忽视一些症状，我们也只能抑制某一种特定的表现形式的发展，孩子的整体压力没有得到缓解。在特别困难的情况下，特别是对年龄较大的孩子，心理治疗是不可缺少的。但仅仅帮助孩子走出目前的困境是不够的，治疗必须将父母包含在内，要促使他们采取更明智的态度。

（2）精神失常

真正的精神错乱案例在童年时期相当罕见。急性精神病发作可能与急性内源性或外源性中毒有关，如急性感染、发烧、中毒或消化不良。这些情况没有真正的教育意义，因为这些症状消失后不会有任何后遗症。孩子的抑郁症状通常是表面的，通过适当的刺激和转移孩子的注意力来克服这种情绪波动是比较容易的。但是，即使孩子的抑郁症状较严重且持续时间较长，它也只是典型的反应性疾病，并不是真正的精神疾病。机体方面的神经问题，如全身瘫痪，或由中枢神经系统的肿瘤或缺陷引起的精神病，是极其罕见的，我们不在本书中讨论。精神分裂症是一种以退出社会和放弃社会生活逻辑为特征的精神疾病。因此，在孩子开始进入更大的社会领域之前，它几乎不会发展。然而，如果孩子对社会交际的准备不足，很可能在社会领域扩张的时候患上精神分裂症。所以，我们发现青春期的孩子的精神分裂症的发病率很高。

关于精神分裂症患者的诊断、治疗和处理已经超出了教养孩子的范畴。然而，预防人格解体在很大程度上属于这个领域。那些非常孤僻的孩子，他们生活在自己的世界里，不参与群体活动，不与其他孩子分享自己的想法，不觉得自己是群体的一部分。因此，这些孩子的行为和习惯、思维和感觉方式可能变得非常怪异和奇特，这些都必须加以关注。当务之急是刺激他们融入群体，使他们摆脱内心的孤独。过度保护孩子的父母，特别是母亲，可能会倾向于让这样一个社会适应不良的孩子更加依赖自己，这样不仅会危及孩子的社会兴趣的发展，甚至会危及孩子的心理健康。很多时候，父母本身就表现出一种特殊的人格，具有精神分裂的倾向。他们表现出严重的情绪不平衡。在教养孩子时，这些父母在极度的放纵和极端的严厉之间不可预测地摇摆，并可能会发展出对孩子的残酷行为，从而加深了孩子的不安全感和孤独感，使孩子不信任任何人，学会了生活在自己的世界里。这样的父母本身就是他们自己的父母所创造的家庭氛围的产物，他们表现出类似的行为模式。由于父母对孩子整体人格的伤害，我们经常发现一个家庭中不止一个人有精神分裂的倾向或彻底发展为精神分裂的人格。

（3）病态人格

一个行为不当和叛逆的孩子可能会表现出病态人格，但实际上他不是。（我们所理解的病态人格，可以定义为没有形成足够的良知，不接受他所处社会的道德和价值观。因此，他的行为对社会造成了干扰。他认为自己的利益是唯一重要的，不会克制自己的欲望。病态人格可以分为以下3类。①放纵型人格：酗酒和吸毒者、赌徒、说谎者、性变态者、诈骗者、行为怪异者、装病者。②对抗型人格：违法乱纪者、道德失范者、主动的性犯罪者、行为冲动和好争吵者。③精神缺陷型人格：拥有这类人格的人不能识别是非，对好与坏的认识有限，他们可能自我放纵、充满挑衅，或者只是不守规矩、不受约束和容易冲动。）孩子不认同他们所属群体的价值观和道德观。他们可能挑衅他人或自我放纵，也可能按照自己的方式行事，完全不愿意服从。然而，这些孩子中的很多人，可以说绝大多数人，后来都能自我调整，没有表现出任何精神病态的倾向。虽然这些孩子不完全适应家庭和学校，但一旦他们开始摆脱那些阻碍他们适应社会的家庭关系，他们在青春期会成功地适应整个社会。另一方面，如果家庭和学校忽视了对他们进行必要的帮助和监督，以前没有任何明显的不合群迹象的孩子在青春期可能会倾向于反抗，青少年犯罪在很大程度上就是孩子缺乏青春期准备的产物，也是家庭以及学校不能充分地理解、欣赏和以适当的渠道引导青春期的孩子导致的。

我们必须认识和关注孩子的任何不顺从和不参与的趋势。但这种趋势不能用武力压制，也不能用放纵来缓解。现在主要针对行为不当的孩子采取的手段——放纵和压制——是造成孩子自我放纵和反抗的主要原因。如果学校不努力赢得孩子的信任，使他们以和谐的方式融入群体，并使他们适应秩序，形成病态人格的孩子会越来越多，在孩子成长的转折时期尤其如此。我们这个时代不断变化的价值观很容易让孩子藐视父母或权威提出的道德观念。孩子越是觉得有理由拒绝父母的价值观，他们就越有可能拒绝所有的价值观。我必须再次说明的是，孩子在青春期表现出的精神病态特征可能会导致其犯罪，但并不一定意味着这些精神病态特征会一直在孩子身上延续。然而，权威实施的惩罚行动和父母的过度溺爱或忽视，可能会使青春期的孩子更容易对抗社会，直到最后，他们回归参与社会之路可能永久地被关闭。

一些孩子在青春期发展出严重的精神病态特征，即极端蔑视或极端放纵，有些孩子出现这一状况的时间更早。孩子的性冲动可能同时激发蔑视和放纵行为。这样的孩子可能会完全失控，因为父母或权威的力量都不足以阻止他们享受反抗所带来的胜利感。酗酒、破坏他人财产、无法控制地自我放纵于任何形式的乐趣和快感，最终可能导致更严重的犯罪行为，这标志着一个孩子在社会秩序和成人社会之外寻求自己存在的意义。

将青少年犯罪数量的增加完全归咎于他们的父母是不公平的。毕竟，今天是谁在帮助父母完成他们抚养孩子这一重任？老师、青少年权威机构、警察和法院等，都必须学会了解个别犯罪者和他们面临的问题。对那些已经触犯法律的人有更深的了解，对预防青少年犯罪有很大帮助。大多数具有精神病态特征的青少年都非常有抱负，但他们找不到积极有益的方法去实现自己的抱负。这些孩子想成为大人物，想成为聪明人，并且他们发现通过不当行为比通过遵守规则更容易实现这一目标。对他们来说，模仿成年人的恶习比完成他们要求的任务更容易让自己感受到自己的成熟和重要性，因为在成年人的世界里，这些孩子完成的任务通常很少值得被认可。

一旦孩子对成年人充满敌意，我们就很难用直接的方式影响他们。孩子一般会得到与他们有同样想法和感受的同龄人的支持，因为他们只会挑选那些态度相近的人作为伙伴。因此，只针对个别父母和孩子的补救工作并不会起太大的作用。全新的活动，特别是小组讨论的方法更能发挥作用，这样就有可能影响和改善整个群体的社会价值观和理念。影响群体比影响个人更容易，因为个人可以从群体中的成员那里得到帮助，因此群体可以作为构建社会价值观念和理论的根基。

由于具有病态人格的人的特点是否认他人的社会价值，只考虑自己的利益，因此精神发育迟缓的问题就必然与其具有病态人格相关。诚然，一些孩子由于实际智力不足而无法完全掌握更复杂的道德和价值概念。但是，具有严重的智力缺陷的孩子一般都会被阻止与他人交往，以免对他人和自己造成伤害，但缺陷并不严重的孩子才是真正的危险来源，许多有智力缺陷的孩子，如果得到科学的训练、刺激和监督，很可能学会充分参与，甚至成功地参与生活。然而，精神缺陷的附加问题对父母和老师来说负担太重了。这些孩子既没有得到更好的照顾，他们得到的训练也远远不够，甚至根本没有得到训练。早在他们进入学校之前，他们有限的能力就已经因为溺爱、过度保护或忽视而被进一步限制了。诚然，培养这些孩子是很困难的，而且不能保证培养他们的回报能与培养普通或优秀的孩子的回报相媲美。然而，整个社会将为其在处理和训练有智力缺陷的孩子方面的疏忽付出高昂的代价，因为这些孩子长大后很可能会犯罪。

在结束对受困扰的孩子的讨论之时，我必须提请大家注意他们的成长环境。可以说，一个孩子需要的帮助和支持越多，他得到的帮助和支持反而会越少。父母、老师和其他人的适当治疗和刺激只给予那些最不需要它们的孩子，因为他们适应良好，能够自己照顾自己，这些孩子得到了每个孩子都有权利拥有的所有感情、关注和体贴。另一方面，最受困扰的孩子得到了最糟糕的待遇，很少或根本没有得到理解、帮助和鼓励。他们经常被任意摆布，呼来喝去，受到虐待和羞辱，被逼得更加叛逆和沮丧。我们只有通过更广泛、更有效地学习教养知识，并且为更好地了解每个孩子的个性做好准备，才能改变这种普遍存在的问题。

第七章　指导和重新调整

　　希望前面的内容能够帮助大家认识到自己的一些错误，这有助于更好地了解我们的孩子，甚至改善与孩子的关系。但是大家可能仍然觉得需要进一步的指导，特别是我们的情绪平衡被打破，或者孩子的行为过于令人不安时。大家可能想了解引导孩子与父母建立相互间的建设性关系所使用的具体技巧。对指导中心处理的实际案例的讨论将展示如何使用这些技巧，并帮助大家更加清晰地理解我在本书中描述的各种方法。其中一些技巧或方法适用于不同的情况，可以激发大家进一步思考，并努力解决问题。如果大家觉得需要我所描述的那种专业指导，可以向自己所在社区的相关机构咨询。

　　大多数父母对孩子的培养、管教知识知之甚少，因此在很多情况下，外部帮助是必不可少的。老师们通常也没有充分理解那些捣乱和行为不当的孩子。因此，大量的孩子需要的帮助是学校难以提供的。一个孩子需要特殊帮助的事实并不表明孩子存在着病态的状况。只有当父母和老师不知道如何处理孩子身上存在的问题时，孩子才会成为问题。不仅孩子需要帮助，父母也需要接受专业、客观的指导。父母在处理孩子的问

343

题时效率低下并不是他们的错，这也不一定表明他们的能力不足。但只要父母和老师缺乏适当的准备和培训，我们就必须认识到建立有资质提供各种咨询指导的机构是有必要的。这种为父母、孩子和老师提供所需服务的机构通常被称为儿童指导诊所。这样的机构通常由一位精神病学家、一位心理医生和一位社会工作者组成。

也许我们应该重新考虑"儿童指导诊所"这一称呼，因为"诊所"通常指治疗疾病的医疗机构。由于儿童指导诊所的功能越来越多地指向帮助正常儿童适应社会和成长，因此"指导中心"（Guidance Center）这一称呼应该更为合适。[①] 在未来，我们很可能要区分两种类型的指导中心：一种是主要处理极端案例的诊所，这些案例中的孩子的症状非常严重，可以称之为病态，他们需要接受特殊的治疗和管理；另一种是为父母和孩子提供一般服务的指导中心，能满足普通父母、孩子和老师的需求。这种指导中心应在公共或私人资金的赞助下，在社区、学校建立起来。

目前有多种临床指导技术应用于指导父母和孩子。阿尔弗雷德·阿德勒和他的助手们研发了一种特殊的技术，用于指导中心。它的主要原则如下。

---

① 在奥地利，这种机构被称为 Erziebungsberatungsstellen，直译为"儿童养育咨询中心"。

1. 提供服务者的注意力应集中在父母身上，因为问题一般出在父母身上，而不是出在孩子身上。孩子只会对他所受到的态度做出反应。只要父母的态度不改变，孩子，尤其是年幼的孩子，是无法得到帮助的。

2. 所有到指导中心咨询的父母共同参加一项活动，称为"团体治疗"，每个案例都在所有父母面前公开讨论。第一次会谈之后，父母们就会意识到相互帮助、相互理解的重要意义，任何最初对参与团体活动的反对意见都会烟消云散。在团体治疗过程中不会涉及隐私或令人尴尬的内容，父母根据实际情况需要，可以在与心理医生或社会工作者的私人面谈中讨论这些内容。团体治疗的优势对任何新来者来说都会很快显现出来。大多数父母通过聆听其他父母对问题的讨论，能对自己的孩子的情况有更深刻的认识，因为在评价和理解别人的问题时，我们更容易保持客观的态度。

3. 同一个指导工作者，无论是精神病学家、心理医生还是社会工作者，都必须同时处理父母和孩子的问题。所有孩子的问题基本都是父母与子女关系不和谐的问题。在任何情况下，社会工作者都面临着这种特殊的关系，必须同时从两端着手。我们从未感觉到与父母或孩子沟通有任何特别的阻力，因为我们与双方都打交道；获得双方的信任和获得一方的信任一样容易。我们的经验表明，单独与一方合作会造成阻碍。诊疗的速度和方向取决于父母和孩子在某一时刻的状况和接受能力；而这些只有在与双方密切接触的情况下才能得到评估。

4. 与孩子本人坦诚地讨论他的问题，无论其年龄大小。如果孩子能理解谈论的字面意思，他们也能理解其心理学含义。与一种普遍的看法相反，孩子在掌握和接受心理学解释方面表现出惊人的敏锐性。一般来说，父母需要更长的时间来理解问题的心理机制，而孩子却能立即识别出问题所在。这并不是说孩子更容易受到暗示，因此更容易被暗示性的言论所"蒙骗"，孩子的"识别反射"只有在我们对他们的行为解释正确的情况下才会出现。

孩子会在没有父母陪伴的情况下进入咨询室，他们的动作、行为和反应都会揭示孩子对生活的态度和反应模式。与孩子的讨论应该简短，直击要害，旨在解决基本问题。如果讨论能够直接命中孩子的问题，一般会给孩子留下深刻而持久的印象。孩子很少因成年人在场而感到尴尬，但是，即使他们感到尴尬，孩子在这些困难的测试情况下，也会比在家里或教室里的"正常"情况下更多地暴露出他们对待生活的态度和反应模式，以及他们的问题的真实性质，因为在家里或教室里，孩子的真实动机可能被补偿性或根深蒂固的行为模式所掩盖。[①] 如果诊断不明确或需要特定的信息，那么可以进行心理测试，但

---

① 见下文"'跷跷板'兄弟"的案例。

只有在少数情况下需要进行这种测试。

5. 如果前来咨询的孩子不是独生子女，那就不应该单独处理这一个孩子的问题。家庭中的每个孩子都发挥着重要作用，因为家庭中任何一个孩子的问题都与群体中其他成员密切相关。我们必须了解整个家庭构成以及当下家庭成员之间的相互关系，是联盟、竞争抑或是对抗的关系，这样才能真正了解每一个孩子的观念和行为。出于这个原因，指导中心应要求父母带着家里所有的孩子接受咨询指导。

当孩子进入咨询室时，我们要求他们一起坐在长椅上。孩子进入房间的方式、坐下的方式、坐在长椅上的位置、每个人参与讨论的方式、每个人的面部表情和讨论中的其他反应，都是反映孩子之间所存在的关系的明确线索。同时指导家里所有的孩子是非常必要的，因为一个孩子身上发生的任何改变都必然会影响整个家庭。通常情况下，如果"问题儿童"有所改善，原本的"好孩子"就会出现各种困扰。在许多情况下，我们可以清楚地看到，令父母最头疼的孩子并不是那个真正社会适应不良的孩子。无论如何，我们无法帮助家庭中的某个孩子，除非我们在所有孩子之间建立一个更平衡的关系。我们必须密切关注各个孩子之间关系的变化，并采取必要的措施来改善每个孩子对群体的态度。

6. 我们主要的工作目标是改变孩子和父母以及兄弟姐妹之

间的关系。只有这样，我们才能改变孩子的行为、生活方式、对社会生活的态度，以及对自己与他人关系的理解。每个案例中的心理指导都基于对孩子的家庭排行情况的解释和对孩子目的的认识。孩子面临的困难是源自试图获得关注、展示权力、惩罚或报复，或展示能力不足。

在指导中心的第一次面谈（在社会工作者介绍案情后）中，我们一般都会对问题背后的心理因素进行解释。通常情况下，在第一次面谈中我们会向父母和孩子解释孩子为什么会有这样的行为，以及父母的哪些行为造成或增加了孩子的困扰。

在某些情况下，第一次面谈中我们也可以就改变对孩子的教养方法提出建议。我们试图一次只解决一个问题，可以从解决最重要的问题开始，也可以从解决最容易的问题开始。这些建议总是尽可能地简单明了，尽管这些建议执行起来从来都不容易，因为执行建议涉及对到现有关系的改变。

在所有案例中，我们无一例外地向父母提出的第一个建议是与孩子休战。亲爱的读者们，我们在尝试其他方式之前，首先应该考虑这个建议。将这作为第一步非常重要，值得详细说明和反复强调。

之前孩子和父母始终处于敌对状态。现在，父母和孩子之间的斗争必须有一个平息的过程。我们需要说服父母，让他们暂时让孩子继续做自己，继续做"坏事"，继续犯"错误"。这不会有什么影响，因为孩子的不当行为可能已经有一段时间了。与此同时，父母必须学会观察孩子和观察自己，更好地了解正在发生的事情。首先，父母必须学会克制自己。他们必须注意自己反复唠叨的倾向，并学会制止这样的苗头。父母要开始在自己身上下功夫。许多父母声称，他们已经尝试了"所有的方法"，但都没有成功。这些父母通常忽略了一种最有可能成功的方法——自我改造。这就是"停战"的价值。没有"停战"就不会有和平。与孩子达成和平，是父母的责任，也应该是他们真诚的愿望。否则，孩子就不可能有任何改善。通过学习克制自己，父母和孩子会逐渐建立起一种新的关系。

我们不得不承认，"停战"是第一步，也是最困难的一步。很少有父母能够立即转变，停止自己以往的过度行为。如果父母能够立即改变自己，我们几乎马上就能看到孩子的情况得到改善。父母开始改变后，孩子面临的困境可能会在一两次面谈后完全消失。此外，即使开始进展缓慢也并不妨碍孩子最终实现改善。

在随后的面谈中，我们将讨论分析孩子问题的新视角。每一次面谈强调问题的一个特定方面。有时候有必要多次重复同样的解释和建议。毕竟，这是一个培训过程，而培训需要系统的重复。如果仅仅告知孩子如何去做，那么没有哪个孩子能学会阅读和写作，也没有哪个孩子能获得一种技能。咨询指导人员必须对父母有足够的耐心，就像父母也必须对自己有耐心一样。如果父母急于求成，他们的焦虑会妨碍自己的调整和转变。

根据我们的经验，只有一小部分寻求咨询的父母被深深地困扰，需要心理治疗，也就是由我们帮助他们调整情绪。绝大多数父母只是需要一些建议和指导，然后他们就可以令人满意地解决他们与子女之间的问题。这些父母的情绪困扰，或是兴奋或是烦躁，往往是他们感到挫折的结果，因为他们不知道该怎么做，对孩子的行为也感到不解。当这些父母开始理解并找到不同的手段来解决他们的问题时，他们自然就不再感到紧张、焦虑和苦恼。孩子的各种问题对父母来说就不再是一种折磨，而是变成了一项有趣的任务，吸引着父母不断尝试、寻找各种解决办法。父母对待孩子的问题的这种态度是必须的，因为孩子总是会面临各种问题。只要人们生活在一起，问题就会存在，因为所有的人际关系都涉及利益冲突、意见冲突、欲望和性情的对立。

下面我们介绍的案例取自芝加哥指导中心、芝加哥医学院的精神病诊所和一些私人诊所的档案。虽然这些案例与前面已经引用的一些案例相似，但这些案例将更好地展示解决父母和孩子之间问题的过程。孩子的问题能否成功地解决，完全取决于父母的反应。我们主要与母亲一起配合，因为母亲是孩子生命中最重要的人，她对孩子的影响比其他任何人都大。如果母亲不做出改变，不接受并采纳我们的建议，那么母亲和孩子之间最重要的关系仍然建立在错误的平衡之上。孩子的"改善"绝不仅限于父母所抱怨的某些行为的消失。错误的行为有时可以通过与孩子的直接对话来阻止，但家庭内部的基本氛围如果不改变，我们无法期待孩子有持久的改善。

哭泣

K女士来到指导中心，她一直被一个特殊的情况所困扰。她6个月大的女儿一被放到游戏围栏里就哭个不停。她试图忽略孩子的哭声，但过了一段时间，有时甚至是一小时，孩子还在哭，她实在是无法忍受，就把孩子抱了起来。她还能怎么办呢？

从案情中可以看出，K女士对孩子的健康、成长和发展都非常在意，以致焦虑。孩子很容易哭闹，而她在这种情况下尤其感到焦和不安。孩子的饮食、睡眠、体重、最轻微的感冒或不适都可能成为她眼中的重大问题，引起她枏当大的关注。

我们告知K女士，孩子成长的整体氛围比任何一个单一的行为或事件都要重要。孩子感觉到了妈妈的焦虑和不安，并可能已经发现她可以依靠妈妈的焦虑和不安来获得特别的关注。孩子发现在妈妈的怀抱，比被丢在游戏围栏里更令自己快乐。

虽然 K 女士对自己的行为很谨慎，但她没有关注自己的情绪。她的焦虑和不安是在没有言语的情况下表达的，而孩子则以自己的兴奋和自怜来回应她的情绪。

因此，我们建议 K 女士把孩子单独留在游戏围栏里，不要担心将孩子留在围栏里哭会对孩子造成伤害，她必须完全保持冷静。如果做不到不闻不问的话，她最好离开房间。

一周后，K 女士回来了，并讲述了所发生的事情，她对之感到非常惊讶。在她来指导中心之后的第二天，K 女士像往常一样什么都没说就把孩子放进了游戏围栏。但是这一次，孩子甚至没有一点儿要哭的意思。这是第一次，孩子自己非常平静地接受了要自己玩的事实。从那次起，孩子被放进游戏围栏后就再没有哭过。

K 女士意识到，之前实际上是她自己的态度和情绪让孩子感到非常不安。我们的讨论缓解了她的焦虑，而孩子立即感觉到了。从那时起，她仔细观察自己对孩子的态度，从而改变了她与孩子的关系。

恐惧

吉尔伯特 9 岁的时候，妈妈带着他来寻求帮助。吉尔伯特是个好孩子，听话又善良，但从大约一年以前开始，吉尔伯特就一直深受恐惧困扰。吉尔伯特目睹了外祖父过世，并一直沉浸在震惊之中。从那时起，他就一直生活在恐惧之中，担心他的爸爸妈妈会出什么事。吉尔伯特会在夜里尖叫着醒来，跑到爸爸妈妈的房间去看他们是否安好。吉尔伯特尤其担心他的妈妈。当妈妈离开家后，他会感到异常恐惧，担心她可能会出什么事，因此妈妈必须每小时都要给家里打电话。如果她晚了 5 分钟或 10 分钟，吉尔伯特就会抓狂。吉尔伯特的爸爸妈妈很有同情心，从来不打骂孩子，但他们不知道该拿他怎么办。药物并不能让吉尔伯特安静下来。有一次他们把吉尔伯特送到他祖父母的农场。几天下来，吉尔伯特一切正常，可是突然有一天晚上他惊恐地醒来并吵醒了他的祖父母。吉尔伯特异常确信地说他的妈妈快死了。祖父母不得不在半夜给吉尔伯特的妈妈打电话，让吉尔伯特确定妈妈平安无事。此后，吉尔伯特再也无法忍受那里的生活，被送回了家。

对吉尔伯特过去的成长历程进行的简短调查显示，虽然吉尔伯特一直非常依恋妈妈，但是在他外祖父去世之前，吉尔伯特在家里和学校都适应良好，没有遇到明显的困难。吉尔伯特很有亲和力，也很听话，几乎是个模范儿童。3 年前，吉尔伯特的小妹妹出生后，他自己做了很好的调整，对妹妹很有好感，也很友好。但外祖父去世后，这一切都变了。

在第一次面谈中，我们没有得出明确的结论。然而，外祖父的过世这一事件变得很重要，是因为父母对吉尔伯特所经历的震惊表现出了极度的同情和关注。这一事件恰好发生在吉尔伯特生命中的一个特别时期，他可能在与小妹妹的竞争中感到不安。小妹妹当时非常可爱，吸引了相当多的注意力。吉尔伯特没有过公开叛逆和对抗的经验，但他无疑可能利用外祖父过世这个机会来抢夺风头，让妈妈和自己比以往更加亲密，甚至超出了他的年龄和发展所需要的亲密程度。当然，吉尔伯特并不知道这种寻求关注机制，他的爸爸妈妈和其他亲戚也不清楚。我们建议妈妈不要再被吉尔伯特的恐惧所打动，她给予孩子的同情只会加重吉尔伯特的病情。但我们也告诫妈妈，她可能需要一些时间来让吉尔伯特培养自立能力，这样他就不会沉浸在恐惧之中。

在面谈中，吉尔伯特显得非常坦率，他很聪明、真诚而善良。我们与他进行了简短的交谈，首先问他是否知道为什么他如此害怕妈妈会出事。吉尔伯特摇了摇头。"我们可以向你解释吗？"我们问。吉尔伯特很迫切地想知道答案。于是我们告诉他，显然他想利用自己的恐惧让妈妈关注他，并向他敞开怀抱，因为他害怕自己会输给他的小妹妹。会是这样吗？吉尔伯特咧开嘴笑了，显露出"识别反射"的特征。吉尔伯特以前从未想过这个问题，但他承认可能是这样。我们问他，我们是否可以帮助他克服这种不安全感。毕竟他是个好孩子，不再那么需要妈妈的怀抱了。吉尔伯特表示同意。我们与母子俩预约了两周的会谈。但在会谈的前几天，妈妈打电话取消了预约，因为吉尔伯特的恐惧完全消失了。

"跷跷板"兄弟

下面的案例可能很值得一提，尽管最后没有获得满意的结果。

D女士与她的儿子汤姆（4岁）相处得很困难。她说，汤姆出生后不久她就又怀孕了，因此，汤姆就由她的丈夫负责照顾。她的丈夫为了让孩子尽快入睡，会一直握着他的手。每当她和孩子有争执时，她的丈夫都会参与。汤姆变得很顽固，如果别人不按照他的方式行事，他就开始尖叫。当汤姆尖叫时，D女士就威胁地说要把他关在壁橱里，然后他就会停止。有一次，当汤姆开始挑逗小他一岁的弟弟弗雷德时，妈妈便威胁说如果他不马上停下来，就狠狠惩罚他。当两个孩子行为不当时，D女士会用棍子打他们。

弗雷德，家里的小儿子，不遗余力地维护汤姆。弗雷德经常做一些非常可爱的事情，让家里的每个人都很喜欢他。在幼儿园里，弗雷德保护着汤姆，在汤姆哭的时候，弗雷德会努力地去安慰哥哥。

当孩子们进入咨询室时，我们惊讶地发现，汤姆微笑着走向前来，而弗雷德则相当害羞和胆怯地跟在后面，汤姆回答了所有的问题，既为弗雷德也为他自己。汤姆有一个典型的大哥哥的态度，表现得友好而愉快，而弗雷德则坐在椅子上，扭动着身体，看起来非常调皮，没有参与谈话。

很明显，与他们所习惯的"正常"家庭和学校环境相比，在指导中心不同日常的氛围中，孩子们的行为表现也很不同。在咨询室相对比较艰难和尴尬的情况下，汤姆显示出他的勇气和对他人的友好。显然，与妈妈和老师的印象恰好相反，弗雷德才是有问题的孩子。事实证明，妈妈总是站在弗雷德一边，反对汤姆和爸爸结成的联盟，从而使弗雷德处于比他哥哥优越的地位。如果让汤姆仅依靠自己的能力，他很可能会照顾好自己。在目前的情况下，汤姆没有机会这样做，因为弗雷德受到妈妈和老师的认可，一直打击并压制着汤姆。

我们建议 D 女士不要让一个孩子和另一个孩子对着干，也不要偏袒任何一方，而是在两个孩子争吵或行为不当时把他们送出房间，这样她就不用威胁或打骂其中一个孩子了。两周后，D 女士说她已经在两个孩子争吵时把他们带离了餐桌，此后他们在吃饭时不再争吵了。她还说，在上次面谈之前，汤姆自己穿衣服时很费劲，而弟弟弗雷德则帮助哥哥穿衣服。然而，自面谈以来，情况发生了变化：现在汤姆自己穿衣服，而弗雷德似乎很无助，需要别人帮忙。两个孩子的角色已经完全逆转。弗雷德不再支持他的哥哥，他多次发脾气，在幼儿园里也变得相当消极。

当孩子们被带到咨询室进行第二次面谈时，他们表现出了与之前相同的行为特征。弗雷德犹豫不决地走进房间，一边走一边解开又扣上他的外套扣子。当汤姆进入时，他和弟弟打招呼，"你好，弗雷德"，然后直接走到椅子边坐下。弗雷德也跟着坐了下来。弗雷德没有回答任何问题，完全无视我们，一直在玩他的鞋子。只有在我们让他展示他能解开大衣的扣子时，弗雷德的兴趣才被激发：只见他两眼发光，解开了大衣的扣子，脱下了大衣，摘下了帽子。汤姆在这之前一直反应很积极，但在弗雷德表演时，他瘫在椅子上，把手指放在嘴里。当他们准备离开时，汤姆再次带头站起来，邀请弗雷德跟他走。弗雷德犹豫了一下，慢慢地跟了上去，汤姆一直走在前面哄着他。

我们向 D 女士解释了孩子们是如何交替扮演婴儿角色的，这取决于他们中的哪一个当下更出色。她表现出的任何偏袒都会加剧孩子们现有的竞争。如果她想让孩子们正常发展，她必须在孩子之间以及她自己和孩子之间建立一种不同的关系。我们建议她让孩子们独处，享受彼此陪伴的乐趣。

虽然 D 女士又来了指导中心两次，但进展甚微。她很难改变自己的态度和方法，所以之后她没有再到指导中心来了。

在这个案例中，有几点很值得关注。第一，表面上的问题儿童并不总是真正的问题儿童；第二，咨询室里特殊而紧张的氛围往往比"正常"的家庭或学校氛围更有助于评估现有的关系；第三，一个孩子的进步往往会导致其竞争对手的退步。

虽然在这个案例中妈妈没有足够的合作意识以允许对我们对孩子们进行充分的调整，但我们的简短治疗至少使两个孩子的行为产生了一些动态变化，并有望达成一种新的平衡，这种平衡将比以前的平衡更健全，特别是如果孩子们的老师能够意识到问题的性质并相应地调整其对待两个孩子的态度。

欺凌

P 夫人是一位非常焦虑的妈妈。她非常详细地描述了她与儿子罗伯特之间的问题。她似乎很无助，因为她在管教孩子方面很僵化。

罗伯特是一个 6 岁的小男孩，有一个 3 岁半的妹妹。在第一次面谈中，P 夫人抱怨说，罗伯特很难交到朋友，总是一个人，不知道该怎么打发时间；他偶尔会画画，或者听音乐。罗伯特对其他孩子颐指气使，有时会收买他们，有时又变得很好斗。罗伯特还很固执。P 夫人说："很难改变他的想法。"罗伯特与任何人相处都很困难，他会通过狡猾的手段为所欲为。P 夫人说："偶尔不得不打他一顿。"罗伯特小时候很乖巧，但现在早上得喊两三次他才起床，穿衣服也需要别人的帮忙。罗伯特食欲很不错，但进餐时会在椅子上摇来摇去，或坐在一条腿上，需要人不断提醒他，他才能安静地坐着。罗伯特只有在父母苦口婆心地劝说和百般哄劝之后才肯上床睡觉。

我们和罗伯特面谈时，发现他是一个很直率、坦诚的小男孩。罗伯特认为妈妈喜欢妹妹远多于喜欢他。他很生妹妹的气，因为她拿走了他的书。罗伯特承认他想成为"大人物"，长大后想成为一名医生。罗伯特喜欢学校，并且功课做得不错，但在课间休息时，其他孩子会打他、踢他，他也不知道为什么。

我们首先对罗伯特解释了他的行为，然后又向 P 夫人解释了一下。我们这样阐释罗伯特的行为：罗伯特一直认为没有人真正爱他，因此他想通过展示他的权力，主要是展示他对他妈妈的权力，来找到自己的位置。而 P 夫人则接受了这种挑衅，并试图强制执行她自己的规则，这当然不会成功。罗伯特变得愈加确信自己需要的是权力，因为被喜欢是妹妹的特权。

罗伯特理解并接受了我们的解释，这一点被他的"识别反射"所验证，但 P 夫人似乎对这些解释表示怀疑。

我们建议 P 夫人停止和孩子的争吵，不要一直提醒、哄骗和惩罚孩子，她必须赢得孩子的信任，给予孩子充分的认可，并让孩子承担自己该承担的责任。她不要在早上帮助孩子，那是孩子自己的工作，罗伯特必须照顾好自己。在餐桌上，如果罗伯特不听话，就必须把他带离餐桌，但不要用尖锐的语气批评孩子。她的主要任务是改善她与罗伯特的关系，因为孩子已经不相信人与人之间的关系了。爸爸明显的男子气概可能对罗伯特当"大人物"的愿望有一些影响，但妈妈仍然是他成长过程中最重要的因素之一。她的无助感致使她使用暴力，但是她未能使罗伯特服从，反而刺激了罗伯特的不当行为，继而迫使她再次动手。

在下一次面谈时，P夫人报告了罗伯特的进步。罗伯特承担起了更多的责任；他在早上会关注时间，以便准时到学校。在他被带离餐桌一次之后，罗伯特的餐桌礼仪也有了很大程度的改善。但是，罗伯特仍然不愿和别人玩，也不自己玩。

第二次面谈时，这个男孩和第一次面谈时一样外向、坦率。罗伯特承认，他曾经想欺负和支配所有人，包括他的妈妈和学校的朋友。罗伯特说，他现在不再对朋友们颐指气使，朋友们也对他更加友好了。

我们建议P夫人抽出一些时间与罗伯特一起玩，这是她以前从未做过的。我们建议她每周邀请其他孩子来家里玩一次，并提供游戏给他们玩。

在第三次面谈时，P夫人说，罗伯特有了很大的改善。他表现得更好，不反感她的要求，只是偶尔会捣乱，但有时候罗伯特还是想证明他可以随心所欲、为所欲为。在一个下雨天，

P夫人让他穿上鞋套，罗伯特回答说："这是我的脚，我不在乎它们被弄湿。"P夫人和他讲道理，想让他明白这样做会生病，但这自然是不会成功的。我们向她解释说，问题的关键不在于鞋套，而是对权力的考验。孩子是否穿上鞋套并不重要，重要的是罗伯特在和P夫人进行一次权力的较量。这次P夫人被打败了，因为她仍然试图用她的推理能力来打动孩子。男孩坦率地告诉她："我自己的事自己说了算。"当她试图镇压孩子的叛逆时，孩子用自己的反抗向P夫人表明了她对他无计可施。P夫人如果继续挣扎，孩子甚至可能采取报复的态度。但P夫人能体会到她与孩子一起玩游戏缓解了孩子反抗的趋势。她观察到，在他们共同玩游戏的时间里，孩子变得非常配合她。

P夫人说，罗伯特现在能够和孩子们一起玩了，甚至和他的妹妹一起玩，而不是试图去支配他们。P夫人现在也可以邀请朋友来家里了，并感到更加放松。P夫人说，她现在可以留住她家的保姆了，之前因为罗伯特的缘故，每个保姆都拒绝留下。

在接下来的面谈中，又出现了罗伯特不乖乖上床睡觉的问题。P夫人需要连哄带劝才能让罗伯特按时上床睡觉，而后他会下床好几次才最终入睡。有时他还会在夜里打扰父母。P夫人考虑了可能的自然后果，并推断如果罗伯特如此不顾父母的休息，他们也应该把他从睡梦中叫醒！这表明P夫人仍然相信报复的力量，遵循"以牙还牙"原则。我们建议她找到更好、更合理的自然后果。她可以与罗伯特就他需要的睡眠时间达成协议：罗伯特需要知道他应该在什么时候上床。如果罗伯特这天没有按时上床睡觉，他必须在第二天晚上提前相应的时间上床，以补足前一天的睡眠时间。（建议让大一点儿的孩子在周六晚上补上失去的睡眠时间，这可能意味着没有晚餐，不能看电影，而补多少睡眠时间取决于一周内失去的睡眠时间总量。）

最后一次面谈时，我们看到了明显的改善，不仅是在罗伯特的行为上，而且在他与妈妈的关系上，两人心情愉悦。罗伯特上床睡觉不再是一个问题，他能自己照顾好自己。在罗伯特发脾气的时候，妈妈会走出家门，从此罗伯特不再乱发脾气。罗伯特不再试图支配妈妈，因为妈妈现在既不指挥他也不逼迫他。他和妈妈一起玩，相互欣赏。罗伯特与其他孩子的关系也变得好了很多。罗伯特喜欢和他们一起玩。罗伯特现在开始相信，他被朋友们喜欢，也被父母喜爱。

罗伯特对权力的渴求是由他妈妈的态度激发的。首先，她对孩子过度保护，并且焦虑不安。而当情况变得复杂，特别是在第二个孩子出生后，罗伯特感到被妈妈抛弃，但她反而变得更加固执、严厉。我们向她提出的每项建议都是为了改善她和孩子之间的关系。罗伯特对妈妈的态度以及妈妈对他的态度的改变，都反映在罗伯特的行为变化上。在面谈过程中，罗伯特能立即对我们的解释做出回应，而 P 夫人也能够意识到她的错误并采取新的方法。由于这个原因，两个人都调整得特别快。

"暴君" 宝贝

9 岁的乔在转诊了几个科室后，最后被转到心理诊所。乔体重超标，所有的饮食计划和腺体治疗都对他的现状无计可施。显然，W 夫人（乔的妈妈）无法控制乔对食物的摄入。W 夫人说，乔没有很好的饮食习惯。当从学校回到家时，乔总说很饿，要求吃东西。她提醒乔不应在两餐之间进食，但他不听，自己去储藏室找吃的东西。一旦 W 夫人试图阻止他，乔就会大发雷霆，所以 W 夫人就妥协了。"毕竟，他真的很饿。"每天 W 夫人都会耐心地劝说孩子，告诉他需要控制自己，但乔感觉太饿了，根本无法克制自己。

事实上，乔面临的问题不仅仅是在饮食方面，他还有尿床的问题。乔总是待在妈妈身边，如果妈妈出去了，他就一直担心妈妈不能按时回家。当妈妈离开家时，她必须告诉乔她要去哪里，以及她预计什么时候会回来。妈妈必须精心计划购物的时间，以便在乔从学校回来之前回家。如果她晚了几分钟，乔就会站在家门口，当众大吵大闹。

另一个冲突的根源是收音机。乔喜欢用收音机听广播，并且想要听多久就要听多久。他拒绝按时睡觉，只在父母休息了之后才去睡觉。他偶尔需要别人帮忙脱衣服和洗漱。乔在早上会自己穿衣服，但不系鞋带，因为他系不好鞋带。"可能是因为他太胖了。"W夫人为乔开脱道。

乔在学校表现得很好，但无法与邻居家的孩子们相处。邻居家的孩子很粗暴，并且喜欢拉帮结派，在邻里搞破坏。因此，妈妈告诉他，他们不适合做他的伙伴。乔只有一个朋友，是一个年龄比他稍大的男孩，这个男孩非常沉闷，对乔百依百顺。当孩子们来找乔玩时，乔不让他们碰自己的玩具，因为"他们可能会把玩具弄坏"。为了避开附近的孩子，乔在去学校的路上会选择绕道而行。

乔有一个比他大12岁的哥哥。他经常和哥哥吵架，觉得哥哥老是对他指手画脚。如果乔行为不当或不听话，他的哥哥就会很生气。每当他的哥哥得到的东西比他多，或者做了他不能做的事时，乔就会嫉妒。

我们得出的结论：乔是一个被过度保护的孩子，他支配着他的妈妈，他的妈妈想用自己的方式来补偿他是家里最小的孩子这一不利地位。乔对食物的过度渴望是他打败妈妈的武器，乔的其他行为同样也是用来战胜他的妈妈的：他尿床，拒绝穿得整整齐齐，在听广播和睡觉方面拥有特权，以及对他的妈妈的活动有控制欲，等等。乔与孩子们相处困难也是因为乔想要支配他们、拒绝平等参与。妈妈和孩子过度亲近，却不知道该如何管理孩子，并在和孩子的冲突中不断地让步。妈妈和哥哥想努力压制乔，而乔却反过来要更加坚决地战胜他们，双方相持不下。

我们向妈妈和孩子解释了这种情况，他们似乎都理解了我们的解释。乔以"识别反射"承认了他可能想要争夺权力。我们建议妈妈立即停止与孩子的争辩，而去采取行动。她不应该再和孩子谈论食物，但要确保乔在两餐之间不吃东西。她不能再为孩子系鞋带，并要做到在晚上9点准时关闭收音机。如果她停止对孩子感到焦虑，孩子就能学会自己照顾自己。如果她拒绝屈服于孩子的统治，孩子就没有理由继续争斗下去。她没有必要向孩子汇报她要去哪里、什么时候回来，也没有必要在乔在家的时候一直陪在他身边。乔应该承担相应的责任。妈妈说她会采纳我们的建议。

2周后，W夫人说，哥哥向乔展示了如何系鞋带，此后乔就开始自己系鞋带了。W夫人给了乔一把钥匙，这样她不在家的时候他能自己回家，并照顾好自己。除了每周有一个晚上听广播外，乔每天晚上9点会准时睡觉。在吃饭问题上也不再有争议，放学后乔偶尔会得到一点儿食物，然后他就出去玩了。乔又与另一个男孩成了朋友。现在剩下的主要问题是尿床问题。乔和他的哥哥睡在一起，但他们会因为乔的尿床问题而争吵。

在面谈过程中，乔很少说话，即使说话也会看向别处。当被问及这一问题时，乔的脸部表情和"识别反射"表明他理解并同意我们所谈论的内容。我们与乔进行了长时间的讨论，他没有说一句话，但乔的面部表情表明了他的反应。当被问及他是否想通过尿床来惩罚他的哥哥，因为他觉得自己被哥哥支配和摆布时，乔用"识别反射"做出了肯定的回答。

这一次，我们只是建议 W 夫人继续保持在饮食方面的做法，而不提尿床的事。我们想看看我们与这名男孩关于这个问题的讨论是否会有效果。

2 周后。乔表现得很好。他能自己系好鞋带。如果妈妈不按时回家或拒绝告诉他将去哪里，乔也不再与妈妈争吵。在他与其他孩子的关系中，乔仍然更喜欢他的老朋友，因为他可以对他发号施令。乔每周只尿床 2~3 次，而不像以前那样每晚都尿床。

我们向 W 夫人解释说，乔在尿床问题上的改善表明我们的解释应该是正确的，她不应该参与两兄弟之间的冲突。但是，她应该尽量不要把乔当成婴儿，并且应该让乔的哥哥也明白这一点。在这次面谈中，乔开始表达自己的想法了。

2 周后，乔能够自己穿衣服，不用哄就能准时去学校；乔用自己的钥匙进家门；乔不再和妈妈就回家、听广播或食物发生争执；两周内他只尿床 2 次。

4 周后，乔的尿床现象已经完全消失；乔表现得很好，一般在晚上 8 点半上床，自己独立穿、脱衣服；对食物的挑剔也减少了。

一个新的问题出现了：乔拒绝做家庭作业。我们向他妈妈建议，不要恳求或不断提醒孩子，只是告诉他完成作业之后才能听广播。乔已经放弃了对他唯命是从的老朋友，结交了一个与他关系更平等的新朋友。

6 周后：乔只尿过一次床；他每天都能完成他的家庭作业；在过去的两周里，他瘦了 3 磅（1 磅 ≈ 0.45 千克）；他与妈妈以及其他孩子们相处得更好了；他现在在操场上与爱尔兰男孩玩耍，没有丝毫抱怨。

8 周后：乔已经完全没有尿床的现象了；乔考试及格了，分数提高了；乔与孩子们相处融洽，有了新朋友；家里和平而有序，不再有听广播的问题；妈妈和乔对他们关系的改善感到开心。

乔的情况与之前罗伯特的情况类似。在这里，孩子和妈妈同样很快就抓住了他们共同问题的焦点，并在第一次面谈后就立即开始重新定位。在这个案例中，我们感觉到现实状况的调整直接解决了孩子的问题，当然也改善了母子关系。但孩子在家庭结构中的特殊地位，以及妈妈和孩子都存在一定程度的固执，只要出现新问题而他们没有做好准备时，就可能会导致新的复杂情况。在这种情况下，每个人都可能回归到各自的旧模式中去。

"可怕的小孩"

L 女士在没有预约的情况下将 8 岁的迈克带到指导中心。她想立即得到帮助，并拒绝接受我们的要求，即她要先和指导中心的社会工作者进行预约，由社会工作者先了解 L 女士及迈克的背景信息。她一直待在咨询室里，不断地制造麻烦，要么跑到社会工作者那里询问更多关于预约的信息，要么大声询问心理医生何时可以见她，打断了我们和另一位客户的面谈。我们了解到，在前一天，迈克因为在学校抽搐和惊厥被送回了家，老师认为他得了圣维特斯舞蹈病（St. Vitus's Dance）。

在与妈妈和迈克的外祖母的面谈中，我们得知迈克有大约两个月的抽搐史，迈克抽搐时，头部摇摆，鼻子抽动，不断地清嗓子，最近他的整个身体还经常相当剧烈地摇晃。

迈克的爸爸和妈妈很少在家，迈克一般由他的外祖父和外祖母照顾。迈克还有一个 6 个半月大的妹妹。家庭成员经常当着迈克的面相互指责。迈克会自己穿衣服，但他拒绝自己动手，他的妈妈也没有和他争辩，而是帮他穿好衣服。在餐桌上，迈克用手抓食物而不使用刀叉，他把食物扔得到处都是，把地板弄得一团糟。迈克只吃肉，拒绝吃任何其他东西，因此他在餐桌上经常被大人唠叨。迈克在家里从不帮忙做家务，而且经常搞破坏。孩子们不愿意和迈克玩，因为他会打人，并会拿走别人的东西。迈克大声地喊叫妈妈，好像他陷入了很大的麻烦，妈妈惊慌失措地跑过来，然后迈克会笑着问妈妈，他是否让她担心了。最麻烦的是让迈克上床睡觉，而且直到去年，妈妈还不得不在他每次排便后为他清理。妈妈经常打他，不停地唠叨他。爸爸很严厉，迈克一犯错，就把他赶出去，这吓坏了迈克。爸爸认为妈妈应对迈克的行为负责，他们正考虑以这些理由离婚。外祖父和外祖母都非常忧虑，他们过度溺爱迈克，总是站在他这一边。

迈克喜欢上学，成绩也很好，但在自制力和礼貌方面表现得很差。迈克在课堂上随意讲话，搞破坏，而且不注意听讲。

妈妈、外祖父和外祖母对迈克目前的"神经状况"极为震惊，并希望立即得到帮助。两个月来，迈克一直在服用镇静剂，但情况却变得更糟。在面谈过程中，不等我们提出任何建议，迈克的家人便一直反复追问："我们能做什么，我们应该做什么？"但当我们提出建议时，他们又立即表示反对，拒绝接受我们提出的任何建议，甚至有时相互攻击。整个面谈过程充满忧虑、激动、冲突和混乱。

迈克在面谈时变现得非常坦率，直言不讳，他的身体剧烈抽搐，但并不像是患有圣维特斯舞蹈症。当被问及他为什么抽搐时，迈克回答说："非要告诉你为什么这样做吗？（他猛

369

摇头）我脑子里一直有个声音在告诉我：'做吧，做吧。'"对于另一个问题，他回答说："如果你们认为我在嫉妒妹妹，那你们错了。他们（家人）也这样认为。但是如果他们忙着照顾妹妹，我并不介意。我可以回我的房间看漫画。"我们向迈克解释说，他的自尊心可能使他无法承认自己的嫉妒，但正因为如此，他才会尝试新的、更有力的招数，使他的家人更加关心他。他想同时成为"老大"和"宝贝"。在看到他抽搐时，我们感觉他的动作很突然并且显得活力十足（是演的？）。所以我们大胆猜测，他会不会是用这些方式来吓唬和打动妈妈、外祖父和外祖母，因为这样的举动比他的其他行为带来的影响更大。迈克用"识别反射"做出了肯定回答。然后，我们一边和迈克说话，一边突然做出猛烈的抽搐动作。这动作很可怕，他被吓了一跳，随之他笑了。我们的讨论随之结束。

我们向迈克的妈妈和外祖母建议，他们必须改变整个家庭状况，只有这样迈克才能得到帮助。在我们提供具体建议之前，他们必须停止打骂、争吵以及对迈克的过度关注。我们向他们保证，迈克没有患圣维特斯舞蹈症。迈克的行为只是他讨好他们以获得更多关注的方式。妈妈和外祖母表示他们极其渴望与我们一起解决他们的问题，并约好下周再来指导中心。

此后我们没有再见到这一家人。当迈克的妈妈打电话来取消下一次面谈时，我们能感受到她溢于言表的感激之情。迈克在面谈后的第二天就停止了抽搐，此后再也没有抽搐过。但迈克开始说脏话了，用的都是糟糕的字眼。迈克的妈妈以这样或那样的借口取消了接下来的两次面谈，但她仍然很感激我们让迈克不再抽搐了。显然，这就是她所关心的全部。

强迫性神经症

孩子出现严重的神经症是一种非常罕见的情况。但本案例表明，孩子症状的严重程度与成年人症状的严重程度没法比，成年人的治疗过程一般非常困难和漫长。

在第一次面谈中，我们了解到以下情况。8 岁的莎伦在一个月前一直是一个"正常"、健康的孩子。她一直听话、善良，在学校和家里都表现得非常出色。但突然间，莎伦对失明、小儿麻痹症和白喉等疾病产生了异常的恐惧。她感到无法呼吸，并对死亡感到恐惧。她反复地问妈妈她会不会死掉、会不会生病，并一再要求得到妈妈的保证和安慰。在过去的 4 天里，莎伦一直担心她会被食物毒死，妈妈不得不在她吃东西前先帮她品尝所有食物。莎伦还一直流口水，因为她不敢吞下她的唾液，害怕其中的细菌。莎伦生活在对灾难的持续恐惧之中。莎伦有许多强迫症状，比如在街上行走时数着步数或其他物体。她每天都有新的状况出现。当莎伦不专注于她的恐惧时，她就变得很无礼。如果她被责骂了，她就嘲笑她的妈妈，并要求家人不断地保证他们爱着她。有一天，莎伦甚至用刀指着她的妈妈。还有一次，当她的父母在一起时，她猛地向他们扔了一个球。后来，父母小心翼翼地不在她面前表现出他们的亲密关系。然而，在学校里，莎伦却表现得很好，远远超出其他同龄孩子，她受到孩子们的喜爱，孩子们都愿意和她一起玩耍。

我们还了解到，3年前，莎伦在入学时曾有过一段不愉快的经历。她不想离开妈妈，害怕妈妈在她放学回来时不在家中。妈妈不得不向莎伦反复承诺她会回家，还反复发誓。后来莎伦被带去看心理医生，心理医生为她安排了每周一次的游戏治疗。莎伦接受了9个月的治疗，治疗结束时莎伦已经完全康复。

莎伦的父母在她两岁半时就离婚了。从那时起，直到最近，莎伦一直与她的妈妈单独生活在一起。虽然妈妈3年前再婚，但莎伦仍然和她在一起生活。她妈妈的第二任丈夫一直在服役，在母女俩来找我们咨询之时，他刚回到家中两个半月。

在与孩子的面谈中，莎伦坚持认为自己很快乐，根本没有生病，而且她否认自己有任何恐惧。莎伦说她不需要也不想得到帮助。她否认曾经见过其他医生，但在面谈过程中却谈到了诊所的一间游戏室，还谈到了画画和吃糖。在我们进一步的坚持下，莎伦便说她不想说话，她不喜欢我们，并径直离开了房间。

在第一次面谈时，莎伦和妈妈的关系给我们留下如下印象：莎伦似乎一直完全依赖着妈妈，并想完全占有妈妈。3年前，她的第一次困扰就是针对妈妈的再婚，但主要是反对上学。显然，游戏治疗法促使莎伦接受了与妈妈暂时分离，并让她为上学做好了准备。而现在的问题似乎是由于她的继父回来了，她害怕不能独占妈妈。莎伦的症状是她叛逆的表现，也是她持续占有妈妈的工具，这不仅迫使妈妈不间断地关注她，而且还让妈妈担心和焦虑不已。通常情况下，莎伦从不公开反抗，她似乎想要取悦妈妈，做一个好孩子。现在莎伦既不愿承认自己的叛逆和反抗，也不能以生病为借口表达这一点。此外，我们根据她的症状猜测，这个女孩承受着很多微妙的压力。在相互亲近和爱慕的背后，存在着两个意志坚定的女性之间的权力争夺。

妈妈对我们这种解释感到很疑惑。她说，她的丈夫也表达了类似的想法，认为莎伦在胁迫性地利用她的症状，但她没有认同他的说法。然而，现在她可以认识到，我们的看法可能是正确的。

我们建议她忽略莎伦的行为，尽管这种处理方式可能在一段时间内会加剧莎伦的暴力行为和症状。然而，妈妈不应任由自己被孩子的行为所吓倒或支配。另一方面，她不应该对莎伦表现出愤怒或不耐烦，而应该对她表示好感并陪她一起玩耍。

她必须克服自己的忧虑和苦恼，与孩子建立一种全新的关系。

3天后，妈妈报告了以下进展。她保持了中立的态度，莎伦先是恳求妈妈，然后对着她大喊大叫，而后拿起剪刀、刀具等攻击她。莎伦在墙上写道："妈妈是个臭虫。"莎伦开始搞破坏，剪坏了妈妈的尼龙袜，并四处扔东西。莎伦求妈妈在她睡觉的时候吻她，让她不要睡着，因为她害怕做噩梦。妈妈告诉莎伦，妈妈愿意吻她，因为妈妈爱她，但在跟她道过晚安之后就不能再吻她了。昨晚莎伦想上妈妈的床跟妈妈一起睡觉，因为她被火警警报器吓到了，但妈妈拒绝了，于是莎伦就躺在了妈妈卧室的地板上。当妈妈没有理会她时，莎伦在地板上躺了半小时后起来了，要服用镇静安眠药，然后在没有妈妈的哄骗或其他劝说的情况下，回到了她自己的床上。

莎伦曾向妈妈表达对我们的愤怒，并说我们改变了妈妈的性格。她还问妈妈为什么在她搞破坏的时候不生气。莎伦说："我不知道我怎么变得这么糟糕。我怎么才能成为一个好孩子呢？"她的妈妈建议她和我们一起讨论这个问题。突然莎伦又不想去学校了。

我们赞扬了妈妈的态度，以及她在面对孩子的挑衅行为时保持镇定的能力。我们建议她继续采取同样的方式。

一周后，妈妈来指导中心报告说，莎伦患上了轻度麻疹。在生病之前，她的攻击性已经减弱；现在，在养病期间，莎伦再次变得充满敌意，甚至踢打妈妈和其他人。莎伦的强迫症状也增强了，她不断数着步数，把不肯咽下的唾液吐在地板上；在妈妈坐着的时候，她把烟灰缸放在妈妈的头上；在父母休息后进入他们的房间并打开灯；在家里一直跟着妈妈，想牵她的手。莎伦现在害怕患上小儿麻痹症，如果妈妈不一直和她待在一起，她就害怕自己在没有妈妈陪着的时候死去。她不想听收音机，因为她可能会产生新的恐惧。莎伦的饮食习惯也发生了变化。在我们第一次面谈后，莎伦决定不再吃和父母一样的食物，而是吃一些特别的东西。现在她决定只喝牛奶。另一方面，她让妈妈转告我们，让我们给她家打电话，因为她希望得到我们的帮助来克服忧虑。

在又一次面谈时，莎伦开始愿意谈论她的问题。她很安静，表现得很友好、合作，并且很专注。我们试图让莎伦对自己行为背后的无意识原因有一些了解：她习惯独占妈妈，并对继父的回归进行反抗，因为她不想与继父分享自己的妈妈；她利用自己的恐惧让妈妈对她感到担忧；她对妈妈感到愤怒，并惹恼父母以惩罚他们并获得关注。莎伦认真地听着，并用"识别反射"回应了几次。

第二周，莎伦的继父陪她来到我们的咨询室，因为莎伦的妈妈生病了。继父说莎伦的情况大有改善，现在每天只发一通脾气。然而，莎伦还会骂父母，并在家里到处吐口水。莎伦和她的朋友一起出去兜了一次风，这是她第一次在没有父母陪同的情况下离开家。但是要让莎伦走出家门和孩子们一起玩仍然很困难，她在家里跟着妈妈从一个房间转到另一个房间。莎伦在吃饭方面好多了，不再要求别人先品尝她的食物。她也在某天晚上第一次没有闹腾，自己就去睡觉了。

在几天后的面谈中，妈妈说莎伦取得了更多的进步。妈妈已经学会了让莎伦体验她的行为所带来的自然后果。如果莎伦生气，妈妈只需离开房间；当她回来时，莎伦一般都很安静，并遵守必要的秩序。以前，每天选择穿什么衣服是一个大问题。现在，妈妈和莎伦会进行简短的讨论，妈妈会表达她的意见，但把决定权留给莎伦，莎伦通常会接受妈妈的建议。当妈妈要屈服，开始哄骗莎伦时，莎伦还会劝阻妈妈，说："这不关你的事。"妈妈并没有感到受伤，反而感觉很开心。妈妈现在认识到自己以前对孩子施加了太多的压力。虽然妈妈有时仍然很难克制自己，但她越来越接受自己的新角色以及和孩子的新关系，不再为孩子的胁迫性活动感到不安，她现在认识到这是她以前所施加的强制力的后遗症。当莎伦又开始因为她的症状和恐惧要求得到妈妈的安慰时，妈妈让她去看医生，并鼓励莎伦向医生寻求建议。实际上在前一天晚上，莎伦给我们打了电话，询问她能做些什么来克服自己的恐惧。我们的回答提及了她表现出恐惧的目的，即她想通过恐惧来得到妈妈的同情、安慰和承诺，并吸引妈妈的注意力。我们称赞莎伦利用自己的聪明才智达到了目的，并鼓励她继续使用她的方法。（这种"反暗示"往往非常有效。孩子们很少把这种话当作讽刺，因为他们很少认识到这意味着什么。）这个女孩似乎对这个答案很满意——的确如此！莎伦友好地向我们表示感谢，结束了通话。

在下一次面谈中，剩下的主要困难是莎伦"无法吞咽唾液"。我们与莎伦讨论了这个问题。在讨论过程中，莎伦主动说她很坏，不配得到幸福。我们向莎伦指出，不吞咽唾液的原因之一是她认为自己身上的一切都很糟糕，包括她的唾液，她认为唾液中充满了细菌。她还对自己的现状感到愤怒，而吐口水是她对秩序和规范的不满和蔑视的一种情绪表达，特别是现在她不能再通过发脾气来公开表达她的愤怒。

在与妈妈的讨论中，我们就莎伦的吐口水问题制定了一条原则。妈妈告诉她，如果她想在地板上吐口水，而不是吐在合适的容器里，那么她就必须回到自己的房间吐口水。

两周后，妈妈说，莎伦的吐口水行为已经停止了。妈妈和孩子花了很多时间在一起玩耍，她们之间几乎不存在什么困扰了。在此期间，莎伦只复发过一次，那是在莎伦探望她自己的爸爸后不久。在这次探访之后，莎伦斥责她的妈妈，并多次动手打她（显然，这个女孩难以接受她的妈妈选择了再婚）。莎伦不喜欢别人给她梳头，有人给她梳头时她就会发火（这是孩子对被压制或强迫的反抗）。

在接下来的几周里，莎伦偶尔会变得情绪化，以此来要求妈妈给予她特别照顾。她偶尔会打妈妈，但妈妈能镇定地无视这种暴力行为。

经过 3 个月的治疗，该病例以"康复"结案。莎伦变成了"原来的自己"，与妈妈形成了不同以往的平衡状态。几个月后，我偶遇了莎伦的妈妈，她说，莎伦一直表现很好，很快乐，没有再出现任何状况。

智力迟钝

7 岁的杰拉尔丁表现得像个婴儿。她既不会自己穿衣服，也不会自己脱衣服；偶尔在试图自己脱衣服时，她会把衣服撕破，并对自己的能力不足感到愤怒。因此杰拉尔丁不再尝试自己穿脱衣服。她经常发脾气，如果她的父母不按她说的做，她就踢他们。杰拉尔丁不能自己上床睡觉，妈妈必须陪她躺下，否则她就不会入睡。在夜间，杰拉尔丁经常叫醒父母，他们总是回应她并让她安静下来。杰拉尔丁在 5 岁时才开始说话，但她的言语让人难以理解，而且总是阴阳怪气的。杰拉尔丁根本不会和陌生人说话。她的父母会让她重复每个字，以纠正她的发音。在餐桌上，杰拉尔丁必须被大人喂才能吃饭，而且妈妈必须得在一旁给她讲故事，否则她也不吃饭。杰拉尔丁最近转到一所公立学校，被安排在一个低年级教室。她在学校拒绝与老师交谈，也不与孩子们玩耍。

在她来到指导中心前不久，学校通知杰拉尔丁的妈妈，他们认为这个孩子智力发育滞后，不能继续留她在学校，并建议父母将孩子送到公立的培智机构。杰拉尔丁的父母对这一情况感到非常震惊。他们要求校方暂缓这一决定，以便他们先寻求心理医生的帮助。尽管老师对孩子的状况能否有好转表示怀疑，但还是答应了他们的请求，这给了他们喘息的机会。

杰拉尔丁是独生女，在前几年曾患过许多严重的疾病。父母承认他们对她溺爱有加、保护过度。在面谈过程中，杰拉尔丁非常消极，没有任何反应。

我们告诉父母，在第一次面谈时不可能做出诊断。孩子可能是智力发育滞后，但我们认为如果父母不给杰拉尔丁发展她自己能力的机会，我们就无法确定她精神缺陷的程度。他们首先必须改变对杰拉尔丁的态度，不能再替她做好所有事情，为她服务。如果父母把一切都为她做了，孩子就没有必要做出任何努力，因为她不用采取任何行动就能得到很多。他们必须鼓励杰拉尔丁自己采取行动。杰拉尔丁的父母都很善良、真诚，但是他们也承认在孩子束手无策时，特别是在她发脾气时，他们偶尔会打她的屁股。

父母完全理解了我们的解释。他们第一次开始尝试理解孩子的各种行为，并表示愿意以任何方式进行合作。在第一次面谈中，我们提供了一般在早期阶段不敢冒险提出的建议，因为当事人似乎已经准备好接受具体的帮助。我们建议他们让孩子在单独的房间里睡觉，不管她做什么都不要理睬，晚上也不要回应任何呼唤；当孩子发脾气的时候，不要管她；不理会孩子说话含混不清，不要让她重复，另一方面，当孩子说得不明白时，不要理会她；与孩子玩耍时，对她表示浓浓的爱意，用充满爱意的游戏代替以前对孩子的服务；停止责骂、唠叨、哄骗和体罚，无论孩子做什么，都要保持冷静。

两周后，这对夫妻和孩子又来了，他们说杰拉尔丁有明显的进步。他们似乎受到了很大的鼓舞。杰拉尔丁说话更清楚了；她能早早地自己上床睡觉，不再闹腾；她能自己脱衣服，尽管在穿衣服时仍有困难；她和父母一起玩耍，无论做什么事都事先和父母讨论并达成共识。杰拉尔丁曾经问过他们，为什么他们不再责骂或惩罚她；她公开表示对这种变化感到惊讶。

这一次，我们劝告父母让孩子自己吃饭，如果杰拉尔丁把食物扔来扔去，就把她带离餐桌。

两周后，妈妈说杰拉尔丁能自己做的事情更多了。她现在能自己吃东西，而且吃得很好。她的睡眠习惯非常好。她很早就上床睡觉，而且一直躺在床上；早晨，她醒来就会起床，不用父母叫或提醒。她说话更多了，不再喃喃自语，发音也更清晰了。她几乎完全可以自己穿衣服。她自己会玩积木、皮球、木琴，还想和爸爸一起玩。她还表示希望见到她的表弟。现在她也不再介意妈妈把她一个人留在房间里，她也不再发脾气，不再踢人，因为父母完全不理会这些举动。父母也不再责骂杰拉尔丁或打她屁股，他们小心翼翼地避免大声和孩子讲话。孩子和父母都比以前更快乐了。还有最后一个困难是杰拉尔丁反对梳头，但她妈妈相信她也能克服这个障碍。

学校里的情况也已经发生了变化。杰拉尔丁对同学们更加友好了，也喜欢和他们一起玩。她还能与他们自由交谈。几周前，老师曾催促父母将这个孩子带走，认为她已经没有改善的希望了。在过去的一周里，这位老师已经认识到并承认了杰拉尔丁所取得的进步，现在也很配合地帮助孩子取得更大的进步，而且不再提起要孩子转校和要求父母做出承诺的话题。

该案例在 3 次面谈后结束。对孩子智力的最终判断已被取消，孩子将有更多的时间来发展自己。

假性迟钝

瑞克 4 岁时，他的父母把他带到指导中心，想知道是否可以为他的发展做些什么。瑞克静静地坐在父母中间，向爸爸靠拢，紧紧抓着爸爸，脸上露出甜蜜的表情。瑞克没有回答任何问题，一脸茫然，最后自己转过头去，喃喃自语，这被他的父母解释为他想要"回家"。

父母讲述了孩子所经历的几次大型手术。手术后，他们一直担心他们这唯一的孩子的安全，并小心翼翼地看护着他。瑞克在 18 个月时才开始走路，因为之前一直在生病。瑞克一直不会说话，也听不懂别人的话。他不能做任何事情，甚至不能控制小便。瑞克完全依赖父母。父母曾带他做过精神和心理测试。根据心理测试，瑞克被诊断为智力低下和聋哑。然而，父母观察到瑞克对声音有一些反应，这可能表明他至少能够听到一些声音。

显然，目前无法对瑞克的精神状况和可能的发展做出准确判断，因为他明显被父母过度保护了。因此，我们首先建议父母停止过度焦虑和担心，让孩子独立，不要对他过分关注。只有在瑞克体验到不说话或听不懂别人说话带来的自然后果后，才能确定他是否能听懂别人的话、是否会说话。这次面谈中，我们没有谈及瑞克的其他问题。

在下一次面谈时，妈妈说，令他们惊讶的是，瑞克已经不再在夜间尿床了。她现在想知道如何让他好好吃饭。瑞克总是一把一把抓起桌上的食物，塞进嘴里。我们建议妈妈给他一个勺子，如果他拒绝使用，就把他的碗拿走。我们了解到，如果瑞克没有得到他想要的东西，他就会变得非常生气，情绪激动，而父母到现在为止一直在努力尽可能不让他不高兴。我们指出，瑞克必须明白他的愤怒不会产生预期的效果。教会他这一点的唯一方法就是，每当他生气时，父母就离开房间；但是，妈妈不能表现出不愉快或过度讨好。在这次治疗中，瑞克拒绝和其他孩子一起进入游戏室，而选择和他的妈妈待在一起。他还是有些坐立不安，尽管他表现得已经相当不错了。这一次瑞克没有表示想回家。

第三周，瑞克有了进一步的改善。瑞克只尿过一次床，是在他醒来之后（这似乎表明他仍然渴求更多的照顾和关注）。瑞克已经学会说一些话了。因为当他只是指指点点时，妈妈不再为他服务，所以瑞克开始说出他想要的东西。我们提醒妈妈不要敦促孩子清楚地讲话，那是过度关注，但她已经开始这么做了。当瑞克不使用勺子时，她也曾犹豫过要不要把食物拿走。父母没有采用合理的自然后果，而是试图"教他用勺子吃饭"，所以他们没有成功。很明显，他们很难不对孩子表现出关切和同情。我们向他们指出，瑞克需要的是鼓励，而不是服务。

在接下来的一个疗程中，我们了解到了瑞克用以吸引妈妈的注意力的新招数。瑞克不再尿床，而是在夜里多次要求妈妈带他去卫生间。瑞克的词汇量增加了，但他发展出了一种新的方式来表明他没有在听：把头转向一边。瑞克对爸爸表现出更大的服从性，因为爸爸不常在家，不像妈妈那么容易屈服。瑞克现在通过在睡觉时拖延时间和拒绝入睡来获得关注。我们向妈妈解释了这些新的吸引注意力的招数，告知妈妈不要被这些小把戏所欺骗。让孩子醒着直到他累到睡着，比吵吵闹闹或批评指责要好得多。在孩子睡觉前应该先让他上厕所，但在任何情况下都不能在晚上带他去厕所，孩子必须学会控制自己的小便。因为到目前为止，瑞克还没有学会在某个方面付诸努力。

据这位妈妈说，接下来的一周是平静而快乐的。瑞克没有尿床，也没有要求父母带他上厕所；瑞克说话更多了，开始和其他孩子一起玩；他不再发脾气了；他按时上床睡觉，不久就能睡着。妈妈感到很受鼓舞。

瑞克给人的印象还是很迟钝，4岁的瑞克表现得仍像个2岁的孩子。瑞克第一次去了指导中心的游戏室，开始玩积木，把积木一块一块地搭成一辆"小火车"。瑞克来到咨询室，笨拙地想爬到长椅上，四处寻找帮助。当没有人帮助他时，他自己努力爬上去了。然而，他很快就让自己待在一个不稳定的位置上，让人感觉他随时都会掉下来，这显然是为了引起人们的帮助和注意。瑞克几乎真的要摔下来了，但由于没有人帮忙，他立即恢复了对自己的控制，并站住了脚。瑞克似乎发现"肌肉协调性差"的问题可以用来获得他人的关注和服务，但是，如果这两者都没有得到，他便可以很好地照顾自己。瑞克在游戏中非常有秩序，他对微小的细节表现出极大的兴趣，例如检查微小的东西，如一根头发、一片草叶、一张蜘蛛网等，或者画出有序排列的简笔小人。这表明瑞克有较高的智力水平。

在这时，我们建议妈妈要多陪孩子玩耍。2周后，瑞克的语言能力有了进一步提高。他现在不仅会使用名词，还开始使用代词。有一次，瑞克来到妈妈面前说："我的手套丢了。"当妈妈给他吃沙拉时，他会说："这很好吃。"瑞克的听觉已经没有问题了。瑞克会学唱一些他在收音机里听到的歌曲。他也开始自己穿衣服了。

这一次，瑞克被带到咨询室时哭了。他拒绝坐下，也不理会别人对他说的话。很明显，瑞克意识到他用来获取帮助的手段在这里是无效的。他的一个新招数是跟妈妈一起上街时让妈妈等着他，而他则慢吞吞地跟着她。我们一再提醒妈妈这个时候千万不要哄骗和催促孩子。妈妈可以问瑞克是否想和妈妈一起走，或者让妈妈自己一个人先走，也许他可以为妈妈指出回家的路。种种迹象表明，瑞克仍然试图通过对妈妈提出小小的要求来操纵局势，而他的妈妈则仍然像往常一样屈服于他的要求。

这一次，瑞克没有和孩子们在游戏室里玩，而是远远地看着他们。

下一周妈妈告诉我们，瑞克已经开始在晚上收拾好他的玩具，并开始主动洗手和洗脸。他还努力自己穿上鞋子和袜子。

385

然而，瑞克偶尔也会变得很幼稚，并发出有趣的声音。他一有机会就会靠在妈妈身上。他磨磨蹭蹭，母亲总是想提醒他，但大多数时候，她只是默默地观察着他，瑞克也注意到了，而且他似乎很享受这种感觉。瑞克的餐桌礼仪好多了，因为当他不好好吃饭的时候，他的食物就会被拿走。当瑞克在街上和一个男孩一起玩，不愿意和妈妈一起回家的时候，妈妈就试着躲在角落里看着，从那以后，瑞克就能及时地跟妈妈回家了。

在这次咨询过程中，瑞克心满意足地在游戏室里玩耍。

我们不得不再次提醒妈妈，她既不能帮助，也不能指挥瑞克；她必须运用自然后果，而不是通过提醒孩子注意这些自然后果，她必须不加评论地运用自然后果。

距离瑞克上一次来指导中心已经过去了一个月的时间。他的妈妈说，瑞克的身体状况现在一直很好。他很少尿床，已经开始上幼儿园了，而且非常喜欢去幼儿园。瑞克的老师对他很满意，尽管他不怎么和其他孩子一起玩。（我们没有试图再做一次心理测试，因为不好的结果可能会使父母产生挫败感。）瑞克不哭闹，独自玩积木。在别人说话时，他不会一直听着，或者更确切地说是不会一直留意。午睡时，瑞克会坐立不安，自言自语。午餐时，瑞克先是拒绝吃他的甜点，但最后会说："蛋糕。"

瑞克高兴地来到咨询室接受面谈，并与几个人交谈，尽管他的表达不是很清晰。他性格开朗，毫无畏惧。瑞克爬上长椅，安静地坐着。然而，当我们在他面前打响指时，瑞克没有回应，并假装没有听到，摆出一副茫然的表情，盯着我们以外的地方，好像他既听不到也看不到。但过了一会儿，瑞克试图用自己的手指做出一个类似的动作。在整个面谈过程中，瑞克的态度是傲慢的，对他周围发生的事情视而不见。

瑞克的幼儿园老师也参加了这次面谈。我们建议老师在瑞克玩积木时让其他孩子与他一起玩，并鼓励他参加简单的、有组织的游戏。如果瑞克在休息时间打扰了其他孩子，老师应该把他的床放在一个单独的房间里，不要责骂或大惊小怪，允许他在愿意保持安静的时候回来。

妈妈下一周又来了。她说，瑞克已经开始注意并喜欢上颜色了。他在屋子里到处挑选蓝色的物品，并说："蓝色。"他对其他颜色也是这样。瑞克的语言能力正在稳步提高。他可以完整地复述"三只小猪"的故事。瑞克喜欢把他的玩具士兵摆成行军队形。

在面谈中，瑞克说出了所有的颜色的名称，显然他很喜欢这样做。他数着自己的手指，但拒绝复述"三只小猪"的故事。

两周后，妈妈简短地报告孩子进展顺利，没有提到什么特别的问题。现在她开始工作了，而且整个家庭氛围似乎有了令人满意的改变。

又一周后，瑞克刚刚从感冒中恢复过来。生病期间，瑞克一直抱怨和哭泣，并回到了他的"婴儿"状态。瑞克很喜欢玩积木，并精心搭出很多"建筑"，玩耍结束之后他会收拾好积木。他还喜欢听故事。他的语言能力也在提高。一年前瑞克一个字也不会说，几个月前他能说一些词语，现在他能用句子说话了。瑞克能自己穿鞋了。在面谈时，他非常友好，玩起了铅笔，并告诉大家他在做什么。

在接下来的几周里，瑞克得了几次感冒，这使他的行为有些退步。然而，他现在学得非常快，喜欢颜色、数字和字母，并且认识所有的字母。瑞克在社交方面进步很快，他把颜色作为一种社交游戏来逗乐客人。瑞克用颜色来称呼所有他认识的人。他的妈妈是"红妈妈"，爸爸是"黄爸爸"，他自己是"蓝瑞克"，他的亲戚是"粉色格蕾丝""紫色格特鲁德"，还有"绿色贝西"。年幼的孩子通常是"白色"的，年长的人是"橙色"的，他的祖父母就是"橙色"的。这种对颜色的指定不是胡乱进行的，瑞克总是把同一类人与同一种颜色联系起来。显然，瑞克将情感与颜色联系在一起。在这次面谈中，瑞克非常自豪地指出了在场每个人的"颜色"。他似乎想用这种特殊的策略来打动人，并以此获得特别的关注。

在幼儿园里，瑞克虽不像其他孩子那样乐于合作，但能够积极参与。有一次，他笨拙地扰乱了一个游戏，其他孩子拒绝和他玩。瑞克变得很生气，把所有的玩具都打翻了。瑞克第一次表现得这么活跃，这么有攻击性，在我们看来，这可以说是一种进步。瑞克和他的一个表弟玩得很好，他正在变得更加乐于合作和善于交际。然而，自从瑞克与幼儿园的孩子们发生争吵后，他对去幼儿园表现得有些不情愿。瑞克在面谈中唱起了在幼儿园学到的歌曲，但有时他的话语仍然模糊不清。

当瑞克准备离开幼儿园时，他会自己背上书包，但如果他的妈妈在场，他就会坚持要求妈妈帮忙。瑞克总体上是和蔼可亲的，偶尔会有点儿闹腾。他有一颗单纯的心，当他对一件事感兴趣时，他就会特别专注。瑞克会摆出一副茫然、凝重的表情，仿佛他看不到别人或听不到别人的建议，并且只专注于他心中所想的事情。妈妈带瑞克到动物园去，他的兴趣似乎都在人身上，而不在动物身上，他几乎不看动物。然而，当瑞克回到家时，他能指出图画书中的动物，说出它们的名称和它们身体的各个部分，"这是一只狮子，这是它的尾巴"。

在面谈过程中，瑞克拒绝坐在凳子上，而是绕着桌子走；他靠在社会工作者的身上，抬起手臂，似乎想让人抱他起来。瑞克没有回答问题，直到被问及关于颜色的问题。他能数到12，数自己的手指，并按字母表的顺序说出字母，但问他其他问题，他根本不回答；当提到其他事情时，瑞克完全面无

389

表情。

　　我们告知他的妈妈，如果瑞克不想穿衣服去上学，她就应该假定他生病了，让他上床睡觉，不给他玩具，只给他吃流食。并且我们也告知她，如果她对这一方法感到怀疑，或者认为自己不能在不紧张和不焦虑的状态下实施这一方法，那就不要尝试。

　　幼儿园老师的下一份报告表明，瑞克开始接触群体，并从孤独中走了出来，但他又陷入了一场争吵。瑞克在穿外套和厚裤子方面仍然有些费劲。他在园外和其他孩子交朋友。他已经很久没有尿床了。我们建议他的妈妈要更加小心，不要帮他穿衣服，并建议她邀请孩子们到家里和瑞克玩。显然，他的妈妈有时还是会和他生气，但她在生气时尽量什么都不做、什么都不说。瑞克也时常发脾气。

　　每次生病后，瑞克总是需要一点儿时间来重新适应幼儿园。在街上，他会以微笑的方式与熟人打招呼。有时，他仍然拒绝说话，摆出一副冷漠的样子，但通常他在与人交谈时都会露出灿烂的笑容，偶尔他会假装没听见。他比以往任何时候都要快乐，但还是不愿意信任所有人。有时他与其他孩子对立，并退出团体活动，但大多数时候他都会参与团体活动并与他人合作。

　　在这次面谈中，瑞克干净利落地画出了一些人物画像，用两只手一起给字母涂色，频繁地将铅笔或蜡笔从一只手移到另一只手。

几个月后，瑞克在经历了一场呼吸系统疾病后变得有些反常。他与比自己小的孩子相处得很好。他喜欢教别人念书，但当其他孩子拒绝时他就会哭。瑞克有时表现得很强硬，"我要打你，我要打你"。如果瑞克行为不当，他的妈妈仍然会在日益增长的愤怒和过度同情之间摇摆不定。虽然她学到了很多，但她对瑞克的态度并不总是像她应该表现的那样坚定和客观。

在一次面谈中，瑞克先是坐在父母中间，假装没有听到别人对他说的话。但后来他走到凳子前，展示了一幅画，并描述了他所做的事情。他仍然用自己的方式，做他想做的，拒绝做他不喜欢做的，不愿意停止他正在做的事情，但他一直在微笑。当我们告诉他面谈结束了时，他假装没听见，继续写。老师说，在某些日子里，瑞克比在其他日子更善于交际。一般来说，当别人要求瑞克做事情时，他非常乐于合作。

在游戏室里，瑞克的涂色速度相当快，不一会儿他就涂完了几张纸。他画了一幅火车的图，火车上有旗帜、铃铛、烟囱和许多车轮。

在吉兰斯中心就读一年半后，瑞克取得了真正的进步。我们的预言是，尽管瑞克智力方面的某些缺陷可能仍然存在，但最终可以得到充分的改善。父母处理孩子的问题时都很配合、明智，并表现出敏锐的洞察力，尽管他们的情绪控制有时候还有待加强。

一年后，在 7 岁时，瑞克进入了公立学校。他的成绩都是"优秀"，他没有表现出遇到了任何特殊的困难。他是一个迷人的、善于合作的男孩，但有时仍表现出一种奇特的冷漠和古怪的态度，使他看起来就像一个审视周围世界的王子。然而，瑞克的总体适应情况是令人满意的。我们得到的最新信息表明，这个男孩现在在班级中成绩遥遥领先，学校正在考虑让他跳级。

这个案例很重要，原因有很多。首先，这个案例表明，尽管一开始孩子看起来没有改善的希望，但父母完全被这种第一印象所影响是错误的。其次，没有必要悲观，父母如果不学会更理智地处理问题，就永远无法知道孩子的情况会如何发展。基于此，早期我们没有重复测试瑞克的智商，因为测试结果只会让父母和孩子沮丧。当时我们还不知道后来发生的事情：这个孩子不是智障者，并且实际上智商超常。我们可以在这个案例中进一步看到，由于妈妈不能保持前后一致的做法，这个男孩的发展才出现了起伏。

结　语

现在已经到了本书的结尾，亲爱的读者们，你们现在可以想想自己从书中收获了什么。在阅读时，许多想法可能已经在你们的脑海中掠过，这些想法会鼓舞你们或扰乱你们，就像书中的案例所展示的一样。现在是整合这些想法的时候了。阅读之后的思考过程将决定这本书对你们真正的价值或用途。

我希望你们能收获一个准确无误的事实，那就是我们有能力为我们的孩子带来幸福和成功。由此，我希望大家能停一停，考虑一下这一事实的更大意义。我们主要关心的自然是自己的家庭、自己的孩子，但我们不应该忽视这样一个事实，即我们的手中也掌握着人类的未来。每一代父母都是奠定未来的基础。我们无法确定外部社会条件和我们的内心准备在多大程度上决定了人类的命运——究竟是用需要更好的个人来造就更好的社会，还是用更好的社会来造就更好的个人。这两个因素相辅相成：对孩子的教育影响着未来的社会秩序，就像现有的生活条件决定了教养孩子的方式。人类的逐步进化与教养孩子的理念和技术的改进是密不可分的。一个人今天的不完美在一定程度上是由他以前所接受的教育所决定的。

今天，如何从不完美走向以前未知的高度，我们对这条道路已有了一些模糊的认识。新社会形式演变的假设、通过对自然的控制使人类智力得到无限发展——这些都在我们的教育经验中得到了相应的印证。如果从婴儿期就开始对孩子进行更充分的教育，我们就可以完全挖掘他们的创造能力，并开拓出一些特别的能力和素质。当前，我们只看到了最初的一丝曙光，但是，我们已经认识到当前的教养方法对孩子的普遍打击和压制。我们对迄今为止的教育所掩盖的无数潜能，包括道德、智力和情感等方面，了解得并不那么充分。

人们以前关于"遗传决定一切"的信念现在已经有所动摇。这种理念基于可以理解的悲观主义，产生于对适当训练的可能性的有限认识。可以想象，几千年来，实质上错误的教育学原则一直被应用着。以前的教育信条不是错误的，它们只是一个文化时代的逻辑反映，而我们的时代是一个以人与人的冲突为标志的时代。

可以肯定的是，我们这个时代为亲子关系的改善设置了很多特殊障碍，这些障碍突出了当前教养方法存在的缺点，从而引发了越来越多的思考。然而毫无疑问的是，优秀的父母（现在和以前一样）总是可以发现并应用有效的教养方法。我们新的认识是建立在无数前辈的经验之上的。许多出类拔萃的人超越了同时代人的一般水平，在很大程度上是采用优秀教养方法的结果。（如果他们的成功仅仅是由于遗传，我们会期望天才的孩子比这些天才更厉害。）当某所高中的毕业班培养出了一批远远超过平均水平的杰出学生，我们看到的既是一种幸运和努力综合影响的结果，也是一种教育技能的体现，这种技能挖掘出了在其他情况下可能被搁置的潜能。

　　一个人能发展到什么程度，可以通过一个简单的例子来说明。如果一个文明水平较低的地区的孩子年幼时被带到文明水平较高的地区，接受该地区的文化，这个孩子将发展出他在原来的环境中不可能具有的能力。使这个孩子远远超过自己社区平均水准的因素，既不由遗传因素决定，也不是假定的或实际的大脑发育问题。因此，我们可以设想，通过使用更好的教养方法和改善生活条件，未来的人们的文明水平将超过现在，就像我们的文明水平超过原始人的文明水平一样……此刻，我们正阔步向前，迈向一个新时代。

译后记

书稿终于翻译完毕，在翻译过程中，我也在不断反思，扪心自问：教育孩子，作为父母的我们真的称职吗？天下的父母似乎都深爱自己的孩子，然而只是一味、盲目地爱孩子就够了吗？我们的爱是不是科学的？是不是真正意义上的爱？正如本书作者鲁道夫·德雷克斯博士在序言中所提到的父母最大的愿望是希望孩子能够快乐成长，将来过上幸福的生活，但是作为父母的我们，完全没有意识到自己的很多行为对孩子来说，可能是一种伤害，甚至扼杀，而不是引导和爱，孩子迫切地需要从父母身上汲取让他们身心健康、和谐发展的力量。

现代的父母也许意识到了孩子是独立的个体，我们应该尊重孩子。但在实际教养过程中，我们又是如何做的呢？我们是否真正做到尊重孩子作为一个人而拥有的对于安全、生存、爱、自由、自我实现的需要呢？是否意识到我们的教养行为不仅影响着当下的亲子关系，甚至影响着孩子的整个人生。每一个孩子都是具有不同意义的个体，生而具有自身的使命，拥有自己存在的价值。如果我们真的爱自己的孩子，就要用孩子所需要的方式来爱他。在这个过程中，作为父母的我们是孩子成长发展中最重要的因素。父母的教养观念和教养行为至关重要。如何让扮演着不同角色的个体实现真正的平等，如何处理已经与孩子产生的各种矛盾和问题，这些都是我们做父母的人应该去反思并积极采取行动解决的。鲁道夫·德雷克斯博士在书中的论述覆盖了大部分教养孩子过程中的种种问题。

这本经典著作虽然首次出版于 20 世纪 40 年代末，但其中鲁道夫·德雷克斯博士的很多论述和见解现在读来仍有振聋发聩的思想穿透力，让我们警醒，引发我们的深思，并为我们当下的儿童教养问题指明方向，提供指导。真正的爱和教育要求父母必须和孩子一起共同成长。尊重孩子自然成长的规律，培养孩子健全的人格，这将是孩子发展之根，成长之源。做好父母是一门大的学问，来不得半点含糊。相信作为父母的我们都在以自己的方式积极寻求着答案。在寻求答案的过程中，难免遇到各种各样的疑惑和困难，然而苦求无门。相信这本书会解答大家的部分困惑，指导我们成为一个知行合一、言行一致的合格父母，给予孩子充分的接纳、信任、爱与支持，真正认识到什么是成功的儿童教养方式，找到正确的教育方法，少走弯路。

教养儿童的过程实际上是也是父母自我管理和自我成长的过程。父母是孩子的榜样，人们常说孩子是我们的未来，其实我们才是孩子的未来。我们必须学会了解孩子，读懂孩子，用最细致的洞见解锁孩子生命的内在密码，用最睿智的教育搭建孩子坚实的人生基石，让孩子收获一生受益的内在能量，成就孩子不平凡的人生。

冯晓杭

2023 年 3 月

吉林省哲学社会科学重点智库项目"家校社协同育人机制的理论与实践研究"成果之一。（项目号 2022A20）

国家社会科学基金"十三五"规划 2018 年度教育学重点课题"家校合作的国际经验与本土化实践研究"（项目号 AHA180015）